# ESPERANZAS PARA EL AUTISMO

**Estrategias para el Manejo de Problemas de Comportamiento y de Aprendizaje y Plan de Estudio para el Tratamiento Intensivo de Comportamientos Autistas.**

Ron Leaf

John McEachin

**FUNDACION E.S.C.O.**
ENCUENTRO PARA SOLUCIONES
DE COMPORTAMIENTO
Publicación en Español Diciembre 2000

Centro Comercial Getsemaní Local # 139–1A
Cartagena, Colombia - Sur América

Página web: **www.autistas.com**
Correo electrónico: esco@autistas.com

Teléfono: (575) 6641981-6644679 Fax: (575) 664 9098

Library of Congress Catalog Card Number Pending
ISBN: 0-9755859-1-6

Published 2006:     **DRL Books, Inc.**
12 West 18th Street
New York NY 10011
1-800-853-1057
www.drlbooks.com

# Tabla de Contenido

## Estrategias de Comportamientos para la Enseñanza y Mejoramiento de la Conducta de Niños Autistas

Prólogo ................................................................................ix

Prefacio..............................................................................xi

Partnership .......................................................................xiii

**Capítulo 1**   **Intervención Intensiva del Comportamiento**................. 1
Fundamentos Históricos.................................................2
Plan de Estudios............................................................3
¿Cuántas Horas de Intervención debe recibir mi Niño?.............. 4
¿Cuál es el Rol de la Familia?........................................... 4
Formato de Terapias........................................................ 5
Formato de Enseñanza...................................................... 6
Ambientes para la Enseñanza............................................. 7
Etapas de la Terapia......................................................... 7
Evaluación...................................................................... 8
Efectividad del Programa.................................................. 8
Factores en común que tienen los buenos programas................. 9

**Capítulo 2**   **Un Método que Funciona para Niños Mayores y Adolescentes**................................................................11

Trabajando con Niños Mayores........................................13
Lugar para la Educación.................................................. 14

**Capítulo 3**   **Refuerzos**................................................................15

Objeciones a los Refuerzos.............................................. 15
Identificando y Desarrollando los Refuerzos........................... 16
Categorías de los Refuerzos.............................................. 18
Seleccionando el Horario de los Refuerzos............................18
Reglas del Reforzamiento.................................................19
Retroalimentación Informativa y Diferencial...........................25

**Capítulo 4      Comportamientos Alterados.............................27**

¿Cuando los comportamientos alterados son perjudiciales?....... 29
Creando el Ambiente Optimo...................................................... 29
Ambiente y Estrés..................................................................... 30
Haciendo la Terapia Natural, Divertida y Generalizada............. 31

**Capítulo 5      Comprendiendo los Comportamientos Alterados....... 33**

Guía para el Manejo de Comportamientos Alterados................. 36
Ciclo de Escalamiento.............................................................. 37
Etapa Inicial............................................................................. 38
Segunda Etapa......................................................................... 39
Tercera Etapa........................................................................... 40
Etapa Final............................................................................... 41
Todas las Etapas...................................................................... 42
Técnicas Especificas de la Administración
del Comportamiento.................................................................. 43

**Capítulo 6      Programas de Comportamiento............................ 45**

Comportamientos Alterados...................................................... 45
Programa para tolerar la Frustración......................................... 47
Jerarquía del Estrés.................................................................. 48
Desobediencia.......................................................................... 48
Indicadores para Facilitar la Obediencia................................... 49
Programa de Obediencia........................................................... 50
Jerarquía de Obediencia........................................................... 51
Programa Reactivo – Positivo................................................... 52
Programa Reactivo – Reductivo................................................ 52

**Capítulo 7      Comportamientos de Auto-Estimulación.................... 53**

Funciones de la Auto-Estimulación........................................... 55
Procedimientos Reactivos......................................................... 56
Ignorar Sistemáticamente......................................................... 56
Reforzamiento........................................................................... 56
Prevención a la Respuesta........................................................ 57
Reduciendo el Valor de Refuerzo que posee la
Auto-estimulación..................................................................... 58
Control de Estímulos................................................................. 59
Procedimientos Proactivos........................................................ 59
Sugerencias Prácticas.............................................................. 60

**Capítulo 8      Problemas de Sueño**.................................................. **61**

Estableciendo una Rutina para la Noche......................62
Seleccionando el tiempo Adecuado para ir a Dormir.................63
Creando un "Objeto" para Dormir...........................63
Mantenerse en la Cama.......................................64
Mantener a los Niños Fuera de la Cama de los Padres...............65
Hora de la Siesta..............................................65


**Capítulo 9      Entrenamiento para ir al Baño**.......................... **67**

Estar listos.....................................................67
El Equipo.....................................................68
El Horario de Entrenamiento..................................69
Aumentando el Horario....................................70
Configurando Independencia para ir al Baño.................71
Chequeos de los pantalones secos.........................72
Entrenamiento Intensivo para ir al Baño.....................72
Ayudar o no Ayudar........................................73
Dificultades para el Movimiento Intestinal.....................74
Rituales de Pañales...........................................74
Uso Nocturno del Baño....................................75
Hora de la Siesta..............................................75


**Capítulo 10     Problemas al Comer**.................................................. **77**

La Selección de la Comida.....................................78
Seleccionando la hora Apropiada para la Enseñanza.................78
Introduciendo  Nuevas Comidas............................79
Otros Problemas de Alimentación..........................80


**Capítulo 11     Habilidades Sociales y de  Juego**...................... **81**

Facilitación del Lenguaje......................................81
Aprendizaje Incidental........................................82
Reforzamiento Social.........................................83
Resistencia a la Enseñanza de Habilidades
Sociales y de Juego......................................83
Seleccionando las Habilidades de Juego a enseñar....................87
Juego Solitario.................................................89
Enseñando a Jugar............................................89
Componentes de una Enseñanza Efectiva.....................89
Análisis de Tareas.............................................90

Enseñar un paso a la vez hasta lograr su dominio.......................91

Enseñanza Concentrada.................................................91

Ayudando y Disminuyendo las Ayudas....................................92

Reforzamiento.........................................................92

Desarrollando Independencia...........................................92


**Capítulo 12    Juego Social**....................................................**93**

Ejemplos de Actividades y Juegos Sociales.............................95

Organizando las Citas de Juego........................................96

Selección de Compañeros...............................................97

Etapas del Desarrollo Social..........................................98

**El Curriculum Para la Enseñanza Utilizando Tareas Discriminadas para Niños Autistas.**

Guía para las Sesiones de Terapias...........................................101
Enseñanza de Tareas Discriminadas.......................................105
    Introducción.................................................................105
    Componentes de una Tarea Discriminada........................107
    Estableciendo la Atención..............................................116
Guías para Maximizar el Progreso..........................................117
Generalización de la Lista de Chequeo....................................123
Obediencia...........................................................................125
Imitación No Verbal..............................................................126
Imitación de Bloques.............................................................131
Habilidades Motoras.............................................................135
Emparejamiento de objetos....................................................137
Dibujando...........................................................................143
Juego..................................................................................147
Canciones............................................................................152
Trabajo y Juego Independiente...............................................153
Guiones para Juego...............................................................155
Instrucciones Receptivas........................................................159
Denominación Receptiva........................................................165
Comunicación Funcional........................................................169
Tentaciones para la Comunicación..........................................172
Imitación Verbal...................................................................175
Denominación Expresiva........................................................183
Conversación Básica..............................................................186
Auto-Afirmación..................................................................188
Si/No..................................................................................190
Negación.............................................................................192
Atención Conjunta................................................................194
Emociones...........................................................................197
Gestos (Pragmáticos)............................................................200
Atributos.............................................................................203
Funciones............................................................................206
Categorías............................................................................209
Conocimiento General y Razonamiento I.................................211
Conocimiento General y Razonamiento II................................214
Igual Vs. Diferente...............................................................217
Preposiciones.......................................................................219
Pronombres..........................................................................222
Expandiendo el Lenguaje.......................................................225
Tiempos de los Verbos..........................................................229
Plurales...............................................................................233

Yo No Sé...................................................................235
Conversación Intermedia.......................................237
Formulando Preguntas............................................241
Secuencia..................................................................244
Primero/Ultimo.......................................................247
Antes/Después.........................................................251
Historias...................................................................253
Causa & Efecto........................................................255
Comprensión I..........................................................259
Comprensión II.........................................................261
Interacción con otros Niños.....................................262
Conversación Avanzada...........................................266
Conversación – Hoja de Calificación......................269
Conciencia Social....................................................270
Aprendizaje por Medio de la Observación..............272
Habilidades de Socialización...................................279
¿Qué hace Falta?......................................................283
Recordar...................................................................284
Conceptos Cuantitativos..........................................286
Leyendo....................................................................289
Escribiendo..............................................................291
Habilidades de Auto Ayuda.....................................293
Control del Baño......................................................297
Escuela - Hoja de Calificación................................303

## ■ Apéndices

Apéndice A................................................ Evaluación del Curriculum
Apéndice B................................................ Sumario de Record Diario
Apéndice C................................................ Record Tarea Discriminada
Apéndice D................................................ Revisión General del Programa
Apéndice E................................................ Evaluación de Trabajo
Apéndice F................................................ Descripción del Programa
Apéndice G................................................ Formato de Seguimiento

# Prólogo

Cuando asistí a la Universidad de Washington en los EE.UU. recuerdo cómo los profesores y consejeros de la facultad nos motivaban para tener éxito en la vida. "Piense en el éxito", "trabaje para el éxito", "pruebe el éxito", "sea exitosa". Solamente ahora comprendo cómo en la actualidad, esa preparación ha sido la más importante para el trabajo más difícil de mi vida.

Ahora estoy segura que esa fue la razón por la cual yo no me detuve ni por un momento, después de haber conocido el diagnóstico de mi hija que entonces tenía 2 años. " Ella tiene síntomas de Autismo", "Ella nunca va a aprender a hablar", "Ella estará aislada de la familia y amigos", "Ella vive en su propio mundo", "Acostúmbrese a esto y encuentre una forma para que se la cuiden por toda la vida". NO, NO, y NO, Ella va a aprender; Ella hablará y aprenderá lo que es el amor y cómo compartirlo PUNTO. Yo nunca me preparé para ser una persona fracasada, no acepto que las cosas sean como son. Dios me bendijo con inteligencia y por lo tanto, la voy a usar para tener éxito con mi niña.

Gracias a Dios y a personas como el Doctor Ron Leaf y el Doctor John McEachin quienes durante muchos años trabajaron con un pionero como el Doctor Ivar Lovaas, quien salió adelante para ayudar a tanta gente con problemas de Autismo y gracias a madres como Catherin Maurice quien tuvo el coraje de intercambiar su historia "Déjame Escuchar Tú Voz" con miles de personas y así traer a la luz lo exitoso, apropiado y funcional del Tratamiento de Intervención para niños Autistas. Si no fuera por ellos, yo pienso, habría caído en la desesperación con la noción de que había fallado.

Hace cinco años el Doctor Ron Leaf aceptó mi invitación para venir a Cartagena (Colombia) para trabajar con padres de familia, profesionales y estudiantes en el proceso, paso a paso, de cómo enseñar a mi hija y a muchos otros niños a Aprender. Después de observarlo transformar a un niño gritando sin obedecer o cumplir instrucciones, en un niño que escucha, responde y ríe, en minutos, yo sabía que estaba en la dirección correcta. Pero tres días de su magia no producen un mago. Han sido muchos minutos, de muchos días, de muchos meses y varios años los que han hecho la diferencia; además, su guía y consulta y desde luego su Libro "*A Work in Progress*", nos han dado la magia que necesitábamos para traer no sólo a mi hija, si no a muchos niños que han pasado a través de los Talleres de la Fundación E.S.C.O., transformándolos en cariñosos, estudiosos y divertidos.

Los últimos cuatro años en la fundación E.S.C.O. han sido particularmente alentadores, viendo a padres llorar cuando escuchan a sus niños responder por primera vez y pronunciar palabras después de años de silencio, entrenando profesionales sedientos de dirección para lograr enseñar a sus pequeños pacientes; mis pequeños talleres de entrenamiento en los pueblos, provincias.... todo esto dio fuerza a mi convicción y a veces obsesión, de intercambiar éste exitoso trabajo con personas de habla española, donde quiera que esas personas vivan o residan.

Parece injusto que padres de familia en los países industrializados y la gente que tiene los medios para viajar, tengan acceso a un tratamiento para Autismo que ha sido comprobado como exitoso, mientras que muchos otros padres y profesionales en América Latina quedan en la oscuridad. La traducción del Libro *"A Work in Progress"* al español *"Esperanzas para el Autismo - Un Trabajo en Progreso"* es un paso más en el movimiento por los derechos de todos los niños Autistas, para que ellos puedan recibir tratamiento apropiado, no importa dónde vivan o cuál sea su estado financiero.

El Doctor Ron Leaf & el Doctor John McEachin en su libro "Esperanzas para el Autismo" le dará la perspectiva y las herramientas necesarias para crear su propia historia exitosa. Con él Libro en Español le presentamos el conocimiento; ahora es a usted a quien le corresponde marcar la diferencia para hacer lo que más pueda por su niño en su lucha por aprender y verá resultados maravillosos, que harán de cada paso el equivalente a mil saltos.

Me gustaría dedicar la presentación de este Libro a todos los niños que me han enseñado paciencia y el verdadero significado de "comportarse bien"; **Diego,** que pasó de ser a los cinco años un niño sin obediencia, sin vocabulario y agresivo, a un niño de ocho años actuando coherentemente y asistiendo a una escuela privada y **Carlitos,** un niño de seis años, quien durante dos años y medio realmente probó mi habilidad de "darle la mínima atención posible" cuando estaba con pataletas, negándose a pronunciar una sola palabra, totalmente resistente a una instrucción en un mundo de rituales. Hoy me crea un placer enorme verlo reír, haciendo chistes y jugando fútbol con sus compañeros. Ciertamente sus profesores de la escuela privada nunca se imaginaron que cuatro años antes fue diagnosticado Autista.

Finalmente, la Princesa de Princesas, **Ariella,** el Pequeño Angel que me enseñó el verdadero significado del éxito, que en este momento me está llamando del primer piso "mamá, mamá, te estoy llamando mamá". Parece que ella y sus dos amiguitas, que durmieron anoche en la casa, acaban de comerse todos los bizcochos que les preparé: ¿puedes hacer más? pregunta, sonriendo con sus varios dientes que le faltan, me dice "yo te amo mami". No hay necesidad de decir que esto trae lágrimas a mis ojos, mientras que estoy preparando otros 50 bizcochos. ¡Sí hay Esperanzas para el Autismo!

Esto es éxito: aquí están las herramientas para hacer que todos nuestros niños tengan la oportunidad de tener éxito.

AGRADECIMIENTOS ESPECIALES A

**ELIZABETH CAROL SANCHEZ B.**
**Directora FUNDACION E.S.C.O.**
**Encuentro para Soluciones de Comportamiento**
**Cartagena – Colombia – Diciembre 2000**

Red de Solidaridad Social

PRESIDENCIA DE LA REPUBLICA

# Prefacio

La preparación de este libro ha tomado más de 20 años y todavía no está terminado. Lo consideramos como un **Trabajo en Progreso**. Inclusive, a medida que estamos escribiendo estas palabras, una de nuestras terapeutas o un familiar de un niño Autista está en algún lugar pensando en una forma nueva e inteligente para enseñarle una habilidad importante. Si esperamos hasta que hayamos pensado que hemos incluido todos los programas útiles que pudieran existir, este libro nunca se publicaría.

Lo que hemos tratado de hacer es proveer una guía y suficientes ejemplos detallados para que aquellas personas que están trabajando con niños Autistas, puedan desarrollar una mejor comprensión del proceso de éstas técnicas. Este no es un recetario de cocina y no debe ser tratado como tal; cada niño Autista es diferente y los programas deben estar ajustados de acuerdo a estas diferencias. No es necesario que todos los métodos sean utilizados en cada niño. Algunos pueden necesitar programas adicionales no incluidos en este libro. Se debe proceder con flexibilidad y aprender del niño; queremos que el lector se sienta cómodo desarrollando y ensayando nuevos programas de enseñanza. Siempre que usted se guíe por las instrucciones fundamentales, no se va a desviar demasiado del camino. Esa es la fortaleza del Análisis del Comportamiento Aplicado (A.B.A. por sus siglas en inglés: Applied Behavior Analysis).

El volumen de conocimiento acerca de la Intervención Efectiva y las Técnicas de Enseñanza que se han venido descubriendo y articulando por dedicados investigadores es realmente impresionante, aunque todavía está lejos de estar completo. Hemos construido sobre el trabajo de otras personas, tanto como nosotros esperamos que las demás personas construyan sobre el trabajo que presentamos aquí. Nos hemos beneficiado de la visión e innovaciones de los profesores más talentosos del mundo. Algunos de ellos son profesionales en diversas áreas como Educación Especial y

Teoría del Lenguaje y otros son padres de familia que tienen un Don para entender cómo llegar a los niños.

Estamos fuertemente influenciados por el trabajo del Doctor Ivar Lovaas de la Universidad de California en los Angeles (UCLA), bajo cuya tutoría estuvimos aprendiendo por muchos años. El ha escrito el libro clásico de trabajo, <u>Enseñando a Niños con Discapacidad de Desarrollo</u>: The Me Book, que toda persona que trabaja en el desarrollo con niños Discapacitados, debería conocer. El libro del Doctor Lovaas es un poco limitado en términos de cobertura, pero la profundidad del tema sobre el Autismo es iluminadora, inclusive dos décadas más tarde. Un trabajo más reciente y que tiene un campo mucho más amplio es <u>al Intervention For Young Children With Autism</u> (Intervención del Comportamiento para Niños con Autismo), editado por Catherine Maurice. Para niños en estados avanzados del programa <u>Teach Me Language</u> (Enséñame a Hablar) de Sabrina Freeman, también es indispensable.

Esperamos que nuestro "*A Work in Progress*", ahora traducido al Español "*Esperanzas para el Autismo*" -*Un Trabajo en Progreso*- se gane un espacio en las librerías, al lado de esos importantes trabajos.

Ron Leaf
John McEachin

Seal Beach, California
Enero, 1999

# Partnership

## (Trabajando en Conjunto)

**"Autism Partnership"** (Asociación para el Autismo) fue el nombre escogido para nuestro instituto, por la convicción de que trabajando en colaboración con todos aquellos involucrados en el tratamiento de un individuo se logra el éxito. Esto no quiere decir que cada persona deba estar en constante acuerdo. Una variedad de perspectivas pueden ser benéficas en el proceso del tratamiento. Muchas veces existe más de un camino que se puede seguir para llegar al mismo destino. El debate constructivo genera la luz para grandes ideas. Los padres, probablemente más que cualquier otra persona, pueden atestiguar cómo es de destructiva para el bien del niño la falta de colaboración. Como profesionales nunca podremos saber en realidad lo frustrante y molesto que puede ser el hecho de que nuestros propios hijos estén en el centro del desacuerdo. Para muchos padres esta es una pieza más en la pesadilla que ellos han estado experimentando.

# Estrategias de Comportamiento para la Enseñanza y Mejoramiento de la Conducta de Niños Autistas

Ron Leaf

John McEachin

Jamison Dayharsh

Marlene Boehm

# C A P I T U L O  1

# Intervención Intensiva del Comportamiento

El Autismo es una ruptura del proceso normal del desarrollo que ocurre en los dos primeros años de vida. Se manifiesta en problemas del lenguaje, juegos, conocimiento, funciones sociales y adaptación, haciendo que los niños se atrasen cada vez más con respecto a sus compañeros en la medida en que crecen. La causa es desconocida, pero se evidencian causas fisiológicas, tales como irregularidades neurológicas en ciertas áreas del cerebro.

Los niños Autistas no aprenden de la misma manera como normalmente los otros niños lo hacen. Parecen estar incapacitados para entender simples formas de comunicación verbal y no verbal, se confunden con información sensorial, se alejan en diferentes grados de las personas y del mundo que los rodea. Se tornan ocupados con ciertas actividades y objetos que interfieren con el desarrollo del juego, muestran poco interés en otros niños y tienden a no aprender, observando e imitando a otros.

Aún cuando el proceso de aprendizaje se ve afectado, los científicos en comportamiento, apoyados en los principios de la teoría del aprendizaje, han desarrollado métodos efectivos para enseñarle a niños Autistas. Tres décadas de investigación del Doctor Ivar Lovaas y sus asociados en la Universidad de California (UCLA) han demostrado convincentemente que una Intervención Intensiva y a tiempo, puede mejorar significativamente el desarrollo de niños Autistas. Dos estudios consecutivos publicados en 1987 y 1993, han demostrado que 9 de 19 niños que recibieron tratamiento Intensivo del Comportamiento fueron capaces de completar su educación normal satisfactoriamente y no se podían distinguir de los niños normales en cuanto a su coeficiente intelectual, habilidades de adaptación y funcionamiento emocional. Incluso entre niños que no lograban obtener el mejor rendimiento tuvieron mejoras significativas en su lenguaje, habilidades sociales y de juego y auto-suficiencia y solamente dos de todos los niños no desarrollaron habla funcional.

Los niños en éste estudio tenían tres años de edad cuando comenzaron el tratamiento. Ellos recibieron un promedio de 40 horas-hombre por semana de tratamiento individualizado, efectuado por estudiantes de pregrado de UCLA, los cuales eran supervisados por estudiantes graduados y psicólogos. El tratamiento duró un promedio de dos años o más.

# FUNDAMENTOS HISTORICOS

El Análisis de Comportamiento Aplicado (Applied Behavior Analysis - ABA) con niños Autistas ha experimentado un retorno a la popularidad desde 1993. Este renovado interés puede deberse, en gran parte a la publicación del libro de Catherine Maurice "Let Me Hear Your Voice" (Déjame Escuchar Tu Voz), en el cual relata el tratamiento de sus dos niños Autistas. Como muchos profesionales y padres, la señora Maurice inicialmente tuvo una visión muy reducida de la Intervención en el Comportamiento; consideraba que era un procedimiento negativo e inflexible. Más aún, creyó que el intervenir en el comportamiento tenía efectividad limitada y frecuentemente producía respuestas mecánicas y robotizadas en los niños. Su experiencia, sin embargo, probó ser muy diferente. Ella encontró que la Intervención en el Comportamiento puede ser empleada positivamente con un alto grado de flexibilidad. Más importante, la Intervención probó ser altamente efectiva.

La historia de la señora Maurice dio esperanzas a los padres que habían sido influenciados a creer, con frecuencia por profesionales, que los niños Autistas permanecerían severamente afectados por su condición. Con esperanza y dirección, los padres alrededor del mundo comenzaron a implementar programas altamente intensivos. También comenzaron a exigir a los colegios y agencias del Estado el uso del ABA con sus niños.

Aún cuando la alta popularidad del ABA es reciente, éste no es un procedimiento nuevo. Los críticos de la Intervención del Comportamiento con frecuencia dicen que es un procedimiento "experimental" con limitada evidencia empírica de su efectividad. Lovaas (1987) y McEachin, Smith y Lovaas (1993) son con frecuencia citados como las únicas dos investigaciones que muestran que la Intervención del Comportamiento con niños Autistas es efectiva. De hecho, el ABA está basado en más de 50 años de investigación científica con individuos afectados por un amplio rango de desordenes del comportamiento y del desarrollo. Desde el año 1960, investigaciones intensas han probado la efectividad de Intervenir en el Comportamiento de niños adolescentes, adultos y Autistas. El estudio ha demostrado que el ABA es efectivo en la reducción de comportamientos y alteraciones típicamente observados en individuos Autistas, tal como hacerse daño así mismo, las rabietas, el no obedecer, la auto estimulación. El ABA también ha demostrado ser efectivo en la enseñanza de habilidades comúnmente deficientes tales como la comunicación compleja, la social, el juego y las habilidades de auto-ayuda. A principios de 1973, Lovaas y sus colegas publicaron un comprensivo estudio que demostraba que el ABA era efectivo en tratar múltiples comportamientos con diversos niños.

Aunque el trabajo del Doctor Lovaas es el más frecuentemente citado, existe otra evidencia de que el ABA puede resultar sustancialmente provechoso. Harris y Handleman (1994) revisaron varios estudios de investigación que mostraron que más del 50% de los niños Autistas que participaron en programas pre-escolares comprensivos utilizando el Análisis de Comportamiento Aplicado, fueron satisfactoriamente integrados a los salones de niños no discapacitados, con muy pocos requerimientos de tratamiento posterior.

## PLAN DE ESTUDIOS

El objetivo de la Intervención del Comportamiento, es enseñar a su niño aquellas habilidades que van a facilitar su desarrollo y ayudarle a que adquiera un alto grado de independencia y la más alta calidad de vida posible. Existen varios Planes de Estudio que dan lineamientos para una variedad de habilidades. Estos Planes de Estudio han sido desarrollados a través de décadas de investigación.

El contenido del Plan de Estudios debe incluir todas las habilidades que una persona necesita para ser capaz de desarrollarse satisfactoriamente y disfrutar su vida plenamente. Debe incluir habilidades de enseñanza que la mayoría de niños normales no necesitan que se les enseñe, tales como el jugar y la imitación. Se debe ejercer un fuerte énfasis en el aprendizaje del hablar, el desarrollo de habilidades conceptuales y académicas y se deben promover el juego y las habilidades sociales. Sin embargo, en la medida en que el niño crece, el énfasis debe cambiarse al conocimiento práctico y las habilidades de adaptación. El Plan de Estudios debe ser desarrollado secuencialmente para que los conceptos y habilidades más fáciles sean enseñadas primero y las habilidades complejas no sean introducidas hasta que el niño aprenda las habilidades pre-requisito. Sin embargo, no debe haber una idea rígida preconcebida del orden en que el niño debe aprender. Por ejemplo, aunque no es un patrón común, algunos niños aprenden a leer antes de que puedan hablar.

Es muy importante construir el éxito en el niño y expandir la utilización de habilidades existentes, así como darle valor para que desarrolle unas nuevas. El desarrollo de la comunicación verbal no aliviará las necesidades del niño en las áreas de juego, habilidades sociales y buen funcionamiento de adaptación, es esencial diseñar instrucciones específicas para esas áreas. Algunos niños nunca aprenden a hablar y necesitarán algunos medios alternos de comunicación. El acercamiento es muy empírico y pragmático: si funciona, aférrese a él; si no funciona, cámbielo.

# ¿CUANTAS HORAS DE INTERVENCION DEBE RECIBIR MI NIÑO?

Para decidir cuántas horas de terapia se deben programar por semana, usted debe observar un día de su niño e intentar brindar un balance razonable entre la terapia intensiva, los períodos de actividades menos intensivas pero aún estructuradas y darle la libertad para tener períodos de tiempo libre y tiempo para la familia. Además de las horas de enseñanza uno a uno (terapeuta-niño), usted debe considerar la calidad de la enseñanza y el nivel de estructura brindada fuera de las horas de terapia formal. Los estudios indican que muchos niños responderán mejor con 30 o más horas por semana de instrucción directa. La duración de cada sesión se debe ajustar para que brinde un beneficio máximo. Con frecuencia funcionará mejor mantener la duración de dos a tres horas

La introducción de citas de juego será necesaria para generalizar habilidades y proveer oportunidades de aprendizaje por medio de la observación. Una vez que su niño esté gastando parte del día en el colegio, se podrá recomendar la disminución de las horas de terapia en la casa.

# ¿CUAL ES EL ROL DE LA FAMILIA?

Es de vital importancia que la familia se involucre en el proceso del tratamiento. Nadie conoce a su niño mejor que usted, es usted quien se interesa más y es el más afectado por el desorden de su niño. Usted ocupa gran parte de su tiempo con su niño y puede utilizar ese tiempo para convertir los objetivos de la enseñanza en situaciones diarias de convivencia.

Los padres proveen con frecuencia terapia directa a su niño. Sin embargo, como los padres bien lo saben, vivir con un niño Autista demanda un gran costo emocional y coordinar el equipo de tratamiento, es un gran trabajo. Por consiguiente, cuando sea posible, es recomendable valerse de terapeutas contratados para hacer gran parte de la terapia intensiva. Esto permite a los padres tener un descanso y que el tiempo libre para pasar con el niño sea más productivo y puedan disfrutarlo. Los padres pueden utilizar el tiempo del niño que éste no ocupa en programación intensiva, para desarrollar el juego, las habilidades sociales y de auto-ayuda. Las salidas al parque, compras en el supermercado, enviar una carta y visitar la casa de algún pariente, son oportunidades para practicar habilidades comunes y trabajar en el mejoramiento del comportamiento. Igualmente, la hora del baño, la comida, vestirse y alimentar el gato pueden ser tan solo ejemplos de rutinas diarias que sirven como oportunidades para enseñar. De ésta forma, el día entero del niño se convierte en parte de un proceso de terapia y los padres se convierten en una parte integral del equipo. Es importante involucrar al niño en la rutina diaria de vida y así se evita empujarlo al aislamiento.

# FORMATO DE TERAPIAS

La enseñanza es un proceso que cambia con el tiempo. Inicialmente, la duración del tiempo invertido en la enseñanza formal de la Tarea Discriminada irá aumentando constantemente, en la medida en que su niño se sienta confortable con la Intervención. En etapas posteriores, la cantidad de tiempo empleado en la enseñanza de Tareas Discriminadas disminuirá, en la medida en que se le aumenten e involucren al niño otro tipo de instrucciones (por ejemplo, enseñanzas de grupo e incidentales). El énfasis del Plan de Estudios también puede cambiar durante el curso de la terapia; sin embargo, la estructura general de la terapia permanecerá igual. La Intervención será una combinación de programas diseñados para incrementar la comunicación, el juego, la socialización y las habilidades de auto-ayuda. El programa de cada niño debe ser individualizado a su necesidad particular. El siguiente es un ejemplo de cómo el tiempo puede ser distribuido en un programa típico de terapia de tres horas:

20 minutos      Juego Estructurado (En recinto cerrado).

80 minutos      Lenguaje (Pequeñas pausas en el transcurso: 0-20 minutos lenguaje; 5-10 minutos juego; 0-20 minutos lenguaje; 5-10 minutos juego; etc.).

30 minutos      Habilidades de auto-ayuda.

30 minutos      Juego Estructurado (Al aire libre).

20 minutos      Recopilación y resumen del trabajo.

Cualquier parte de ésta distribución podrá ser aumentada o disminuida dependiendo de la edad del niño, la etapa de la terapia y los requerimientos del colegio.

# FORMATO DE ENSEÑANZA

El Análisis del Comportamiento Aplicado (ABA) es la modalidad de tratamiento mayormente utilizada durante el programa. Aunque muchas técnicas diferentes son utilizadas como parte del tratamiento, el método primario de instrucciones es el de la "Enseñanza de Tareas Discriminadas" (Discrete Trial Teaching). Esta enseñanza con Tareas Discriminadas es un método específico utilizado para maximizar el aprendizaje. Es un proceso de enseñanza utilizado para desarrollar la mayoría de las habilidades, incluyendo las cognoscitivas, de comunicación, de juego, de habilidades sociales y de auto-ayuda. Adicionalmente, ésta estrategia puede ser utilizada por todas las edades y poblaciones.

*LA ENSEÑANZA DE TAREAS DISCRIMINADAS NO ES UNA ESTRATEGIA DE ENSEÑANZA QUE SE UTILIZA SOLAMENTE PARA ENSEÑAR LENGUAJE, NI ES SOLAMENTE EMPLEADO CON NIÑOS AUTISTAS:*

*"ES SIMPLEMENTE BUENA ENSEÑANZA"*

La enseñanza de Tareas Discriminadas envuelve: 1) Dividir una tarea en pequeñas partes; 2) Enseñar una sub-habilidad hasta que sea dominada; 3) Permitir la práctica repetitiva en un período definido de tiempo; 4) Suministrar ayuda y disminuirla gradualmente tal como sea necesario y 5) Utilizar procedimientos de refuerzo.

La unidad básica de enseñanza llamada Tarea, tiene un principio y un final distintivo, razón por la cual recibe el nombre de "Discriminada". La enseñanza requiere numerosas tareas, con el fin de fortalecer el aprendizaje. Cada parte de la tarea es perfeccionada antes de presentar más información. En la enseñanza de Tareas Discriminadas, una muy pequeña unidad de información se le presenta al estudiante y se espera una respuesta inmediata de él. El estudiante debe estar activamente involucrado durante el proceso de aprendizaje. Esto contrasta con las tareas continuas y los métodos tradicionales de enseñanza, en los que se presenta gran cantidad de información sin un objetivo claro y definido, para obtener una respuesta directa por parte del estudiante.

Otras técnicas utilizadas en el tratamiento pueden incluir el manejo de comportamientos, la Intervención de crisis, la enseñanza estructurada de Intervención y los métodos más tradicionales de consulta.

# AMBIENTES PARA LA ENSEÑANZA

Inicialmente la enseñanza debe impartirse en un ambiente que conduzca a prontos éxitos. Algunas veces esto significa un ambiente controlado con pocas distracciones. Sin embargo, la enseñanza debe rápidamente extenderse a los lugares de uso diario. No sólo porque es más natural, sino porque también promueve la enseñanza desde varios lugares. Es por eso que la terapia debe darse en cualquier lugar de la casa, así como fuera de ella y dentro de la comunidad (por ejemplo, en sitios como el parque, McDonalds o el supermercado). Si las distracciones resultan ser un problema, es importante enseñarle al niño a centrar su atención, aún cuando esté en presencia de interferencias ambientales. Los niños deben ser capaces de aprender en varios ambientes donde las distracciones naturales ocurran, así como deben estar preparados para el aprendizaje en lugares comunes, tales como el colegio.

# ETAPAS DE LA TERAPIA

En la medida en que su niño aprende, la terapia irá progresando en sus diferentes Etapas. Aún cuando éstas no se distinguen perfectamente unas de otras, la terapia puede describirse en tres fases:

**ETAPA INICIAL.** Comprende el conocimiento de su niño. Es crítico establecer una relación social cálida, divertida y reforzada. Para lograr éste objetivo, el primer mes de terapia se enfatiza en la identificación y el establecimiento de refuerzos, con muchos juegos y entrega incondicional de estos. Mediante la creación de una atmósfera positiva, su niño estará mucho más predispuesto al proceso de enseñanza y por consiguiente progresará mucho más rápido en su terapia reduciendo las luchas de poder y los comportamientos alterados. Es esencial determinar lo que le gusta y lo que le disgusta a su niño, así como identificar sus fortalezas y debilidades. "Aprendiendo a Aprender" es también un componente crítico en la Etapa Inicial. El niño necesita aprender que su cooperación con lo requerido se traducirá en premios inmediatos y frecuentes. Mediante el proceso anterior, irá adquiriendo habilidades, tales como aprender a sentarse y atender, permanecer desarrollando una tarea en el ambiente de enseñanza, ser participativo en una instrucción, aprender cómo procesar la retroalimentación y entender la causa y el efecto. Esto establece la Etapa para aprender conceptos y habilidades.

**ETAPA MEDIA.** Involucra el aprendizaje específico de la comunicación, el juego, la auto-ayuda y las habilidades sociales. Los conceptos complejos se dividen en una serie de varios pasos que son enseñados sistemáticamente. Los conceptos abstractos son traducidos en ejemplos concretos. En la medida en que el niño desarrolla el programa, se realizarán los ajustes individuales en el Plan de Estudios para satisfacer sus necesidades. Aunque el objetivo inicial es acelerar rápidamente el desarrollo de habilidades, el objetivo a largo plazo es incrementar la habilidad del niño para aprender y funcionar en ambientes naturales. Por consiguiente, la terapia debe hacerse lo más naturalmente posible en busca de promocionar el objetivo a largo plazo, sin comprometer la velocidad de aprendizaje del niño. Los niños deben ser expuestos a encuentros de juego y a otras actividades sociales en lugares de la comunidad. Usualmente se introducen al ambiente escolar durante ésta Etapa.

**ETAPA AVANZADA.** Involucra progresivamente el hacer la terapia de forma más natural y se encausa mucho más hacia un ambiente diario. El trabajo hacia la socialización, el juego, la parte afectiva, la cognoscitiva y las habilidades de comunicación, son el objetivo primario durante ésta Etapa. El lograr que el niño se integre a los ambientes de aprendizaje naturales (por ejemplo, el colegio) también ocurre en esta Etapa.

## EVALUACION

La efectividad de la terapia debe ser evaluada continuamente. El equipo debe recopilar información diariamente. La información debe ser específica para los dos programas, el de enseñanza y el de comportamientos. Las reuniones de equipo regularmente son la forma de repasar la efectividad de la Intervención y de afinar los cambios que sean necesarios al programa. Es muy recomendable filmar en un video al niño, una vez al mes en la casa.

## EFECTIVIDAD DEL PROGRAMA

La Intervención ha demostrado incrementar satisfactoriamente la funcionalidad del niño en áreas como el lenguaje, los juegos, lo social y la auto-ayuda. Naturalmente, sin embargo, existe una escala en el grado de los resultados. El resultado del tratamiento depende de varios factores que incluyen la edad en que se comienza el tratamiento, la calidad del mismo, la capacidad cognoscitiva del niño y la perseverancia del ambiente en el hogar. El tratamiento está diseñado para sacar del niño su mejor potencial.

Aún cuando la "recuperación" es naturalmente el resultado esperado, los resultados de las investigaciones sugieren que menos de la mitad de los niños que comenzaron el tratamiento antes de los tres años bajo condiciones óptimas pueden lograr ese resultado. Sin embargo, casi todos los niños que se estudiaron hicieron progresos sustanciales en el desarrollo de su comunicación, las habilidades de juego y la parte social. Es muy difícil determinar por adelantado cuál niño responderá más favorablemente al tratamiento. La presencia de habilidades de comunicación y los grados de habilidades de conocimiento antes del inicio del tratamiento están relacionados con el resultado del mismo. Sin embargo, el indicador más real de aprendizaje es el grado de avance en el niño, una vez comenzando el tratamiento y después de seis meses, usted tendrá una idea de qué tan rápido progresará el niño.

# FACTORES EN COMUN QUE TIENEN LOS BUENOS PROGRAMAS

1. Coherencia dentro y fuera de la terapia

2. Mínimo dos horas de supervisión a la semana

3. Los padres y el equipo docente asisten a todas las reuniones

4. El entrenamiento del personal docente nuevo ocurre antes del tratamiento

5. Apreciación del grupo de terapeutas por parte de los padres

6. Ambiente agradable de trabajo

7. Los problemas se discuten con el Supervisor

8. No se comparan los niños

9. No se compara el personal de trabajo

10. Apreciación de los diferentes estilos de terapeutas

11. Flexibilidad en el horario

12. Participación de los familiares en porciones de las sesiones de terapia

13. Comunicación abierta dentro de los miembros del equipo

14. Preguntas creativas, actividad y respuestas con solución de problemas

# NOTAS DE TRABAJO

**CAPITULO 2**

# Un Método que Funciona para Niños Mayores y Adolescentes

A pesar de que la mejor época para comenzar un tratamiento es a una edad temprana, muchos niños mayores también se pueden beneficiar de un tratamiento intensivo. Sin embargo, para trabajar con niños mayores se necesita construir sobre esfuerzos previos para adaptar y refinar un modelo de tratamiento a seguir. Los ajustes no sólo son necesarios en el tratamiento para niños mayores, sino también en la comunicación de los especialistas con sus padres.

Los padres de niños Autistas mayores han tenido con frecuencia experiencias fundamentalmente diferentes que los padres de niños menores. Ellos han tenido que soportar por mucho más tiempo los tremendos desafíos de ser padres de un niño discapacitado. Por años han estado tratando de trabajar gran cantidad de opciones de tratamientos, soluciones de moda y diferencias de criterio profesionales, posiblemente habrán tenido que soportar una frustración prolongada por no recibir los servicios adecuados. Con frecuencia habrán soportado intensos sentimientos de impotencia, desesperanza e ira por ver a su niño a una edad avanzada, con poca mejoría. La Intervención exitosa de familias de niños mayores necesitará que los padres expresen sus preocupaciones, frustraciones y rabia. Para resolver estos aspectos dañinos, la Intervención Intensiva también debe combinar educación y consejería para los padres y familiares.

Lo primero y más importante, esencialmente es escuchar y tratar de entender las batallas de los padres, así como guiarlos para que trabajen más exitosamente con el sistema. Esto, con frecuencia, requiere brindarles información, identificar recursos o ayudarlos a establecer sistemas de ayuda. Organizar sus experiencias también es muy importante. Los padres de niños mayores con frecuencia han sido inundados con información errada; por esto es tan importante brindar información exacta y adecuada para clarificar sus percepciones. A menudo esto significa lograr su entendimiento del diagnóstico, etiología, tratamiento y pronósticos. Es muy raro que un padre no haya sido sometido en alguna forma a "la Medicina Curativa del año". Esto significa casi siempre tener que lidiar con el desconsuelo y rabia de los padres por el hecho de tener un niño Autista.

Tal vez el aspecto más importante del trabajo con padres, es tratar con sus expectativas en torno a los pronósticos del niño; los padres necesitan una guía para la formulación de expectativas reales. Algunos padres exageran el potencial del niño y mantienen un nivel alto de negación. Otros son demasiado pesimistas y han aceptado en la sabiduría prevaleciente que es muy poco lo que se puede hacer para mejorar el destino de un niño Autista. Aunque la prognosis lleva un alto nivel de incertidumbre, ellos deberán mantener un grado de optimismo templado por el realismo. Aunque esto también se aplica a los padres de niños jóvenes, es especialmente importante para los de niños mayores para quienes las incertidumbres de la adolescencia acechan más de cerca.

Ayudar a los padres para que puedan manejar el comportamiento y las deficiencias de las habilidades de sus niños, es un elemento importante en el tratamiento de niños mayores. Estos generalmente presentan un alto nivel de frecuencia e intensidad de comportamientos alterados, los cuales son más difíciles de manejar.

Hemos encontrado importante entrenar a los padres en la aplicación de las técnicas de administración del comportamiento, separadamente de la instrucción directa para el niño. Mientras que la mayor parte del tratamiento a los niños menores ocurre en una terapia estructurada de uno a uno, el tratamiento para niños mayores implica que los padres deben brindar la Intervención en el contexto de una interacción menos formal durante el día del niño.

Hemos disminuido el énfasis en el rol de los padres para proveer la enseñanza con el objeto de concentrar sus esfuerzos en la "terapia fuera de la terapia", por ejemplo, manejando el comportamiento alterado de su niño en la comunidad o facilitando su lenguaje mientras está en el carro o asistiéndolo en su hora de juego en el parque, es tan importante, como el trabajo formal en sesiones de tareas discriminadas.

Trabajar con niños mayores requiere fijar la atención en lo práctico. Significa ayudarle a los padres a que **la terapia encaje en su vida y no que la vida encaje en la terapia**. Se requiere evaluar las necesidades de la familia y ayudarles a establecer prioridades. Es esencial no sobrecargarlos, pero sí reconocer y entender su situación particular y por consiguiente, proveer terapia en el contexto de las necesidades de cada familia. Con frecuencia se requiere identificar alternativas prácticas, la solución de problemas y ayudarles a entender cómo enseñar dentro de su rol primario, como padres. Significa diseñar un tratamiento que no comprometa efectividad, pero que no debe sumarse a la ya difícil situación que vive la familia. Por consiguiente, la identificación y utilización de todos los recursos, incluyendo la contratación y entrenamiento de profesionales, ha sido un componente esencial en el tratamiento de niños mayores y adolescentes.

# TRABAJANDO CON NIÑOS MAYORES

## Problemas Asociados con Niños Mayores
- Problemas de comportamiento y tamaño físico
- Mayor tiempo para que los comportamientos se fijen
- Puede necesitar orientar los comportamientos prioritarios
- Desarrollo fraccionado de habilidades (por ejemplo, lee pero no se viste solo)
- Aspectos del reforzamiento (por ejemplo, lo apropiado para la edad)

## Necesidad de ser Flexible y Creativo
- Gran apoyo en el colegio como base del programa
- Utilizar los recursos disponibles
- Revelar el diagnóstico puede ayudar a una mayor cooperación en las entidades que proveen los servicios de asistencia médica
- Lineamientos para la enseñanza (por ejemplo, ¿Deben ser las tareas menos discriminadas?)
- Estructura de la terapia (por ejemplo, dos horas diarias de entrenamiento de tareas discriminadas)

## Puntos del Plan de Estudio
- Enfatizar las habilidades recreacionales y sociales
- Comunicación Funcional (No-verbal) en caso de ser necesario
- Auto Ayuda y habilidades de convivencia diaria
- Acceso a la comunidad

## Acomodar la Necesidad de Incrementar el Funcionamiento Independiente
- Dar claves indirectas para lograr los comportamientos de atención
- Hacer todo lo más natural posible
- Evitar la dependencia de ayuda de uno a uno
- No se debe concentrar sólo en tareas discriminadas sino también en entrenamientos académicos
- Enseñar habilidades funcionales
- Enfatizar el juego y la parte social

## Terapias Especializadas
- Consejería
- Insensibilización Sistemática
- Entrenamiento en habilidades sociales
- Aproximación Multidisciplinaria (Habla/Etc.)
- Entrenamiento de la Sexualidad

### Rol de los Padres
🖊 Vigilar/Coordinar el equipo
🖊 Generalizar:  Supermercados, hora del baño, Enseñanza Incidental (juego, social)
🖊 No sentirse culpable hacia las oportunidades perdidas

### Expectativas Realistas
🖊 Dirigido a maximizar el potencial

# LUGAR PARA LA EDUCACION

La filosofía del instituto "Austim Partnership" (Asociación para el Autismo), se basa en  que la educación debe ser suministrada en el ambiente menos restrictivo que le permitirá al niño, lograr los mayores éxitos de largo plazo.  Existe una gran gama de sitios disponibles para la educación y es por eso que es muy importante evaluar cuidadosamente el lugar que mejor se ajusta a las necesidades del niño.  Hay ventajas y desventajas con cada lugar y un número de factores críticos, que deben tenerse en cuenta para determinarlo.  No es necesario que se restrinja un lugar automáticamente.  Más aún, el equipo de trabajo no debe restringir alguno que no se hubiera pensado.  Existen momentos en que un lugar más restrictivo llenará de mejor manera las necesidades del niño y lo habilitará para que eventualmente éste desarrolle un mayor nivel de independencia.

El equipo debe considerar lo que se está proyectando para proveer la mejor oportunidad para que el desarrollo de habilidades se dé en tantos lugares como sea posible.  Una vez en su lugar, se necesita que exista una continua evaluación para poder determinar en qué momento se debe avanzar a un nuevo lugar y cuándo sería beneficioso para el niño.  No es necesario que el niño se mueva de nivel en nivel, uno por uno.  Por ejemplo, puede tener un progreso excelente y las circunstancias adecuadas, entonces el niño puede moverse de un salón de pocos estudiantes a uno donde se integre con más cantidad de alumnos.  También es importante no esperar hasta que el alumno se haya ajustado a un lugar para avanzarlo a otro.  Algunas veces un reto adicional, un ambiente más estimulante o el incrementar la disponibilidad de refuerzos más significativos; le facilitará al niño para ser más exitoso en un lugar más avanzado, incluso cuando su adaptación no haya sido del todo satisfactoria en el sitio en que se encuentre.

# CAPITULO 3

# Refuerzos

Inicialmente, la efectividad del programa dependerá mayormente de la calidad de los refuerzos disponibles para el niño. Con el tiempo, trabajaremos para que su niño no necesite refuerzos artificiales y los reemplace por contingencias naturales. Al principio, lo más probable es que su niño no encontrará el hecho de estar calmado, cooperante o complaciente como una motivación inherente. De igual forma, muy probablemente su niño no encontrará que al hablar, jugar o socializarse puedan ser acciones internamente satisfactorias. Si lo hace, entonces es probable que no presente ningún mal funcionamiento o desorden diagnosticable. Mediante el suministro de refuerzos externos, estaremos más preparados para desarrollar un mejor comportamiento.

## OBJECIONES A LOS REFUERZOS

Algunas personas se niegan a utilizar los refuerzos por varias razones. Ellos pueden sentir que el uso de los premios no es natural. Esto puede deberse a que han visto utilizar refuerzos de manera mediocre y sin un plan para reducir su uso. Todas las personas se motivan por medio de refuerzos. Pueden ser el salario, las vacaciones, las aficiones, la compañía de otras personas; estamos plenamente satisfechos en la vida por los refuerzos que recibimos.

Muchas veces existe oposición a utilizar premios porque se cree que constituyen una especie de soborno. Sin embargo, cuando el refuerzo se utiliza correctamente, no es un soborno. En el diario vivir, el soborno puede conducir a la realización de un acto inapropiado (como sobornar un empleado público). En los programas de comportamiento, el soborno sería esperar hasta que la persona rehúse a hacer algo y luego negociar un premio. Otro ejemplo sería cuando un niño es necio y usted le dice que si se detiene, recibirá un premio. Esta no es una forma correcta de utilizar el refuerzo.

Usted no querrá hablarle de contingencias a una persona que está en medio de un comportamiento alterado. No se deben tener discusiones acerca de refuerzos durante un comportamiento alterado. Anunciar la contingencia le da una oportunidad al niño de negociar o considerar si vale la pena para él exhibir un comportamiento apropiado. Otra clase de situación que puede ser considerada soborno es la promesa automática de un premio en el momento en que se le pide que haga algo. Esto puede llevar a la persona a volverse dependiente de una promesa de premio y luego cuando NO hay promesa, negarse ante cualquier petición. Mucho peor es provocar a una persona con un refuerzo deseado y retenerlo hasta que la petición o el comportamiento sea realizado. Todas las anteriores negociaciones son inapropiadas y no constituyen un uso positivo del reforzamiento. Tal vez el ejemplo más común de un premio como medida de condición en la vida diaria es el del pago remunerado por un trabajo realizado. Aún no hemos escuchado a nadie quejarse de que su pago mensual es una forma de chantaje o soborno.

Las objeciones acerca del uso de los refuerzos también se han fundamentado en la creencia de que el niño se volverá dependiente de los premios. Esto sólo ocurre cuando los refuerzos no son disminuidos apropiadamente y cuando las motivaciones naturales no son estructuradas en el plan. Lo ideal es, que un programa comience con refuerzos que rápidamente se disminuyan para usar una forma más natural de refuerzo.

Otra excusa para no utilizar refuerzos con cierto niño es la experiencia de que al parecer nada es lo suficientemente motivante para él. Con frecuencia esto ocurre cuando el niño recibe refuerzos en situaciones en donde no tiene que ganarse nada o cuando no tienen nada que ver con su comportamiento. Comer picadas, ver televisión, salir de paseo, pueden estar disponibles gratuitamente como parte de una rutina y por lo tanto, no funcionarán como refuerzo para un niño bajo esas circunstancias. En ese caso el objetivo debe ser establecer algunos refuerzos. Identificar y desarrollar los refuerzos toma tiempo. Incluso si su niño tiene una gran variedad de refuerzos, vale la pena cultivar otros.

*"Si usted no tiene buenos refuerzos y no está trabajando para establecerlos, entonces lo mejor es que detenga la sección y se vaya a casa".*

# IDENTIFICANDO Y DESARROLLANDO LOS REFUERZOS

La observación de su niño puede ayudarle a identificar los refuerzos, los cuales no tienen que ser muy elaborados. Con frecuencia, tenemos la falsa creencia que un refuerzo debe ser complejo. Algunas cosas pequeñas del diario vivir pueden ayudar a crear nuestros refuerzos con un buen "empaque" o un buen trabajo de ventas para "venderle" con entusiasmo la idea al niño. Comportamientos de alta frecuencia, tal como escuchar música o ver televisión, constituyen refuerzos. Cualquier cosa que una persona seleccione en una situación libre probablemente pueda servir como refuerzo. Los eventos del diario vivir, tales como disfrutar algo de tiempo con un pariente, ir a caminar o que le den masajes en el cuello, pueden ser motivadores efectivos.

El primer paso para desarrollar los refuerzos, es simplemente exponer a su niño a refuerzos potenciales. Algunas veces los niños no saben cómo operar un juguete y por consiguiente, no saben qué tan emocionante puede ser. Con frecuencia, los niños no saben si les va a gustar un juguete, una actividad o una comida. Los adultos ciertamente pueden relacionar éste fenómeno. El pensar en cierta comida puede disgustarle a usted; pero cuando tiene el coraje de probarla, puede descubrir una nueva delicia.

Darle acceso libre a un potencial de refuerzos puede también crear unos nuevos. Una vez que la persona tiene acceso libre a más reforzadores, estos se pueden convertir en algo que el niño estará más interesado en ganarse. Las Compañías de televisión por cable hacen esto: periódicamente suministran a sus clientes la oportunidad de recibir canales de películas gratis. Su experiencia ha sido que mediante el acceso libre a un porcentaje de clientes, estos lo encontraron lo suficientemente reforzante como para adquirir el servicio.

Con frecuencia los refuerzos pierden su valor debido al efecto de saturación. Si una persona ha estado expuesta durante mucho tiempo a un refuerzo, éste tiende a perder su valor. Por ejemplo, cuando una persona come mucho de una comida específica, no importa qué tanto le gusta, eventualmente se cansará de comer ese mismo plato. Para prevenir la saturación y por consiguiente, asegurar el valor del refuerzo, es necesario que algunas veces el mismo no sea accesible. Esto es particularmente difícil cuando a su niño aún le gusta el refuerzo, pero a no ser que ese refuerzo altamente preferido sea guardado algunas veces, usted va a eliminar la posibilidad de que otros refuerzos menos fuertes sean efectivos y eventualmente, la persona gastaría el refuerzo altamente preferido debido a la saturación. Lo que debe hacerse es poner el refuerzo preferido en rotación con otros menos potentes, de tal forma que la persona no reciba el mismo con demasiada frecuencia.

También se recomienda limitar el acceso a refuerzos fuertes para que así sólo estén disponibles a ciertas horas o por comportamientos específicos. Si un niño está teniendo problemas para prestar atención durante la terapia formal, podremos utilizar un refuerzo en particular que sea altamente deseado, pero sólo por esa vez. Esto no solamente ayudará a mantener el valor del refuerzo, sino que también aumentará el interés para prestar atención. Con frecuencia le pedimos a los padres que pongan bajo llave algunos refuerzos y los tengan solamente disponibles durante la terapia.

Una forma efectiva para desarrollar los refuerzos es asociar su potencial con unos ya establecidos; por asociación, el potencial de los refuerzos adquirirá un valor similar de reforzamiento. Por ejemplo, ésta es la razón por la cual siempre juntamos reforzamiento social como elogios y caricias, con reforzadores establecidos como comidas, juguetes y actividades.

## CATEGORIAS DE LOS REFUERZOS

Los refuerzos tienen diferentes valores. Algunos están simplemente bien y otros son altamente preferidos. Es importante tener un rango total de refuerzos para que pueda utilizar una gran variedad de ellos. Esto es, usted querrá proporcionar refuerzos extraordinarios para un comportamiento extraordinario, refuerzos buenos para buen comportamiento y refuerzos normales para un comportamiento normal. En esta forma usted no sólo reforzará un buen comportamiento, sino que brindará incentivos para uno mejor.

## SELECCIONANDO EL HORARIO DE LOS REFUERZOS

Normalmente, al principio de un programa, el reforzamiento es suministrado de una forma muy frecuente. INICIALMENTE, su niño podrá necesitar un refuerzo cada cinco minutos para EVITAR un comportamiento alterado. Más importante, la PRESENCIA de un comportamiento adecuado debe resultar en un refuerzo inclusive más fuerte.

Recuerde que el objetivo del refuerzo es que se dé a una frecuencia natural. Aunque usted puede utilizar refuerzos continuamente, es importante pasar a horarios más intermitentes para dar el refuerzo (por ejemplo, cada 15, 30 o 60 minutos, etc.). Cualquier horario al que su niño se adapte en un ambiente natural (por ejemplo, en un salón de clases) debe ser el último objetivo. El último objetivo es querer que el refuerzo suceda en frecuencia natural (por ejemplo, diariamente o cada semana).

El horario inicial debe estar basado en los lineamientos que existen sobre comportamientos alterados. Por ejemplo, si su niño actúa alteradamente cada 15 minutos, entonces debe recibir retroalimentación y reforzamiento antes de los 15 minutos (por ejemplo, a los 10 minutos). De ésta forma, él en realidad está recibiendo y experimentando el reforzamiento. Una razón para fallar es tener un horario de refuerzos con intervalos muy largos. Esto significa que con mucha frecuencia el mal comportamiento ocurre antes de que se le de el refuerzo y entonces el niño en realidad rara vez llega a tener acceso al refuerzo. El reforzamiento no puede ser efectivo si el niño no lo llega a experimentar. Además un horario de pocos refuerzos causa muy baja motivación.

Cuando la frecuencia del refuerzo se disminuye, deben utilizarse refuerzos más fuertes. Si usted no suministra refuerzos más fuertes, es muy probable que se presente una regresión. Adicionalmente, no hay un incentivo para continuar mejorando. Es importante no brindar refuerzos extra fuertes al principio. Así, usted quedará atrapado, porque no estará en capacidad de suministrar premios más poderosos en la medida en que reduce la frecuencia.

El siguiente es un ejemplo de un horario de refuerzos. La escala se incrementa de izquierda a derecha. El tiempo de los intervalos es relativo. El intervalo más pequeño puede ser de 30 segundos o puede ser de 15 minutos. En la medida en que el valor del refuerzo se incrementa hacia el lado derecho de la escala, el tiempo necesario para ganar el premio progresivamente se alarga.

| 5 MIN | 15 MIN | 30 MIN | 60 MIN | 1/2 DIA | DIARIAMENTE |
|--------|---------|-----------|-----------|---------|-------------|
| Uvas | 1/2 Taza | 5 Minutos | Cantar una | Ver un | Dar un paseo |
| Pasas | de Jugo | de juego | canción | Vídeo | |

# REGLAS DEL REFORZAMIENTO

Tal vez uno de los tópicos más investigados en psicología ha sido el del reforzamiento. Por más de cien años, los psicólogos han examinado sus principios y prácticas. Ha sido demostrado que el reforzamiento no sólo es efectivo sino esencial en el cambio del comportamiento. La investigación ha dado como resultado la formulación de reglas para el uso de los premios en formas más efectivas.

El reforzamiento ocurre a través de nuestro diario vivir. Instructores, parientes, empleados y entrenadores, generalmente utilizan premios. Sin embargo, con frecuencia son utilizados de una manera no sistemática. Muchos lo brindan sin saber las complejidades para hacerlo más efectivo. Desafortunadamente, la efectividad de los premios depende altamente del seguimiento de esas reglas.

Las "reglas del reforzamiento" han sido descritas en muchos libros y manuales. Las siguientes son las que nosotros consideramos de mayor utilidad como guía.

## 1. Los Refuerzos deben ser reforzadores

Con frecuencia proyectamos que otros van a desear lo que a nosotros nos gusta (por ejemplo, helado de chocolate, música country, golf, etc.), cuando en realidad algunos de ellos no los encuentran del todo como refuerzos. Obviamente, si no es refuerzo, entonces el comportamiento deseado o la habilidad no aumentará o lo que mejor puede pasar es que se aprenderá de una forma muy lenta. Por consiguiente, es necesario determinar si lo que pensamos será un premio, en realidad va a reforzar. Necesitamos estar continuamente evaluando la situación. ¿Se ve excitado su niño cuando lo está recibiendo? ¿Cuándo se le da a escoger, su niño lo selecciona?. La última prueba es si su niño va a trabajar para ganar el artículo que usted le está ofreciendo como un refuerzo.

Es crítico monitorear continuamente si un artículo está reforzando. Desafortunadamente, el valor de los refuerzos cambia con frecuencia rápidamente. Por eso debemos ser lo suficientemente flexibles como para cambiar los refuerzos basados en las preferencias actuales.

## 2.  Los Refuerzos deben ser Condicionados

Los refuerzos sólo deben estar disponibles cuando ocurra el comportamiento deseado. Tenga cuidado con permitir el acceso al refuerzo cuando el comportamiento deseado no se ha dado; esto tiene el efecto de disminuir el poder del refuerzo. Por consiguiente, trate de seleccionar solamente refuerzos que puedan ser reservados para premios de contingencia. No seleccione reforzadores que no se pueden parar o que cuando se quieran parar van a crear un gran problema.

Existe una excepción a ésta regla. Ocasionalmente puede ser de gran ayuda suministrar refuerzos no condicionados y que el niño rara vez selecciona, con el objetivo de aumentar su interés en un artículo.

## 3.  Se debe Utilizar una gran Variedad de Refuerzos

Mediante el suministro de una variedad de refuerzos, usted reducirá la posibilidad de que su niño se sacie del refuerzo. Esto mantendrá los refuerzos frescos y poderosos. Esto también le proveerá a usted las herramientas con las cuales puede dar retroalimentación diferencial. Aún cuando su niño guste de un refuerzo, debe rotarlo en combinación con refuerzos menos potentes. Así mismo, nunca otorgue más reforzamiento del que es necesario.

Cuando un niño tiene refuerzos limitados, seleccione los preferidos para suministrárselos como plan de contingencia, en los momentos de los comportamientos más importantes.

## 4. Los Refuerzos Sociales deben Igualarse con los Primarios

Aún si a su niño no le gustan los refuerzos sociales tales como los elogios y las sonrisas, mediante la asociación de los refuerzos primarios (por ejemplo, comidas, bebidas, juguete favorito, etc.), eventualmente estos se convertirán en un refuerzo también. El desarrollo de premios de tipo social le permite a usted eventualmente mezclar los sociales con los primarios y poco a poco, disminuir los refuerzos tangibles hacia un horario muy pequeño. Más allá, los refuerzos sociales son los premios principales utilizados en las situaciones diarias.

## 5. Desarrolle e Identifique Continuamente los Refuerzos

Cada día observe su casa e identifique nuevos objetos que pueda utilizar; ensaye cosas que han funcionado con otros niños. Aunque parezca que a su niño no le gusta un juguete o una actividad, no se rinda.

Observe la auto-estimulación de su niño para guiarse en los tipos de actividades que él prefiere. Los niños que se concentran en la auto-estimulación visual, podrían disfrutar de una canica de cristal o de un medidor líquido de tiempo. Los niños cuya auto-estimulación es auditiva, pueden escuchar cintas de música, libros con botones de sonido o instrumentos musicales. A los niños quinestéticos con frecuencia se les brindan masajes, trampolines y juegos divertidos de cosquillas.

Los juguetes que tienen un componente de causa y efecto son frecuentemente muy absorbentes. Los juguetes que tienen múltiples usos continúan siendo útiles a medida que su niño progresa. Busque artículos que ofrezcan estimulación sensorial (por ejemplo, juguetes que hacen ruidos, se mueven, tienen luces), explore oportunidades (por ejemplo, "colorear") y una amplia gama de usos simples a complejos.

## 6. Utilice Refuerzos apropiados a la edad del niño

Esto aumentará la aceptación de su niño entre sus compañeritos. También hará menos evidente el que su niño está recibiendo refuerzos. Adicionalmente, le ayudará a la gente a tratar a su niño de acuerdo con su edad. También ayudará para que su niño piense de sí mismo en una forma más apropiada para su edad y pueda desarrollar intereses más sofisticados. Finalmente, esto ayudará a promover generalización, porque es muy probable que su niño encuentre estos reforzadores en un ambiente natural.

## 7. Lo Novedoso y lo Impredecible aumenta grandemente el valor del Refuerzo

Todos  sabemos que las sorpresas son usualmente muy agradables y altamente motivantes.  Mediante la creación de una bolsita o una caja de misterio, usted puede suministrar al niño muchos refuerzos, simplemente mediante el cambio de presentación.  Este entusiasmo estará  asociado con las personas, lugares, y el material de enseñanza de las sesiones de terapia.

## 8. Al Principio, el Refuerzo debe Ocurrir Inmediatamente

El reforzamiento es mucho más efectivo cuando se aplica dentro del medio segundo después de la ocurrencia del comportamiento.  Esto suministra la asociación más fuerte entre el comportamiento y el refuerzo, por consiguiente, se hace más claro para su niño cuál es el comportamiento deseado.   Actuar de inmediato es especialmente importante cuando el niño está "aprendiendo a aprender".

Suministrar refuerzos de forma rápida reduce el riesgo de que otros comportamientos sean reforzados de forma inadvertida.  Por ejemplo, si usted está reforzando el contacto visual y se demora en suministrar un premio, usted podría estar reforzándolo a él cuando volteó la cabeza.  También, si se refuerza a un niño unos minutos después  del comportamiento, es muy posible que haya olvidado qué fué  lo que hizo y por consiguiente, no sabrá cuál comportamiento deberá repetir en el futuro.  Sin embargo, en la medida en que el tratamiento progrese, usted deberá deliberadamente aumentar el tiempo y retardar el reforzamiento para que su niño se acostumbre a horarios menos rígidos de refuerzos, como los que existen en el ambiente natural.

## 9. El Horario del Refuerzo deberá respetarse consistentemente

Ser consistente al brindar el refuerzo hará más fácil que el niño repita la acción deseada, en el momento deseado.  En la medida en que el refuerzo sea predecible, será más seguro que el objetivo suceda.  Si el comportamiento positivo se presenta y no se le da premio, o peor aún, si un comportamiento negativo ocurre y el niño es premiado de todas maneras, el progreso se reducirá drásticamente.  En la medida en que el horario de refuerzos es disminuido (ver mas adelante) es muy importante que todos en el equipo sean consistentes en la implementación del horario para conseguir los mejores resultados.

## 10. Los Refuerzos deberán ir disminuyendo con el tiempo

A mayor duración de un horario intensivo de refuerzos más difícil será disminuirlo y el comportamiento estará más sujeto a deteriorarse cuando los premios disminuyen. Cuando haya comenzado a disminuir los refuerzos, habrá momentos en que se hará necesario incrementar de forma temporal la frecuencia del reforzamiento, en caso de que su niño tenga problemas. También en la medida en que el horario se vaya disminuyendo y usted eleve sus expectativas, es muy importante suministrar refuerzos más poderosos. De otra manera, es muy probable de que haya una regresión.

## 11. Evaluación del tiempo del Refuerzo

Asegúrese de que la entrega del refuerzo no interrumpa el momentum. Por el contrario, asegúrese de que el refuerzo no está siendo demorado en tal forma que reduzca su efectividad. Para evitar ésta posibilidad usted puede utilizar un puente verbal (por ejemplo, reconocer el comportamiento en lugar de proveer reforzamiento), como también comportamiento no verbal (por ejemplo, sonrisas, afirmar con la cabeza, los pulgares arriba). Trabajar hacia la solicitud de un grupo de respuestas antes de dar el premio tangible. Otra forma de apuntalar la diferencia de tiempo entre el momento en que ocurrió el comportamiento y el momento de la entrega del refuerzo, es utilizar un sistema de acumulaciones de puntos u otro sistema simbólico de acumulación de premios, para que el niño sienta que está ganando.

## 12. Durante la enseñanza inicial, marque el comportamiento que está siendo reforzado.

Esto ayuda a su niño a comprender el comportamiento que está siendo reforzado y que usted desea que él repita. También fortalece la conexión entre el refuerzo y la conducta. Marcar los comportamientos sirve como ayuda para usted como instructor y logrará mantener enfocado el propósito durante las tareas. Luego será menos importante marcar los comportamientos ya que su niño estará en capacidad de entender las contingencias.

## 13. Con el tiempo, utilice un Refuerzo menos extravagante y más práctico.

Mediante el uso de refuerzos naturales usted aumenta la generalización. De otra manera, será muy común que cuando su niño participe en ambientes más naturales y los refuerzos no estén disponibles, sus comportamientos apropiados se extinguirán y los comportamientos alterados regresarán.

## 14. No use Refuerzos como Chantaje

No debe acostumbrar a su niño a escuchar por adelantado el refuerzo que él obtendrá. Cuando un comportamiento alterado ocurre, no le recuerde a su niño el refuerzo que él obtendría si se detiene, así como tampoco lo amenace con perderlo en caso de que no se detenga. Después de la ocurrencia de un comportamiento alterado no eleve el valor del refuerzo (por ejemplo, cuando el comportamiento va en incremento no se debe incluir un refuerzo adicional que no estuviera presente antes del escalamiento).

El soborno es extremadamente seductor. Parece extremadamente efectivo en un período corto de tiempo. Los niños generalmente detienen una mala conducta cuando se les ofrece un soborno. Esto es una estrategia de corto tiempo que puede traer alivio inmediato, *pero acarreará problemas duraderos*. Tanto usted como el niño pueden convertirse en dependientes del soborno. Usted se dará cuenta de que tendrá que recordarle con mucha frecuencia acerca del refuerzo y lo que debe hacer para ganárselo. También invita a la negociación y el regateo y puede además llevarlos al patrón de pensar primero si el refuerzo es lo suficientemente valioso en comparación con el esfuerzo que debe hacer para obedecer a lo que usted le pide que haga.

Es preferible que anuncie EL PREMIO después que el comportamiento APROPIADO ocurra. Aparte de las desventajas del soborno ya mencionadas, hace que los refuerzos sean menos predecibles y por consiguiente, hacen que el refuerzo sea reducible poco a poco. Una vez que usted empieza a apoyarse en "Si... entonces.. .regateo", usted admite que el resultado de ésta interacción es más importante que el mismo proceso. "Si dejas de gritar, te traeré una gaseosa". En éste momento, su niño solamente cambiará el comportamiento por lo que usted le ha ofrecido, en lugar de hacerlo porque es un niño que escucha o porque es lo correcto de hacer. Esta situación se centra en los premios externos y reduce las posibilidades que el niño interiorice el deseo de hacer mejores elecciones.

## 15. Utilice los Refuerzos Diferenciales

Tal vez uno de los métodos más importantes para enseñar habilidades y modificar los comportamientos alterados son los refuerzos diferenciales. El concepto es sencillo: suministrar los refuerzos más fuertes para los mejores comportamientos o actuación. Los comportamientos más deseados deben ser aquellos que conlleven a refuerzos de mayor calidad, mientras que los comportamientos menos importantes deben obtener un refuerzo de menor calibre.

El siguiente cuadro suministra ejemplos de los refuerzos diferenciales que pueden ser utilizados en la terapia formal:

# RETROALIMENTACION INFORMATIVA Y DIFERENCIAL

| CORRECTO Y BUENA ATENCION | CORRECTO Y POCA ATENCIÓN | INCORRECTO | RESPUESTAS |
|---|---|---|---|
| OOOH! | ESTA BIEN | BUEN ESFUERZO PERO... | TIENES QUE PONER ATENCION |
| BELLISIMO | CORRECTO | CASI | NECESITAS ESCUCHAR |
| ¡LO LOGRASTE! | OK. | USA AMBAS MANOS | NO |
| ESTAS ESCUCHANDO, FANTÁSTICO | BUENO, SI | HAZLO CUANDO YO LO HAGO | DESPIERTA |
| PERFECTO | PUEDES HACERLO MEJOR | VAMOS A TRATAR OTRA VEZ | TU NO ESTAS ESCUCHANDO |
| LO APRENDISTE | SI! | ESTAS ACERCANDOTE | NO ESTAS PONIENDO ATENCION |
| ERES MUY INTELIGENTE | BIEN | CERCA PERO | NECESITAS TRATAR DE |
| GENIAL | ESTA OK. | "ESA NO ES LA....." | ESCUCHA! |
| VAS BIEN | HUM! | UUU! | PON ATENCION |
| ¡MUY BUENO! | MUY BIEN | NO | TE ESTOY HACIENDO UNA PREGUNTA |
| GRAN TRABAJO | BUEN TRABAJO PERO... | NO REALMENTE | NECESITAS CONTESTAR |
| ESO ES MARAVILLOSO | ESO ES BONITO | NO SACUDAS LA CABEZA | ¡HOLA! |

**EL TONO DE VOZ, LA EXPRESION FACIAL Y EL USO DE REFUERZOS TANGIBLES, AYUDARA A CLARIFICAR POSTERIORMENTE EL REFUERZO**

## NOTAS DE TRABAJO

# CAPITULO 4

# Comportamientos Alterados

Los comportamientos alterados son tal vez los obstáculos más complejos que hay durante el tratamiento. Tales comportamientos pueden ser extremadamente difíciles de modificar y pueden crear un tremendo estrés y frustración para todos. Tal vez el obstáculo más grande es lo renuente que es cada persona para enfrentar los comportamientos alterados. Con mucha frecuencia, ni siquiera los consideran como un objetivo.

Existen algunas posibles razones por las cuales algunos programas no enfrentan ésta área tan crítica. Para principiantes, los comportamientos alterados son extremadamente difíciles de cambiar. Estos comportamientos han sido extraordinariamente efectivos en el aprendizaje que su niño ha tenido para lograr adaptarse y soportar el mundo. Como cualquier comportamiento adquirido y que ha sido históricamente efectivo: sea por 1 año o 10 años, es extremadamente difícil de cambiar.

Cuando usted trata de modificar los comportamientos alterados, podrá esperar un aumento en la intensidad y frecuencia de ocurrencia, algunas veces a un ritmo alarmante. Los niños se ponen bravos cuando se les quitan comportamientos que han sido muy funcionales para ellos. También, ellos saben como producto de experiencias pasadas que el escalar o aumentar dicho comportamiento, por lo menos algunas veces, resulta en que la gente se entregue y se rinda. Como nosotros no queremos que nuestros niños se molesten, ni soportar su furia, es tentador el rendirse. Todo esto es muy natural como respuesta a éste tipo de situaciones. Desafortunadamente, al rendirse, sólo se está reforzando el comportamiento alterado y por consiguiente, haciendo aún más difícil cambiarlo en el futuro.

Otra razón por la cual los comportamientos alterados son con frecuencia pasados por alto por las personas, es por que tal vez sienten que creando habilidades cognoscitivas, el niño parece ser menos discapacitado. Enseñar habilidades académicas y de comunicación con frecuencia es el área que a los padres y terapeutas más les gusta, porque se convierte en el punto de concentración hacia la Intervención. Esta creencia está expresada en que sin habilidades del lenguaje, las oportunidades para un niño de aprender y tener éxito en el colegio se verán altamente reducidas.

Irónicamente, es el comportamiento alterado, más que cualquier otra cosa, lo que actualmente restringe y hace difícil integrarse con otras personas.  La razón primaria por la cual los niños son alejados de las oportunidades de integración, es la presencia de comportamientos alterados y no por el lenguaje o las deficiencias sociales.

Algunas veces inclusive se piensa que tan pronto un niño adquiere un lenguaje, su comportamiento alterado será eliminado o reducido a niveles manejables.

Desafortunadamente, la presencia de los comportamientos alterados no sólo reduce las oportunidades de aprender del niño, sino que lentamente hace que el ritmo de aprendizaje sea más lento y todo esto tiene un efecto negativo en su pronóstico. Eventualmente, será necesario enfrentar estos comportamientos.  Desafortunadamente con el retraso, los comportamientos serán cada vez más difíciles de enfrentar.

Los comportamientos alterados con frecuencia no son percibidos por los padres y el equipo docente.  Las personas pueden llegar a acostumbrarse tanto a ellos que ni siquiera se dan cuenta de su existencia y no caen en la realidad de cuánto están interfiriendo.  Con frecuencia, se hacen gran cantidad de "acomodaciones" con la conducta del niño sin que la gente muchas veces se dé cuenta de esto.  Como consecuencia de las acomodaciones hay poca necesidad del niño para manifestar los estados alterados, entonces no es aparente la necesidad de enfrentar los problemas de comportamiento.  Usted sólo podrá darse cuenta de que el niño depende de las acomodaciones o cambios que se le hacen, cuando vea su extrema reacción a la no acomodación.  Alternativamente los adultos pueden tener una vaga idea que está ocurriendo un comportamiento alterado y están motivados por un deseo muy fuerte de mantener la paz y por consiguiente, sutilmente ajustan su comportamiento y evitan crear antagonismos con el niño.

Los problemas de comportamiento pueden también ser una prioridad baja cuando los padres e instructores ciegamente esperan que con el tiempo, el comportamiento se vaya disipando.  Ciertamente, la esperanza se alimenta por la creencia que el aprender nuevas habilidades, tales como el lenguaje, ayudará en ésta remisión. Desafortunadamente, esto ocurre muy lentamente y la solución a los problemas de comportamiento se demora.

Tal como se mencionó anteriormente, intentar cambiar los comportamientos alterados con frecuencia da como resultado un niño de mal genio.  Esto no es fácil de experimentar para nadie.  Además de no querer encender su furia, es extremadamente estresante ver a su niño de mal humor.  Aunque el aumento de los problemas de comportamiento es en realidad un buen signo (por ejemplo, se da cuenta del cambio, él interactúa, demuestra persistencia, etc.), sigue siendo una sensación desagradable. Usted debe recordar que el objetivo no es necesariamente mantener al niño feliz en un período corto de tiempo, sino hacerlo feliz a largo plazo.  Nosotros sabemos cómo mantener a los niños felices: solamente permítales que se auto-estimulen y cumpla con todas sus exigencias. Obviamente, esto no es el mejor interés para el niño. Como adultos con necesidades, tenemos que tomar decisiones que involucran el no satisfacer todas las preferencias del niño. "Tienes que cepillar tus dientes antes de ir a la cama"; "No puedes comer solamente papas fritas", "no puedes tirar todos tus juguetes"... Los niños con frecuencia harán escogencias detrimentales y nosotros como adultos, tenemos la responsabilidad de asegurarnos de que tales decisiones sean las adecuadas. Esto es igual a recibir una inyección de una vacuna en el consultorio del doctor: no es agradable, pero es necesario. Ciertamente lo que buscamos es hacer la experiencia lo más positiva y placentera posible, pero reconocemos que en el proceso pueden haber algunos aspectos no muy agradables.

Finalmente, muchas personas encuentran que enfrentar los comportamientos alterados requiere más paciencia y habilidad, que enseñar algo tan complejo como el lenguaje. Cuando el equipo docente no posee éstas habilidades, el temor y la incapacidad hacen que parezca más fácil (en un término corto de tiempo) esquivar el trabajo sobre los problemas de conducta.

## ¿CUANDO LOS COMPORTAMIENTOS ALTERADOS SON PERJUDICIALES?

Actuaciones tales como pataletas, agresión y desobediencia se reconocen fácilmente como alteradas y perjudiciales. Otros comportamientos que son pasivos por naturaleza, tales como la no atención, la poca participación, el estar desinteresado y aislado, pueden no ser alteraciones, pero no son menos importantes pues interfieren con el desarrollo del niño. Ellos son fundamentalmente retadores y deben atenderse decididamente. Aún cuando no sean tan obvias, pueden ser igualmente si no más, un gran obstáculo para el buen desarrollo. Cualquier comportamiento que impida el proceso de aprendizaje debe ser considerado como perjudicial.

## CREANDO EL AMBIENTE OPTIMO

Antes de implementar un programa formal, es de gran ayuda crear un ambiente de enseñanza positivo, que asegurará la efectividad del programa, para su niño, su familia y usted. Esto se logra mediante la creación de situaciones en donde su niño esté más calmado y dispuesto a cooperar. Para comenzar, debe sentarse con su niño jugando con su juguete o juego favorito y sin hacer ninguna demanda. Una vez que él se encuentre cómodo con usted ahí, podrá gradualmente dar instrucciones que sean fáciles de seguir. Por ejemplo, podemos decir de forma muy divertida, pero con tono de voz directo: "cómete la galleta", "mira el video " o "gira el trompo".

Organizando unas situaciones positivas de aprendizaje, no sólo disminuirá los comportamientos alterados, sino que proporcionará la oportunidad de reforzar un comportamiento adecuado.  El reforzamiento, inicialmente, no debe incluir elogio verbal sino que debe consistir en premios tangibles tales como juguetes, actividades y comida.  El elogio verbal debe incluir la identificación del comportamiento adecuado. Usted deberá identificar constantemente los comportamientos deseados tales como "Me gusta mucho lo calmado que estas", "gracias por escuchar", "es estupendo lo bien que prestas atención".  Sin embargo, usted necesita mantener el lenguaje lo suficientemente simple para que su niño lo entienda.

El comenzar una Intervención en una forma positiva, además de reducir los problemas de las alteraciones y suministrar una gran oportunidad para reforzar los comportamientos adecuados, existen muchos otros beneficios: Primero, nos permite construir una relación positiva la cual es muy importante para que exista el éxito en la terapia.  Segundo, provee una excelente oportunidad para evaluar las fortalezas y las debilidades.  Tercero, nos permite identificar y desarrollar más y nuevos refuerzos. Cuarto, hace de la situación de enseñanza (por ejemplo, el lugar, los materiales, etc.) algo que su niño querrá repetir.  Finalmente, podemos con frecuencia "ir introduciéndonos" en la enseñanza sin producir comportamientos resistentes.

## AMBIENTE Y ESTRES

El ambiente tiene unos efectos muy grandes sobre el comportamiento.  Un lugar caótico (por ejemplo, ruidoso, caliente, desordenado) puede conducir a comportamientos explosivos, mientras que una atmósfera más tranquila generalmente resulta en comportamientos mas calmados.  Esto le sucede a la gente en general y especialmente a los niños Autistas.  Hablar suave y despacio puede tener con frecuencia un impacto muy positivo sobre los comportamientos alterados.  La tendencia, sin embargo, es que la gente hace lo opuesto: hablarán más fuerte y más rápido.  Esto no solamente tiene el efecto de escalar la conducta del niño sino también la suya.  Considere también la forma instintiva en que reaccionamos cuando un niño agarra los materiales.  Sin pensarlo, se los arrebatamos para recuperar el control de los mismos.  Sin embargo, éste tipo de Intervención física algo brusca tendrá el efecto de incrementar el caos y sólo hará que el niño se desespere en sus esfuerzos por controlar la situación.

Podrá  ser de ayuda para usted mismo practicar las Técnicas Administrativas del Estrés, de tal forma que pueda mantener la calma en tales situaciones. Mediante la práctica de la respiración lenta y profunda, imaginando algunas escenas placenteras o tomando un descanso, podrá ayudarse a recuperar la compostura y por consiguiente, la de su niño también. Si usted se mantiene calmado, no sólo reducirá la posibilidad de que la situación se agite, sino que aumentará la posibilidad de lograr su objetivo. También reducirá cualquier atención negativa que pueda reforzar los comportamientos alterados que su niño tenga.

Reducir potencialmente las batallas en el hogar también ayuda a disminuir la frecuencia con que se presentan los comportamientos alterados severos. Puede ser efectivo proporcionar a su niño la alternativa de escoger. Alternativas como: "¿prefieres trabajar en el suelo o en la mesa?", "¿en qué quieres trabajar?, o "¿en cuál cuarto quieres trabajar hoy?", pueden crear una situación de calma.

No le pida cosas que conlleven a batallas hasta que usted esté listo para ellas (por ejemplo, traerlo a la silla, contacto visual, mantenerse sentado juicioso, saludar o despedirse). Así que usted debe decidir lo que es realmente importante y si usted está listo. En otras palabras, nunca trate de pedirle cosas, a menos que esté preparado para asumir las consecuencias y tal vez suministrar asistencia física.

El aburrimiento con frecuencia contribuye a que se presenten los comportamientos alterados. Es necesario estar continuamente evaluando cómo el aburrimiento puede contribuir a la presencia de los comportamientos alterados. Sin embargo, no siempre podemos y no queremos universalmente eliminar el aburrimiento. Por lo cual los niños deben aprender a manejarlo. Pero nosotros ciertamente podemos evitar el aburrimiento innecesario.

Los siguientes son algunos factores que usted puede considerar para reducir la posibilidad de que su niño se aburra o se frustre durante la terapia:

# HACIENDO LA TERAPIA NATURAL, DIVERTIDA Y GENERALIZADA

✐ Usar tonos entusiastas

✐ Realizar situaciones variadas

✐ Emitir instrucciones variadas (por ejemplo, "¿Qué es eso?" Vs. "¿Qué es lo que ves?" Vs. "¿Cuéntame acerca de esto?")

✐ Utilizar materiales interesantes, preferidos y funcionales

✐ No aburrir a su niño con la continuación de un programa que él ya terminó y aprobó

✎ No castigar a su niño si tiene buen desarrollo y atención, alargando las tareas cuando él se muestra colaborador. Igualmente, tener cuidado en no acortar los programas cuando surgen situaciones quejumbrosas

✎ Mantener una alta tasa de éxitos

✎ Utilizar las cosas que a su niño más le gusten (inclusive objetos utilizados en la auto-estimulación pueden ser usados como refuerzos)

✎ Realizar tareas espaciadas

✎ Ofrecer variedad y refuerzos naturales

✎ Utilizar el lenguaje lo más natural posible

✎ Desarrollar un variado Plan de Estudios (por ejemplo, lenguaje, juego, socialización, auto-ayuda)

✎ Reducir la estructura tanto como sea posible (por ejemplo, algunas veces trabaje en el suelo en lugar de hacerlo en la silla)

Cuando los comportamientos alterados son exhibidos, no se les debe prestar atención, ignorando así tales comportamientos. Obviamente, si el comportamiento es extremadamente alterado o peligroso para otras personas (por ejemplo, gritos, groserías, golpes) alguna atención es inevitable mientras que usted intenta detener el comportamiento (por ejemplo, retirando al niño o ayudándolo para que baje sus brazos). Sin embargo, usted debe hacerlo de tal forma que le suministre la menor atención posible, incluyendo contacto visual y disminuyendo toda conversación. Normalmente, la gente suministra mucha atención. No solamente la atención puede servir como un refuerzo de la conducta alterada, sino que además agita al niño o inclusive, sirve como una invitación para más comportamientos alterados. Incluso, si el procedimiento es detener el comportamiento, el niño puede volverse altamente dependiente de que le ejerzan un control externo. Mediante la no atención, usted está evitando estos "peligros", mientras se está eliminando el "provecho" que le pueda producir esos comportamientos alterados. Más adelante tendremos una discusión completa con respecto al manejo de los comportamientos alterados.

# CAPITULO 5

# Comprendiendo los Comportamientos Alterados

Los programas de comportamiento están basados principalmente en asumir que los comportamientos son aprendidos como un resultado de sus consecuencias. Si una consecuencia positiva es el resultado de un comportamiento, éste es el que ocurrirá con mayor frecuencia en el futuro. En cambio, un comportamiento que ha tenido una consecuencia negativa, será poco probable que ocurra nuevamente. Por ejemplo, si una agresión típicamente le trae como resultado algo que el individuo encuentra deseable (por ejemplo, atención, lo dejan solo, reducción de la frustración, etc.), ésta persona tendrá tendencia a ser agresiva en el futuro. Al contrario, si el individuo experimenta un resultado negativo por ser agresivo (por ejemplo, tener que dejar de hacer algo que disfruta), la agresividad será algo menos frecuente en el futuro.

Las Intervenciones del Comportamiento que tienen como objetivo disminuir el problema de conducta pueden dividirse en dos categorías generales: a) Mejoramiento del comportamiento deseado y b) Estrategias para la reducción de la conducta no deseada. Los programas de reducción de comportamiento tales como: "Sanción de Tiempo", "Costo de Respuesta" o "Extinción", están diseñados para disminuir los problemas del comportamiento mediante el suministro de consecuencias negativas contingentes a un ambiente contra el mal comportamiento.

Los procedimientos para el mejoramiento de los comportamientos tales como el RDOC = Reforzamiento Diferencial de Otro Comportamiento, el RDCI = Reforzamiento Diferencial de Comportamientos Incompatibles o el RDBIC = Reforzamiento Diferencial de Bajos Indices de Comportamientos, están diseñados para disminuir la incidencia de los comportamientos alterados, mediante el reforzamiento de comportamientos deseados y la ausencia de comportamientos alterados. Programas que frecuentemente combinan mejoramiento del comportamiento y procedimientos reductivos. Tales programas están diseñados no sólo para eliminar los comportamientos alterados, sino para establecer e incrementar la frecuencia de comportamientos alternativos apropiados. Esto es mucho más efectivo cuando los nuevos comportamientos que se están enseñando evocan consecuencias de reforzamiento natural de tipo social, lúdico y comunicativo. Como el niño está recibiendo refuerzos a través del comportamiento prosocial tendrá menos inclinación a buscar los refuerzos que venía recibiendo en el pasado a través de medios alterados.

El acercamiento conductual ha sido instrumental en la disminución de comportamientos alterados severos tales como herirse, la agresión y las pataletas. Además, los alumnos que han mostrado deficiencias en la comunicación, el juego, el aspecto social y la auto-ayuda, han adquirido esas importantes habilidades a través de las Intervenciones en el Comportamiento.

Aún cuando muchas Intervenciones del Comportamiento han resultado en la reducción de los comportamientos alterados, la efectividad a largo plazo del proceso depende de nuestra habilidad para construir un comportamiento alterno apropiado. Varios factores pueden interferir la efectividad a largo plazo del tratamiento de Intervención.

Cuando los programas son diseñados sin entender EL POR QUE los individuos exhiben comportamientos alterados, los factores subyacentes que mantienen estos comportamientos no serán enfocados adecuadamente. Con frecuencia todos los planes de Intervención asumen que todo lo que tiene que ocurrir es eliminar un comportamiento específico mal adaptado. Desafortunadamente, por ejemplo, si un individuo abofetea a alguien porque está frustrado, detener el comportamiento no será suficiente para eliminar el problema. Si el programa no enfoca bien las razones relacionadas con la frustración de la persona, es muy probable que un comportamiento alternativo, tal como golpearse la cabeza, sustituya el comportamiento original de herirse a sí mismo. El plan de comportamiento probablemente será mucho más efectivo, si se basa en un análisis funcional de la conducta que incluya la frustración y el acto de autoherirse.

La llave para lograr cambiar efectivamente los comportamientos durante el tiempo, es comprender el funcionamiento del comportamiento alterado. Se debe reconocer que los comportamientos alterados no son casuales, ellos tienen un propósito. La agresividad, por ejemplo, puede ser utilizada como una medida para reducir el estrés, evadir una tarea no deseada o para ganar atención. Los comportamientos alterados son adaptables de manera que se convierten en una forma de comunicación, impacto en el ambiente y logran satisfacer necesidades.

Mientras que los comportamientos alterados logren satisfacer una necesidad, serán utilizados; es por esto que un programa efectivo debe enseñarle a su niño otro comportamiento que igualmente pueda satisfacer esa necesidad. A menos de que a su niño se le enseñe una alternativa de comportamiento efectiva para atender sus deseos, es casi seguro que él desarrollará un comportamiento alterno mal adaptado para satisfacer su necesidad u optará por usar un comportamiento antiguo. A su niño se le debe enseñar, sistemática y cuidadosamente, una forma más efectiva de lograr sus necesidades y obtener sus deseos.

Durante la pasada década hubo un incremento en la comprensión de la naturaleza de los comportamientos alterados. Sin embargo, los programas en su mayoría son poco apropiados en su diseño e implementación para enseñar efectivamente alternativas apropiadas de comportamientos.

Los programas de Intervención del Comportamiento han mostrado debilidades en varias áreas. La primera, es la selección de la conducta de reemplazo adecuada. Puede ser muy obvio lo que su niño no debe hacer (por ejemplo, no debe pegarle a otros), pero con frecuencia es más difícil identificar lo que sí debe hacer. La selección del reemplazo de un comportamiento involucra no sólo el análisis de la función del comportamiento, sino también asegurarse que el comportamiento nuevo realizará la misma función y qué tipo de comportamiento tiene la capacidad de aprender su niño. Más adelante, la Intervención del Comportamiento debe ser dividido en partes asimilables (por ejemplo, se debe conducir un análisis de tarea). No es suficiente, simplemente identificar que técnica necesita ser aprendida para reducir el estrés, sino que deben identificarse los procedimientos específicos (por ejemplo, respiración profunda, relajación muscular, contar, desarrollo de imágenes, etc.) y se debe desarrollar un plan amplio y detallado.

La falta de paciencia es frecuentemente otra debilidad para lograr un programa exitoso y es de entender porque todos quieren que el cambio ocurra de inmediato. Sin embargo, esto no es realista y algunas veces ni siquiera es deseable que ocurra. La enseñanza de reemplazo de habilidades es un proceso largo y los comportamientos alterados son generalmente aprendidos a través de años de condicionamiento. Por lo tanto, es realista esperar que una persona tarde años para aprender nuevos comportamientos alternos. Más aún, una enseñanza sistemática y gradual es con frecuencia necesaria para aprender de verdad y mantener las habilidades. Desafortunadamente, se intenta a menudo enseñar habilidades complejas, al mismo tiempo. Este no es un método de enseñanza efectivo. Cada paso debe ser logrado a la perfección.

El momento escogido para el proceso de enseñanza tiene generalmente una debilidad común en las Intervenciones del Comportamiento. Es muy importante que la enseñanza sea conducida bajo las mejores condiciones posibles. Esto significa enseñar cuando su niño y el instructor están lo más receptivos y efectivos en sus acciones. Esto es conocido como enseñanza proactiva. Típicamente el momento seleccionado para enseñar durante o inmediatamente después de que ha ocurrido el problema de comportamiento, es absolutamente equivocado, su niño está bravo y por consiguiente no está receptivo al aprendizaje o cuando los Instructores se frustran y también se ponen de mal humor. También cuando ni el niño ni el instructor pueden estar positivos, ni pacientes. Es muy importante enseñar cuando su niño no está presentando problemas y está interesado y motivado para aprender comportamientos alternativos.

# GUIA PARA EL MANEJO DE COMPORTAMIENTOS ALTERADOS

Los siguientes son lineamientos para que usted y su equipo tengan en cuenta durante los episodios en que los comportamientos alterados comienzan a escalarse. Debido a que cada situación es diferente y porque cada uno tiene una relación distinta con el niño, sería imposible especificar completamente cuales acciones deben ocurrir. Sin embargo, existe una filosofía general que puede guiarlo y además ciertos procedimientos que deberían tenerse en cuenta. Es muy importante, no obstante, recordar que el componente más efectivo para intervenir en el comportamiento es la enseñanza proactiva, la cual no debe ocurrir cuando su niño está agitado.

Comúnmente los comportamientos alterados siguen un cierto patrón de escalamiento, es decir, a menudo se desarrollan por etapas. La etapa inicial del comportamiento alterado se presenta con una agitación suave, la cual puede verse a través de comportamientos no verbales tales como: dar paseos en círculos dentro de una misma habitación, gesticular o respirar irregularmente o comportamientos verbales, tales como quejarse o argumentar. Si la situación no es resuelta o la respuesta no es efectiva, el comportamiento dará como resultado una actitud más pronunciada tal como romper cosas o salir corriendo. La etapa final puede culminar con agresiones hacia él mismo u otros.

Normalmente cada etapa requiere una respuesta diferente. Es crítico reconocer que aún cuando la respuesta sea la más apropiada o que haya funcionado en el pasado, puede no funcionar consistentemente. Necesitamos analizar constantemente lo que está funcionando actualmente y cuál es la enseñanza futura necesaria.

Necesitamos ser conscientes de que la mayoría de los niños han recibido muchas clases de Intervención. Estas estrategias han podido no ser utilizadas correctamente, consistentemente o por un período suficientemente largo de duración para que sean en realidad efectivas. Más aún, los procedimientos reductivos comunes como las reprimendas, las suspensiones o el quitar privilegios, son generalmente insuficientes por si mismo para la reducción a largo plazo de los problemas de comportamiento. Tales estrategias están basadas en la premisa de que suministrando fuertes consecuencias negativas, el niño estará menos dispuesto a actuar mal. Aunque estos procedimientos pueden interrumpir temporalmente el comportamiento, no enfocan la función subyacente del comportamiento y puede tener la desventaja de causar efectos secundarios no deseados.

Con frecuencia, la gente interpreta mal los procedimientos de reducción de comportamiento. Por ejemplo, el tiempo fuera (time out), es una Intervención que debe hacer que el niño experimente que va a estar un tiempo fuera de cualquier

REFUERZO. En otras palabras, el niño debe estar en un estado de motivación positiva y entonces, cuando el comportamiento alterado ocurra, él será sacado del lugar por un tiempo determinado. Existen muchas situaciones en donde un niño no encuentra el ambiente agradable. Así que él estará feliz de salir de la situación en la cual no se siente bien. Más aún, cuando el niño es sacado, no debe recibir ninguna clase de refuerzo. Sin embargo, si usted no tiene cuidado cuando al niño se pone un tiempo fuera (por ejemplo, ponerlo en una silla, en una esquina, en el cuarto, etc.) él puede entonces aprovechar éste tiempo para aumentar o reforzar los comportamientos como auto-estimulación. Es en este caso que el tiempo fuera reforzará o incrementará el comportamiento alterado. Otro ejemplo: las reprimendas pueden ser poco efectivas porque el niño puede tener una reacción emocional u otra forma importante de llamar la atención durante el proceso en que está recibiendo el castigo. Esta atención, aunque es negativa, puede servir para fortalecer el comportamiento alterado, en lugar de desalentarlo.

## CICLO DE ESCALAMIENTO

Los niños con frecuencia siguen un patrón de escalamiento. Normalmente, el comportamiento alterado comienza levemente y se va incrementando a niveles más intensos. Las Etapas posteriores pueden no distinguirse tan fácilmente. Adicionalmente, su niño tal vez no siga un patrón de escalamiento predecible. Por ejemplo, su niño puede comenzar con comportamientos que normalmente ocurren a la mitad de la etapa o al final de la misma. Sería importante, por consiguiente, identificar el grado de agitación y la respuesta más apropiada. Es igualmente importante utilizar el sentido común y responder a las características únicas de la situación que se presenta.

Hay medidas proactivas esenciales que necesitan entrar en efecto antes de que usted caiga en una situación de crisis. Una de éstas es asegurarse de que usted le ha estado dando a su niño muchas oportunidades de seleccionar o escoger. Haciendo esto, él será mas receptivo en esas ocasiones cuando las escogencias no estaban disponibles. Segundo, es de gran importancia tener un esquema de refuerzos muy rico. Usted verá más adelante que hay ocasiones en que necesitará dar algún refuerzo después de la ocurrencia de los comportamientos negativos hasta que el niño comience a ganar control por sí mismo. Para arreglar estas grandes cantidades de reforzamientos deben mantenerse en forma continua cuando ocurren normalmente comportamientos calmados, usted puede darle pequeñas cantidades de reforzamiento, cuando inclusive su comportamiento es agitado y no tiene que preocuparse porque él haya entendido que un comportamiento negativo es la forma de obligarlo a usted a darle algún reforzamiento. La razón es que la cantidad de refuerzos que él obtiene por la etapa de escalar es menor que la que él recibiría si no se hubiera alterado en primera instancia.

El estilo que usted utilice en éstas etapas es crítico.  Debe mantener la calma pero ser firme y estar emocionalmente en control.  No sólo para que su niño mantenga la compostura, sino que además le ayudará a mantener la objetividad y efectividad. Trate de encontrar una forma de dar alternativas sin llegar a poner al niño en una situación que es en sí misma mas reforzadora que el refuerzo original.  Dándole una cantidad modesta de control, su niño puede no escalar los extremos de la conducta alterada.

Tener un plan es esencial, pero un plan debe considerar que ocurran comportamientos o circunstancias no previstas.  Usted DEBE hacer ajustes RAPIDOS si su niño está  teniendo un mal día o si el comportamiento se deteriora.

# ETAPA INICIAL

Cuando parezca que su niño está poniéndose agitado (habla solo, se aísla, respira profundamente, etc.) continúe con la actividad pero asegúrese de brindarle frecuente y continuamente refuerzos verbales y tangibles para poder recibir respuestas apropiadas.  Por ejemplo, diga a su niño lo bien que está haciendo la actividad y dele tiempo para que los refuerzos más fuertes coincidan con la disminución del agitamiento.  Esta es la estrategia base para des-escalar un comportamiento.  Recuerde que debe haber un horario de refuerzos que asegure que los refuerzos más deseados deben ser dados cuando no hay signos de mal comportamiento.  Sin embargo, para aquellas situaciones donde su comportamiento  ha escalado, usted tiene que encontrar los medios para animarlo a recuperar su auto-control.  Si usted retiene todos los refuerzos, él no tendrá ningún incentivo para volver a su comportamiento adecuado. Afortunadamente, los comportamientos agitados no  siempre permanecen en una misma forma.  Existen variaciones naturales en la intensidad del comportamiento y pausas ocasionales.   Esto le brinda la oportunidad de proveer reforzamiento durante los momentos de pausa.  En la medida en que aumenta la duración del periodo de calma, usted deberá incrementar el valor del refuerzo.  Asegúrese en todo caso, que el refuerzo para des-escalar es menor que el refuerzo que se estaría suministrando en caso de que no se hubiera presentado el mal comportamiento desde un principio.

Si se presenta una nueva agitación, entonces usted deberá nuevamente ignorar el comportamiento, **PERO NO DEBE IGNORAR AL NIÑO.**  Lo racional para permanecer con el niño durante la actividad es hacerle entender que los comportamientos alterados no lo habilitan para salirse de las tareas que tiene establecidas.  Más aún, si usted se retira de la situación, perderá la oportunidad de reforzar en los momentos adecuados de des-escalar.  Si usted ignora por completo al niño, lo más seguro es que éste comportamiento se intensificará y lo guiará a una pataleta y agitación mayor.

# SEGUNDA ETAPA

Tenga en cuenta que frecuentemente llegamos a este nivel más intenso de escalamiento como resultado de una Intervención poco efectiva de la primera etapa o porque no entendimos bien el comportamiento. Sin embargo, existirán momentos en que esto ocurrirá (somos humanos después de todo) y habrán momentos en los que a pesar de una buena Intervención, ésta no resultó efectiva en la Etapa Inicial. Si su niño se torna moderadamente alterado (por ejemplo, dice "no" en voz alta, se pasea, habla fuerte para si mismo, llora, etc.), puede que sea necesario emplear procedimientos de cambios estimulantes. Es muy probable que algo presente en la situación esté causando la intensificación del estrés. Si usted puede identificarlo, entonces podrá cambiar la situación, cambiando la actividad o el lugar. Existen dos situaciones diferentes que pueden llevar a este nivel más intenso de comportamiento: Una es que el niño esta siendo manipulador y espera convencerlo para que se rinda con éste nivel más alto de mal comportamiento. En éste caso es muy importante que cualquiera que sea el procedimiento de des-escalar, no terminemos dándole gusto. Aquí usted necesita ser firme y enfático.

Una situación diferente puede resultar cuando nos damos cuenta que de hecho la situación es demasiado exigente para el niño y por consiguiente, se debe hacer algún ajuste. Ejemplos de esto ocurren cuando hemos dejado que la tarea sea muy larga, no lo hemos ayudado adecuadamente, la tarea es muy difícil o no hemos dado suficientes refuerzos. En otras palabras, él tiene una buena razón para estar de mal humor y nosotros necesitamos darnos cuenta de eso, aunque no es justificable manejarse inapropiadamente. La manera graciosa de resolver tal situación es usando el redireccionamiento. Los antecedentes que encienden el comportamiento pueden ser eliminados y por consiguiente, se reduce la ocurrencia del comportamiento alterado. Siempre que sea posible, esto debe hacerse en una forma muy sutil, en forma que el niño esté menos inclinado a aprender que una conducta desordenada puede ayudarlo a salir de una actividad no preferida. El tipo de respuesta que usted deberá redireccionar es aquella que usted sepa que él puede hacer bien y que puede ser estimulada rápidamente en caso de que se rehúse a intentarla. Con frecuencia utilizamos instrucciones receptivas, imitación no verbal o simples tareas en las cuales se recobre la actitud de obediencia.

Como siempre, se deben suministrar refuerzos verbales y tangibles cuando el niño esté calmado y proveer mínima atención cuando esté alterado. Usted puede capitalizar esto en el hecho de que ciertos tipos de refuerzos no sólo tienen un efecto motivante, sino que también son suavizantes y reconfortantes. Los ejemplos pueden ser comodidad física, voz suave, abrazos, cantos, etc. Usted debe tener mucho cuidado en el tiempo en que suministre estos refuerzos; si sólo ha pasado un corto tiempo desde que el comportamiento alterado ha ocurrido (unos 30 segundos o menos) usted no podrá dar mucho de éste tipo de refuerzos, ya que estará parcialmente reforzando el comportamiento reciente no apropiado.  En la medida en que el tiempo pase desde que el niño estaba alterado (por lo menos unos cuantos minutos), usted podrá dar grandes cantidades de refuerzos suaves y estará reforzando sobre todo el auto-control.  Usted también obtendrá adicionalmente el efecto de las propiedades suavizantes de los refuerzos; y esto significa que la agitación se está eliminando y por consiguiente lo más probable es que la reescalación sea drásticamente reducida.

Si la tarea original es de verdad una tarea razonable que esperamos que el niño desarrolle, usted deberá intentar volver a la tarea y hacer lo que sea posible bajo las circunstancias antes de terminar con la sesión de enseñanza.  Recuerde que éste es un proceso largo de enseñanza y que usted no tiene que lograr todo en una sola sesión.  Sin embargo, querrá terminar cada sesión en un punto que le brinde la posibilidad de adelantar por lo menos un paso más al objetivo de largo plazo fijado.

## TERCERA ETAPA

Cuando su niño ha llegado a un punto de agitación extremo (por ejemplo, gritando, tirando objetos, golpeando a otros, haciéndose daño a sí mismo, etc.) es necesario tornarse muy firme y estructurado.  Usted previamente ha trabajado en establecer un *control de instrucciones* (por ejemplo, manos abajo) éste  puede ser un método efectivo de contrarrestar la conducta alterada.  Dé instrucciones que sean lo más específicas posibles, enunciando claramente y en un tono firme que es lo que SI necesita hacer en vez de lo que NO debe hacer, por ejemplo "necesitas sentarte en la silla".  Sin embargo no siempre podrá pensar en decir exactamente lo correcto y muchas veces estará dando instrucciones como "detente" lo cual puede ayudar a ganar control.  Asegúrese de hacer  tales afirmaciones sólo una o dos veces; o perderá su efectividad, credibilidad y la situación se volverá más caótica.  Suministre refuerzos verbales y tangibles buscando cualquier señal de des-escalamiento y brinde  la mínima atención posible a los comportamientos alterados.

Las amenazas son algo que el equipo docente se ve tentado con frecuencia a utilizar.  Una razón por la cual hacen esto es porque en realidad algunas veces funcionan para que el niño suspenda su comportamiento no adecuado.  El problema es que el uso de estos métodos fuertes de controlar el comportamiento usualmente conllevan a que la situación se empeore en otras ocasiones.  Depender de las amenazas para controlar el comportamiento con frecuencia da como resultado que los niños aprenden a responder sólo a las instrucciones que acompañan medidas con graves consecuencias y a ignorar las instrucciones que se les dan de forma normal y directa.  El objetivo a largo plazo para el niño es aprender que las consecuencias, positivas o negativas ciertamente van a ocurrir, sin importar si son dichas verbalmente o no.

También, estará en desventaja cuando se comprometa a hacer cumplir una consecuencia en particular de forma adelantada. Es mejor dejar que el niño se preocupe por cual será la consecuencia. De esa forma, usted se da más tiempo para tomar la decisión apropiada sobre la consecuencia necesaria.

Cualquiera que sea la consecuencia, debe ser implementada por una persona que esté trabajando con el niño en el momento en que el comportamiento ocurre. El traspasar el control del niño a otra persona con "más autoridad" sólo socava el papel de la persona que se dio por vencida. De hecho, usted le está diciendo al niño, "Yo no puedo controlar tu comportamiento, así que necesito encargárselo a otra persona". Finalmente, **"USTED NUNCA DEBE AMENAZAR CON HACER ALGO QUE NO ESTE EN REALIDAD PREPARADO O DISPUESTO A HACER CUMPLIR O QUE SEA INAPROPIADO"** (por ejemplo, "Te voy a encerrar en tú cuarto y no te voy a dejar salir nunca").

En la medida en que el niño muestre habilidad para controlarse a si mismo, usted podrá recordarle que estará ganándose un refuerzo (especificado o no) ahora que está calmado y haciendo buen trabajo. Sólo debe tener cuidado en que esto no se convierta en soborno y que solamente debe ser utilizado como último recurso, con el objeto de evitar tener que utilizar los procedimientos manuales.

## ETAPA FINAL

Si usted siente que su niño es una amenaza para sí mismo o para otros, entonces es necesario utilizar el Programa de Manejo de Comportamientos de Ataque (PMCA) u otros procedimientos que podrían ser de manejo a mano, incluyendo acompañamiento o contención. Por ejemplo, el procedimiento utilizado en caso de que se ocasione a sí mismo una herida severa. Naturalmente, debe haber la menor atención posible y se debe observar de cerca el momento en que el comportamiento de su niño comienza a des-escalar de tal manera que usted pueda reforzar inmediatamente de ambas formas, verbal y con cosas tangibles.

**LOS PROCEDIMIENTOS DE CONTROL MANUAL SOLO DEBEN SER UTILIZADOS CUANDO USTED AGOTE TODOS LOS MEDIOS Y LA SITUACION TENGA EL POTENCIAL DE VOLVERSE PELIGROSA**

# TODAS LAS ETAPAS

Usted debe ser sensible a cómo responde su niño al elogio o reforzamiento brindado durante el ciclo. Con frecuencia, los niños rechazan tales intervenciones o sufren un proceso de escalamiento de comportamientos alterados en respuesta a ellas. Su niño le dejará saber por medio de su comportamiento si el reforzamiento es efectivo. Si está calmado, relajado o se observa un comportamiento menos agitado, entonces sus refuerzos son efectivos.

Si la agitación aumenta o el niño lanza objetos o rechaza los refuerzos tangibles que usted le suministra, es hora de que reconsidere la alternativa del premio. Con frecuencia, los niños que tienen comportamientos que se escalan cuando se les refuerza o se les retroalimenta, tienen una necesidad muy alta de control y poder sobre el ambiente. Algunas estrategias a intentar incluyen el no comentar directamente el comportamiento. Por ejemplo, en vez de decir "Me gusta lo calmado que estás", intente algo como "Es agradable estar contigo" o simplemente coméntele al niño algo relacionado con lo que él esté haciendo (por ejemplo, "¿Quisieras mirar éste libro conmigo?).

Esto permitirá dar atención sin estar enfocando directamente el comportamiento alterado. Si usted desea utilizar un premio tangible y es rechazado por el niño, entonces intente simplemente colocarlo cerca del niño y así evítele a él sentir la necesidad de aceptarlo de sus manos. Esto lo llevará hacia una actitud calmada y le permite ganar control en la situación. Podría ser que para algunos niños el tomar un premio de una persona directamente los pone en una posición más baja y luego les causa frustración.

Una vez que la agitación ha pasado, grabe el suceso. No solamente por que esto suministra un registro del evento, sino que le ayudará a analizar el patrón de escalamiento y la efectividad de la Intervención y por consiguiente, ayudará a identificar cualquier modificación que sea necesaria. La información que usted registre acerca de la frecuencia e intensidad del comportamiento le va a suministrar un medio más confiable de determinar si la Intervención está funcionando o no.

# TECNICAS ESPECIFICAS DE LA ADMINISTRACION DEL COMPORTAMIENTO

El más efectivo programa de Administración del Comportamiento no garantizará completamente la eliminación de los comportamientos alterados.

La suma de enseñar técnicas apropiadas de alternativas del comportamiento, procedimientos de refuerzos efectivos y la creación aparte de un ambiente óptimo, hará que usted se acerque mucho más al objetivo. Los siguientes son lineamientos específicos para maximizar la efectividad de las intervenciones en el comportamiento:

1. Según lo comentado previamente, usted deberá suministrar la menor cantidad de atención posible cuando ocurre un comportamiento alterado. La atención y otras formas de refuerzo deben ocurrir cuando hay una ausencia de comportamientos alterados. Usted debe ser extremadamente cuidadoso de que la ocurrencia de los comportamientos alterados no se convierta en una clave para que aumente los refuerzos. De otra manera, su niño terminará en comportamientos alterados de tal forma que cuando él se detenga, él reciba refuerzo. La mejor manera de evitar esto, es mantener un horario rico en refuerzos antes de que los comportamientos alterados ocurran.

   También, asegúrese de que la cantidad de refuerzos dados en el proceso de disminuir los comportamientos alterados es menor de lo que usualmente él podría haber obtenido.

2. Reforzar el proceso de des-escalar es extremadamente importante. Con mucha frecuencia, la gente espera hasta que el niño está totalmente calmado antes de suministrar refuerzos. Esto puede tomar mucho tiempo y solo sirve para escalar aún más la conducta. No debe esperar hasta eliminar el comportamiento alterado. Debe reforzar pequeñas reducciones de los comportamientos alterados. Evite tener el control de la batalla y bríndele al niño una forma segura de calmarse y volver al ambiente. Asegúrese de estimular al niño y marque el proceso des-escalar o de disminución (por ejemplo, "Estas mostrando un muy buen control"; "Me encanta la forma en que te estas calmando").

3. Pueda que tal vez tenga que utilizar procedimientos de redirección muy DISIMULADOS. En la medida en que la redirección sea disimulada, es menos probable que el niño perciba que se ha salido del camino. Es muy importante ensayar y volver a la tarea original y llevarla a una conclusión satisfactoria. Intente ser lo menos intruso posible, de tal forma que él no se convierta en dependiente del equipo docente para lograr mantener control

por sí mismo.  El estímulo intruso y las instrucciones son muy difíciles de disimular.  Los procedimientos menos directos ayudarán a interiorizar los pasos del auto-control.

4.    Prevenir una respuesta es un procedimiento que con frecuencia se utiliza con conductas de auto-estimulación y niveles bajos de agresividad o abuso a sí mismo.  Si éste es el acercamiento a utilizar, entonces usted debe detener el comportamiento tan rápido como le sea posible, utilizando la mínima cantidad posible de atención.  Normalmente, daríamos un estímulo físico neutral y no se comentaría nada al respecto.  Esto se practica sin interrumpir la tarea o actividad que el niño esté recibiendo y además dándole refuerzos por continuar con la misma actividad.

5.    La creación de un "Momentum del Comportamiento" es una estrategia poderosa para contrarrestar el comportamiento alterado o la falta de atención.  Cuando su niño está escuchando adecuadamente y comportándose bien, la probabilidad de que se presenten los comportamientos alterados es altamente disminuida.  Mediante la creación de un patrón de éxitos, usted estará creando un momentum.  Por ejemplo, si usted comienza la terapia con actividades de juego o tareas altamente preferidas, su niño estará más dispuesto a comportarse bien.  Una vez que usted está involucrado con las tareas, si el comportamiento se ve deteriorado, debe acelerar el proceso de ayudas seguido por refuerzos moderados ya que esto ayudará a restaurar el momentum.  Según comentamos previamente, también es muy importante contar con un ambiente calmado y positivo.

6.    Implementar programas de entrenamiento para el Manejo del Estrés y de Obediencia y disminución de errores es esencial en la reducción de comportamientos alterados, así como la creación de un ambiente óptimo.  Estos programas se comentarán más adelante.

7.    Recuerde que lo más importante es lo que usted haga ANTES de presentarse el comportamiento alterado, para prevenir que suceda.  Dos de los más útiles consejos en el uso preventivo del reforzamiento positivo son:

*"Atrape a su niño siendo bueno."*

*"Premie lo mejor, ignore el resto."*

# CAPITULO 6

## Programas de Comportamiento

### COMPORTAMIENTOS ALTERADOS

Los comportamientos alterados de su niño, tal como el llanto, las pataletas y la agresividad, casi siempre satisfacen múltiples funciones. La reducción de la frustración y el estrés es con frecuencia una función primaria de los comportamientos alterados. Los comportamientos pueden también ser utilizados para evitar situaciones. Esto es, que algunos niños con frecuencia son capaces de evadir situaciones poco preferidas para ellos, mediante algún comportamiento alterado. Otro propósito de hacer esto, puede ser la atención que reciben después de que el comportamiento ha ocurrido.

Como la frustración es un factor muy común en la provocación de un comportamiento alterado, es necesario implementar algún programa diseñado para incrementar la tolerancia de su niño a situaciones no preferidas para él. Su niño va a necesitar aprender la forma de manejar situaciones desagradables. Por medio de la exposición gradual a situaciones de este tipo, la tolerancia a la frustración se incrementará también gradualmente. Más aún, su niño aprenderá que los comportamientos alterados no serán útiles para evadir situaciones. Será importante que su niño reciba una mínima atención por los comportamientos alterados de tal forma que no se le de un incentivo para tenerlos.

El programa inicialmente involucra la identificación de los eventos que son frustrantes para su niño. Las observaciones de los padres e instructores serán importantes en la identificación de tales elementos que causan estrés. Adicionalmente, una revisión de la información y los reportes pueden revelar situaciones que activan el comportamiento alterado. La negación de los deseos, la presencia de situaciones no deseadas, los cambios en las rutinas o el no recibir refuerzos, son estresantes.

Las situaciones frustrantes deben entonces ser clasificadas por lo menos en tres niveles diferentes. El Primer nivel, será aquel que crea poca agitación, mientras que el segundo nivel será para eventos que se encuentran en la mitad. Naturalmente, usted puede crear más de tres niveles. Obviamente, los elementos estresantes pueden variar. Esto quiere decir que, lo que escasamente molestaba ayer, hoy puede producir fuerte rabia y descontento.

El siguiente paso involucra la creación de una respuesta relajada para su niño. Normalmente, colocaremos al niño en una silla muy cómoda, luces bajas y música relajante. En una voz extremadamente relajante (por ejemplo, lenta y baja) se le instruirá para que se calme. Debemos observar de cerca y marcar el momento, al igual que felicitarlo de alguna forma por haber permanecido relajado. Estas sesiones deberán continuar por el tiempo que sea necesario para que él aprenda a relajarse.

Una vez que él aprenda a relajarse, es el momento de exponerlo a los elementos que le causen estrés. Comenzaremos con un elemento de la categoría media. Una vez que su niño se encuentre extremadamente relajado, deberá ser expuesto por un período corto a esta situación. Se le deberán suministrar bastantes refuerzos con el objetivo de mantenerlo calmado. Entonces se introduce el elemento estresante. Una vez más, se le brindarán refuerzos para calmarlo. Las sesiones se repetirán hasta que su niño sea capaz de mantenerse calmado ante el primer elemento de estrés, aproximadamente durante cinco sesiones de enseñanza.

Una vez que su niño domine el primer elemento que causa estrés, deberá ser expuesto al segundo elemento. El programa continuará hasta que él haya sido expuesto a todos los pasos. Adicionalmente, será gradual y sistemáticamente expuesto a situaciones en el ambiente natural.

Como no será posible neutralizar todos los lugares y situaciones que le produzcan estrés y ansiedad, eventualmente su niño deberá ser entrenado en procedimientos de relajación como respuesta y manejo para situaciones estresantes leves. Varios procedimientos deben ser probados para poder identificar el más efectivo. Se pueden ensayar otros procedimientos para manejar el estrés tales como tensar y luego relajar, escuchar música, respirar profundamente y la creación de imágenes. Una vez identificados los estresantes, las técnicas seleccionadas serán enseñadas y luego ayudadas y reforzadas como el manejo de respuesta alternativa al estrés. En la medida en que el lenguaje se desarrolle, la simple expresión verbal de las emociones en respuesta al estrés, podrá agregarse al repertorio que es capaz de manejar.

# PROGRAMA PARA TOLERAR LA FRUSTRACION

## Fase 1

1. Identificar las situaciones que son más estresantes para el niño (haciendo preguntas a los padres e instructores, observando al niño, haciendo notaciones del patrón de comportamientos alterados).

2. Organizar las situaciones de acuerdo a su jerarquía de menos a más estresante.

## Fase 2

1. Cuando el niño está lo más relajado posible (por ejemplo, sentado en una silla cómoda, las luces bajas y música suave) debe exponerlo a la situación menos estresante para él, contenida en la escala de jerarquía.

2. Suministre estímulos y refuerzos intermitentes, como medidas de condición para lograr un comportamiento calmado. Puede ser necesario formar gradualmente respuestas más apropiadas.

3. Movilice gradualmente la enseñanza hacia ambientes y situaciones más naturales.

4. Cuando el niño demuestre tener durante cinco sesiones consecutivas de enseñanza comportamientos calmados, en situaciones de bajo estrés, siga al siguiente nivel de estrés.

5. Proceda a través de la jerarquía.

## Fase 3

1. Enseñe al niño los procedimientos de relajamiento.

2. Una vez que él aprenda las Técnicas de Relajamiento, estimúlelo a utilizar los procedimientos cuando esté con poco estrés.

3. Disminuya los ayudas tan pronto como le sea posible.

## JERARQUIA DEL ESTRES

| Molestia<br>intermedia | Molestia<br>Moderada | Molestia<br>Extrema |
|---|---|---|
| _____ | _____ | _____ |
| _____ | _____ | _____ |
| _____ | _____ | _____ |
| _____ | _____ | _____ |
| _____ | _____ | _____ |
| _____ | _____ | _____ |
| _____ | _____ | _____ |
| _____ | _____ | _____ |
| _____ | _____ | _____ |
| _____ | _____ | _____ |
| _____ | _____ | _____ |
| _____ | _____ | _____ |
| _____ | _____ | _____ |
| _____ | _____ | _____ |
| _____ | _____ | _____ |

## DESOBEDIENCIA

El programa de obediencia está basado en dar a su niño una forma fácil de seguir instrucciones mediante el incremento gradual de demandas. Inicialmente a su niño sólo se le pedirá que realice tareas que sean altamente agradables para él. Por ejemplo, a su niño se le puede pedir que se coma la merienda, juegue con su juguete favorito o inclusive se auto- estimule. Normalmente, estas solicitudes terminan siendo cumplidas, por consiguiente proveen de una oportunidad para elogiar y premiar el seguimiento de instrucciones. Poco a poco, las instrucciones serán un poquito menos deseables mientras se mantiene un reforzamiento intensivo por obediencia.

# INDICADORES PARA FACILITAR LA OBEDIENCIA

1. Sólo dé instrucciones que esté dispuesto a finalizar con el objeto de obtener un resultado. Para hacerlo se requiere un monitoreo de su niño a través de la tarea o proveer una consecuencia significativa por el cumplimiento. A medida que su niño crece, el control con monitoreo debe mantenerse al mínimo.

2. No de múltiples instrucciones en un período corto de tiempo (por ejemplo: tres instrucciones en 10 segundos). De otra forma, usted va a promover el no cumplimiento, como también va a crear una situación de agitación.

3. Dele al niño alternativas positivas para escoger (por ejemplo: quiere salir a jugar o quiere ver televisión).

4. También dele alternativas para escoger (por ejemplo: quiere bañarse o quiere ir a la cama).

5. Cuando el niño no siga las instrucciones, usted debe ser tan neutral como le sea posible (no demuestre sus emociones).

6. Intente facilitarle la obediencia mediante la técnica de poner tareas no preferidas entre dos tareas fáciles. Haciendo que las tareas sean alegres crea un ambiente que le facilita la obediencia.

7. Sorprenda al niño escuchando (por ejemplo: mientras que él está a punto de cerrar la puerta, diga "por favor cierra la puerta" y luego refuércelo por haber escuchado).

8. Indíquele las instrucciones de forma calmada, con la expectativa de que el niño va a escuchar.

9. Provea al niño con áreas de control

10. DELE AL NIÑO REFUERZOS SIGNIFICATIVOS CUANDO ESTE ESCUCHANDO.

# PROGRAMA DE OBEDIENCIA

## Fase 1

1. Identifique las instrucciones que normalmente se utilizan en la casa.

2. Determine el grado de obediencia de las varias instrucciones dadas.

3. Construya una jerarquía de instrucciones, clasificándolas desde la que tiene más alta probabilidad de obediencia (por ejemplo, "Come tu galleta") hasta aquellas con baja probabilidad de obediencia (por ejemplo, "Devuélvele a tu hermano el juguete").

## Fase 2

1. El instructor deberá hacer requerimientos que tienen la más alta probabilidad de obediencia.

2. Los refuerzos serán suministrados tan pronto se cumpla lo requerido.

3. Cuando su niño demuestre obediencia durante tres sesiones consecutivas, siga a la siguiente fase.

## Fase 3

1. El instructor deberá hacer más requerimientos de una alta probabilidad de cumplimiento y pocos de una baja probabilidad de obediencia.

2. Los refuerzos serán suministrados tan pronto se cumpla lo requerido.

3. Cuando su niño demuestre  obediencia durante tres sesiones consecutivas, siga a la siguiente fase.

## Fases Restantes

Los requerimientos para hacer tareas no agradables deben irse incrementando y los requerimientos para hacer tareas agradables para el niño deberán ser disminuidas al máximo.

# JERARQUIA DE OBEDIENCIA

Clasifique las instrucciones normalmente dadas durante el día en las siguientes categorías.

| SIEMPRE (p.e., 100%) | REGULARMENTE (p.e., 75%) | ALGUNAS VECES (p.e., 50%) | RARA VEZ (p.e., 25%) | NUNCA (p.e., 0%) |
|---|---|---|---|---|
| 1. | | | | |
| 2. | | | | |
| 3. | | | | |
| 4. | | | | |
| 5. | | | | |
| 6. | | | | |
| 7. | | | | |
| 8. | | | | |
| 9. | | | | |
| 10. | | | | |
| 11. | | | | |
| 12. | | | | |
| 13. | | | | |
| 14. | | | | |
| 15. | | | | |
| 16. | | | | |
| 17. | | | | |
| 18. | | | | |
| 19. | | | | |
| 20. | | | | |

# PROGRAMA REACTIVO - POSITIVO

### Fase 1

1. Manifieste a su niño *elogios verbales cada cinco minutos* por la ausencia de comportamientos no apropiados.

2. Después de tres periodos consecutivos de ausencia de comportamientos no apropiados, su niño recibirá un refuerzo y un elogio verbal.

### Fase 2

1. Suministrará a su niño un elogio verbal *cada quince minutos* por la ausencia de comportamientos no apropiados.

2. Después de tres periodos consecutivos de ausencia de comportamientos no apropiados, su niño recibirá un refuerzo y un elogio verbal.

### Fase 3

1. Manifieste a su niño elogios verbales *cada treinta minutos* por la ausencia de comportamientos no apropiados

2. Después de dos periodos consecutivos de ausencia de comportamientos errados, a su niño le será suministrado un refuerzo y un elogio verbal.

### Fases Restantes

Gradualmente aumente la duración del tiempo requerido para recibir reforzamiento. Una vez que su niño ha llegado a ésta fase, se le permitirán refuerzos tan frecuentes como lo desee (dentro de lo razonable), siempre que los comportamientos no apropiados no hayan ocurrido en las dos horas anteriores.

# PROGRAMA REACTIVO - REDUCTIVO

1. Su niño debe perder la oportunidad de recibir los refuerzos verbales programados y un reforzador tangible cuando ocurra un comportamiento específico no deseado.

2. Durante la ocurrencia de los comportamientos no deseados la atención será mínima.

# CAPITULO 7

## Comportamientos de Auto-Estimulación

El comportamiento auto-estimulatorio es una de las mayores características en el diagnóstico del Autismo. La auto-estimulación es repetitiva, es un comportamiento tipificado que no parece servir para ninguna otra función que la gratificación sensorial. Existen tres razones por las cuales nos enfocamos en reducir la auto-estimulación: 1) Interfiere grandemente con la atención; 2) Es altamente reforzante y además, hace menos atractivos los refuerzos de adaptación 3) Es estigmatizante. Cuando un individuo se auto-estimula, su atención usualmente se enfoca en el comportamiento que está teniendo y la persona no procesa información importante. Esto interfiere enormemente con su aprendizaje, ya que la auto-estimulación es un comportamiento altamente reforzante para el individuo, es frecuentemente muy difícil motivar a la persona para disminuir éste comportamiento.

La auto-estimulación puede involucrar cualquiera de los cinco sentidos y tomar muchas formas. El movimiento del cuerpo es una de las mayores categorías. Esto incluye el balanceo, aplausos con las manos, dar vueltas. El movimiento de manos, también involucra el movimiento del cuerpo pero además tiene un componente que es el ser visual. Mirar al vacío sin concentrarse no es más que una forma pura de auto-estimulación visual, es como observar las cosas a través de los espacios entre los barrotes de una cerca.

Una segunda categoría de auto-estimulación es utilizar objetos para el propósito primario de suministrar entradas sensoriales. Ejemplos comúnmente observados incluyen el voltear un objeto como un papel u hojas, retorcer una cuerda entre los dedos, hacer girar objetos, voltear las ruedas de un carro de juguete, zarandear la arena, rociar agua y recoger pelusas. Cuando un niño Autista interactúa con un juguete puede parecer como si en realidad estuviera jugando. Sin embargo, usted verá con frecuencia que tal juguete no está siendo utilizado de la manera apropiada así como cuando hace girar las ruedas de un carro de juguete, en vez de "manejar" el carro. El uso repetitivo de objetos tales como hacer sonar uno contra otro, también cabe dentro de ésta categoría.

Un tercer tipo de auto-estimulación es el de rituales y obsesiones. Estos pueden ser muy variados. Alinear objetos, sostener objetos, utilizar la misma ropa, insistir en que no le muevan las cosas (por ejemplo, muebles), hablar una y otra vez al respecto de un mismo tema (perseveración verbal), cerrar puertas y problemas con transiciones, son ejemplos comunes. Con frecuencia involucran reglas que el niño ha desarrollado e insiste en continuar como también tratar de hacer que otras personas las sigan. Tal como en el comportamiento obsesivo, estas reglas interfieren de manera importante con las actividades de la vida diaria. También como las obsesiones, a menudo se tornan más fuertes y más arraigadas con el tiempo y el niño se convierte en más resistente a la alteración de la obsesión.

Cuando están aburridas, la mayoría de las personas utilizan varias formas de auto-estimulación, bien sea soñando despiertas o moviendo el pie, retorciéndose el cabello o jugando con un lápiz. La diferencia, sin embargo, es que una persona normal está en capacidad de continuar atendiendo y el comportamiento de auto-estimulación normalmente es muy sutil (por ejemplo, menos repetitivo y no parece inapropiado). Mucho más importante es que éste no es la única o la forma más deseada de recibir gratificación. La mayoría de la gente recibe gran satisfacción a través de la recreación, aficiones y de la comunicación con otros. Además, la mayoría de la gente puede refrenar la auto-estimulación para evitar las reacciones negativas a nivel social. Por ejemplo, no nos metemos las manos a la boca para sacar un sucio de los dientes mientras la gente nos está observando.

Los comportamientos de auto-estimulación en niños Autistas pueden ocurrir constantemente o en situaciones que le son aburridas o estresantes. Además de verse poco apropiadas, la habilidad del niño para atender mientras está concentrado en su comportamiento se reduce drásticamente. Muchas veces se sospecha que los niños están discapacitados auditiva o visualmente por su inhabilidad para responder. Por la intensidad de la sensación causada por la auto-estimulación en ocasiones tal vez se bloquea la sensación de dolor. Con frecuencia la auto-estimulación es similar a los comportamientos adictivos, el deseo intenso de envolverse en la actividad de auto-estimulación puede conducir a un comportamiento parecido al de un adicto a las drogas. Mientras que el individuo está "elevado" o preocupado por "elevarse", no aprenderá. Igualmente, la adicción se hace peor cada vez y se alimenta de sí misma. Se pierden oportunidades valiosas de aprender y tal como otras adicciones, el niño experimenta parálisis en el desarrollo y el encierro en su propio mundo se intensifica. Es crítico ejercer control en éste comportamiento. Existen varias estrategias que pueden ser utilizadas para reducir y posiblemente eliminar las interferencias de ese comportamiento.

# FUNCIONES DE LA AUTO-ESTIMULACION

Según lo discutido en la Sección "Comportamientos Alterados", la auto-estimulación así como todos los comportamientos alterados, sirven potencialmente para suplir múltiples propósitos.  Como el nombre lo indica la función primaria de éste comportamiento generalmente sirve para proveer estimulación. Con frecuencia, las personas con Autismo no encuentran que la gente o el medio ambiente sean del todo interesantes.  Comprometerse con estos comportamientos es una forma extrema de recibir gratificación.  Consecuentemente, cuando se está aburrido o sin ocupación, ellos presentarán la auto-estimulación.  Mientras que la mayoría de los niños con frecuencia juegan con juguetes o buscan a otras personas (por ejemplo, padres, compañeros, etc.), los individuos con Autismo con frecuencia prefieren concentrarse en la auto-estimulación.

Una segunda posible función de la auto-estimulación es la de reducir la frustración y el estrés.  Por ejemplo, durante transiciones, en situaciones caóticas, o durante la presencia de respuestas incorrectas, se observará la auto-estimulación. Parece que el comportamiento supliera el propósito de relajarse a sí mismo, así como bloquear la fuente de frustración.  También puede servir como señal para que otros reduzcan las exigencias o suministren asistencia, removiendo la fuente de frustración. Por lo tanto, la auto-estimulación deberá ser vista como una forma de adaptación que utiliza el niño desde su perspectiva y es extremadamente reconfortante.

Con el tiempo, la auto-estimulación se torna más y más fuerte.  Por consiguiente, se vuelve extremadamente difícil de contener o suprimir.  En niños menores, la eliminación del comportamiento puede ser un objetivo real, pero con niños mayores, el objetivo será  la reducción. Ambos grupos pueden beneficiarse de pulir la auto-estimulación transformándolos en comportamientos más acordes y típicos con la edad.  Naturalmente, si la Intervención se hace más temprano, las posibilidades de éxito serán mayores.

Así como cualquier problema de comportamiento, existen varias estrategias que se pueden emplear.  Según se comentó anteriormente, los procedimientos para administrar los comportamientos pueden separarse en estrategias "Pro-activas" y "Reactivas".  El acercamiento más efectivo es una combinación de ambas.  Las estrategias Pro-activas le enseñaran comportamientos alternativos que están diseñados para dar al individuo satisfacción similar a la de la auto-estimulación.  Los métodos reactivos serán diseñados para reducir la auto-estimulación, disminuyendo o inclusive, eliminando el reforzamiento, construyendo un costo a la respuesta y proveyendo reforzamiento para comportamientos alternativos.

# PROCEDIMIENTOS REACTIVOS

## IGNORAR SISTEMATICAMENTE

Usualmente, la auto-estimulación suministra su propia fuente de refuerzos. Su niño seguramente se sentirá más feliz si usted lo ignora, ya que él podrá concentrarse en su auto-estimulación sin ninguna distracción. Cualquier interferencia a ese comportamiento no será bien recibida, ya que usted lo privará de la estimulación que él disfruta. Las personas piensan que al ignorar la auto-estimulación ésta se va a extinguir. Sin embargo, como el refuerzo en este caso tiene poco que ver con la atención, ignorar sistemáticamente rara vez es efectivo para reducir o eliminar el comportamiento. Igualmente, el tiempo de castigo con frecuencia es poco efectivo. La efectividad del tiempo de castigo depende de que el niño sea removido de un ambiente de premios. Sin embargo, como el tiempo de castigo suministra la oportunidad ideal para auto-estimularse, el procedimiento puede desencadenar en más auto-estimulación.

## REFORZAMIENTO

Así como todos los problemas de comportamientos, el uso de procedimientos de refuerzos para reducir la auto-estimulación, es vital. Existen varios procedimientos de refuerzo que pueden ser apropiados. El Reforzamiento Diferencial de Comportamientos Incompatibles/Alternativos, el Reforzamiento Diferencial de otros Comportamientos y el Reforzamiento Diferencial de Comportamientos de Baja Frecuencia son ejemplos de procedimientos de reforzamiento que suministraran refuerzos y motivarán al niño a involucrarse en otros comportamientos distintos a la auto-estimulación. Cualquier programa reductivo, DEBE hacerse en unión con alguna clase de programa de Refuerzo Diferencial.

# PREVENCION A LA RESPUESTA

Detener el comportamiento, tan pronto como éste ocurra, reducirá o inclusive eliminará el refuerzo. Ya que el comportamiento en sí mismo provee reforzamiento, cada segundo en que alguien se auto-estimula, está recibiendo reforzamiento. Es igual que darse así mismo dulces. Entre más pronto sea bloqueado el comportamiento, el niño pasará menos tiempo auto-reforzándose.

La forma en que usted detiene el comportamiento es extremadamente importante. Así como con la mayoría de comportamientos, usted deberá utilizar el método menos directo para detenerlo. La siguiente es una jerarquía de métodos que van desde el menos hasta el más directo:

| MENOS DIRECTO | | | | | MAS DIRECTO |
|---|---|---|---|---|---|
| PAUSA | MIRADITA | EXPRESION FACIAL | GESTO | MOVIMIENTO FISICO PARCIAL | MOVIMIENTO VERBAL FISICO TOTAL |

La Razón para usar el método menos directo es similar a la que permite el uso de la ayuda menos directa, es decir, porque la Intervención es más fácil de disolver. El uso de recordatorios verbales o regaños es generalmente mucho más difícil de disminuir que la utilización de gestos. En la medida en que el procedimiento sea más indirecto, es más factible que el niño sea consciente y es menos probable que exista la necesidad de utilizar procedimientos de control externo. En la medida en que la intervención sea menos perceptible, la respuesta del niño será menos exteriorizada. Por ejemplo, un suave toque puede detener su comportamiento sin que él siquiera note el toque. A pesar de que la auto-estimulación no es motivada por la atención, es importante que ésta no se convierta parcial o secundariamente en esto. Por consiguiente, utilizar el método menos directo reducirá la posibilidad de que la atención esté reforzando el comportamiento.

Por favor note que ser directo no necesariamente es equivalente a ser intruso. Los intrusos interfieren con la libertad del niño. Por ejemplo, la redirección verbal no involucra ninguna fuerza física y por consiguiente puede ser catalogada como menos intrusa. Sin embargo, existen ayudas verbales que con frecuencia son más difíciles de disminuir y por consiguiente no llevan tan rápido a la independencia. Las ayudas verbales no solamente deben ser utilizadas cuando el niño está confundido o necesita información acerca del comportamiento que se espera de él. Una vez que él entienda el concepto o el comportamiento esperado se deben usar ayudas no específicas. Una ayuda no específica es una señal de "siga adelante" que no le dice al niño específicamente qué hacer.

Existen razones importantes para utilizar el método del menos intruso, así como el menos directo. Primero, reduce la frecuencia de una lucha de poder. Con frecuencia, cuando los métodos intrusivos se utilizan, se incita a la resistencia y el niño puede llegar a usar medidas extremas para ganar la batalla. Segundo, utilizar procedimientos de no intrusión es también extremadamente importante para no llamar la atención de otros sobre lo que está ocurriendo. Cuando se trabaja en una situación de inclusión, como en un salón de clases, en un parque o en la comunidad, uno siempre preferirá llamar la atención lo menos posible para que no se le identifique y se le estigmatice.

Recuerde que es muy importante detener el comportamiento tan pronto como es observado. Será mejor si usted puede detenerlo antes de que ocurra, así romperá el círculo inmediatamente. Por consiguiente, inicialmente usted puede necesitar utilizar un procedimiento más intrusivo, así como ayudas físicas, ya que el procedimiento suave no detiene el comportamiento. Naturalmente, sin embargo, el objetivo es rápidamente desvanecer la ayuda física para pasar a un procedimiento menos directo. Una vez que usted detenga el comportamiento, dirija a su niño hacia una actividad más apropiada. En la medida en que él muestre comportamientos apropiados, suministre refuerzos apropiados. Cuando pase más tiempo mostrando el comportamiento apropiado, el refuerzo deberá ser aumentado.

# REDUCIENDO EL VALOR DE REFUERZO QUE POSEE LA AUTO-ESTIMULACION

Existen varias estrategias que pueden ser utilizadas para alterar la satisfacción que su niño puede recibir a través de la auto-estimulación. Un procedimiento que ha demostrado ser efectivo en la reducción de la auto-estimulación, es en realidad utilizar la auto-estimulación misma como un refuerzo. Aunque esto parece no ser sensato, en realidad puede servir para dos cosas importantes. Una, servir como un poderoso refuerzo y otra gradualmente reducir la gratificación que su niño recibe del comportamiento.

En la primera, usted puede suministrar una oportunidad limitada para que se auto-estimule, como un premio por haberse comportado de la forma deseada o inclusive por no haber tenido auto-estimulación durante un período de tiempo. Por consiguiente, usted está en realidad utilizando la auto-estimulación para desarrollar comportamientos alternativos adecuados y reemplazarlos en vez de la auto-estimulación. Además de la ventaja de desarrollar comportamientos adecuados que reemplazan al otro, existe un efecto muy importante al utilizar este procedimiento. Usted está en realidad cambiando la naturaleza del comportamiento. La auto-estimulación por su propio carácter es internamente controlada por el niño. Cuando usted establece una condición, toma control del comportamiento, sutilmente alterándolo, colocando límites y condiciones en él. Cuando mueve el comportamiento de un control interno hacia uno externo, usted ha creado el efecto de reducir el valor del refuerzo. Gradualmente, usted podrá contener el comportamiento y lentamente reducirlo a períodos más largos donde no habrá auto-estimulación y de esa manera se le podrá brindar nuevos refuerzos.

Otra forma de reducir el valor que tiene el refuerzo de la auto-estimulación, es que usted monte toda una situación en donde su niño escoja la opción de no auto-estimularse. Por ejemplo, dele la opción de comer su comida favorita, mirar un programa de televisión que le guste o auto-estimularse. Naturalmente, usted no puede utilizar este acercamiento, a menos que haya establecido alternativas que él encuentre interesantes. Mediante la escogencia de no auto-estimularse, él mismo reduce el valor positivo de su propia auto-estimulación.

## CONTROL DE ESTIMULOS

Los procedimientos para controlar el estímulo están diseñados con el propósito de crear ambientes y situaciones que no inciten a los comportamientos de auto-estimulación. Esto puede lograrse estableciendo lugares en la casa u horas del día en donde no se le permita éste comportamiento. Permitiendo que ocurra sólo durante condiciones limitadas, usted estará limitándolo a circunstancias más aceptables, así como reduciendo su frecuencia. Su objetivo puede ser continuar reduciéndolo hasta eliminarlo. Por ejemplo, usted puede establecer inicialmente una norma en el dormitorio y el salón familiar y luego consecuentemente limitarlo solamente al dormitorio. De la misma manera, usted puede limitar su ocurrencia a ciertas horas del día y gradualmente disminuir los períodos de tiempo en que es permitido.

## PROCEDIMIENTOS PROACTIVOS

La parte más importante de un plan efectivo para cualquier comportamiento es enseñar alternativas apropiadas. Esto es usualmente un proceso largo y tedioso, lleno de frustraciones. Sin embargo, si su niño no aprende comportamientos alternativos apropiados, entonces con seguridad usted no alcanzará éxitos de largo plazo. Inclusive el programa reactivo más fuerte, de por sí es difícil que reduzca los problemas de comportamiento. La simple eliminación del comportamiento alterado no provee un medio alternativo para que su niño cumpla con la función que ha llevado este comportamiento. Usted debe enseñar comportamientos alternativos adecuados. De otra manera, la auto-estimulación volverá y se le desarrollarán otros comportamientos no apropiados.

La identificación del comportamiento de reemplazo debe basarse en la identificación de la función del comportamiento auto-estimulativo. Debido a que la auto-estimulación es un medio normal para recibir ciertos tipos de estimulo sensorial, como enseñar a jugar, habilidades recreacionales e interactivas, que tienen componentes sensoriales fuertes, serán formas más efectivas de establecer comportamientos de reemplazo. Su niño debe aprender habilidades gratificantes, de manera que no tenga que envolverse en la auto-estimulación para entretenerse.

La auto-estimulación casi siempre suple otras funciones. También, por consiguiente es necesario enseñarle habilidades adicionales. Enseñar a su niño formas apropiadas de lidiar con la frustración puede ser necesario para reducir la auto-estimulación. Al reducir la frustración, usted puede reducir situaciones en donde se presenta la auto-estimulación. Las habilidades de la comunicación pueden también ser una forma efectiva de disminuir la auto-estimulación. Por ejemplo, algunos niños se auto-estimulan cuando no saben qué responder. Enseñándoles que indiquen o muestren, lo que ellos no saben contestar o se confunden a través de medios de comunicación verbal o no verbal, existirá menos necesidad de concentrarse en la auto-estimulación.

**LOS PROGRAMAS DISEÑADOS ESPECIFICAMENTE PARA ENSEÑAR A JUGAR, ENSEÑAR MAS HABILIDADES SOCIALES Y DE COMUNICACION,  SE ENCUENTRAN EXTENSAMENTE DESCRITOS EN OTRAS SECCIONES**

## SUGERENCIAS PRACTICAS

Uno de sus grandes desafíos será reducir la auto-estimulación. Es extremadamente difícil, interferir en el comportamiento que su niño casi siempre encuentra más reforzante que cualquier otra actividad. El intentar eliminarlo de la noche a la mañana será una tarea imposible. Aunque reducir la auto-estimulación es importante, ponerse a hacer algo tan difícil solamente le traerá gran estrés para usted y su familia. Por consiguiente, su habilidad de implementar un programa de comportamiento efectivo se verá altamente disminuido.

Será preferible implementar un programa con precisión por un período corto, en vez de un programa inconsistente por un tiempo largo, por lo tanto, se recomienda que usted identifique qué tanto tiempo y bajo qué condiciones puede usted seguir el programa. Su niño eventualmente aprenderá las situaciones cuando el comportamiento no sea aceptado. Naturalmente, él también aprenderá que en otros momentos podrá concentrarse en la auto-estimulación. En la medida en que usted gane control sobre la auto-estimulación de forma efectiva, necesitará aumentar el tiempo y las circunstancias, durante las cuales usted podrá intervenir. A usted le gustaría eliminar por completo la auto-estimulación desde el primer momento, pero la mejor forma es eliminarla de manera que usted y su niño tengan éxito. **¡MAS RAPIDO NO ES NECESARIAMENTE MEJOR!**

# CAPITULO 8

## Problemas de Sueño

Un niño que tiene dificultades para irse a la cama, dormirse y mantenerse dormido y volverse a dormir, puede hacer de una noche una terrible pesadilla. La paciencia de los padres con frecuencia puede ser probada a través de largas horas de frustración antes que el niño se duerma. Al final los padres frecuentemente se encuentran con la triste decisión de irse a dormir en la cama del niño o llevando al niño a dormir a la cama de ellos, si es que alguien quiere dormir algo.

Los problemas de sueño generan un tremendo estrés en la familia entera. El sueño del hermano y hermana con frecuencia se ven alterados como resultado de una batalla nocturna. Los padres rara vez duermen bien, lo que les quita muchas de sus energías para el día siguiente. Sin sueño real de descanso, la habilidad de su niño para aprender nuevas e importantes habilidades se ve altamente disminuida. Obviamente con un niño cansado, la terapia se afectará grandemente.

Tal como todos sabemos, los hábitos del dormir son extremadamente difíciles de cambiar. Inclusive para los adultos, dormir en el lado diferente de la cama, dormir sin una almohada en particular o dormir en una cama distinta pueden llegar a alterar el sueño. Naturalmente, una vez el niño se acostumbra a acostarse tarde en la noche o a dormir con sus padres, cualquier cambio en la rutina hará que ponga resistencia. Sin embargo, entre más tiempo espere, más grabados estarán estos patrones de dormir. Nosotros sugerimos que usted enfrente el problema lo antes posible. Tomar soluciones fáciles hoy, solamente va a contribuir a tener problemas más difíciles mañana. La única razón para considerar la demora de trabajar los problemas de sueño, es que tal vez sea más exitoso atacarlos una vez que haya ganado terreno en otras áreas de obediencia.

Normalmente, con una semana de arduo trabajo, todos disfrutan de una buena noche de sueño. Una advertencia sin embargo: ¡no será una semana fácil!. El programa puede resultar en que usted no va a dormir nada durante la noche por los primeros días. Sugerimos que se prepare descansando todo lo que pueda varios días antes de iniciar el programa y una vez que esté desarrollándolo, planee recuperar el sueño durante el día. Los padres con frecuencia preparan un fin de semana largo de cuatro días para comenzar el programa o inclusive esperan a estar de vacaciones. Los padres también pueden pedir ayuda de los familiares para compartir esas noches sin sueño si es requerido. La exactitud en manejar el programa es esencial. Escoja un periodo en el que usted esté más preparado para suministrar una Intervención consistente.

Una última salvedad. Si usted ha estado haciendo intentos parciales para cambiar el comportamiento nocturno, pero se ha dado por vencido después de que el niño llora o exhibe otros comportamientos de resistencia, entonces su niño ha estado en un horario de refuerzo intermitente: algunas veces él obtiene lo que quiere, otras no. El ha visto su esfuerzo por ser firme, pero ha aprendido que al escalar su comportamiento, él puede sobrepasar la resolución de los padres. Esto hará más difícil para usted adquirir los objetivos la próxima vez que intente la rutina de dormir, aunque parezca raro a usted le saldría mejor suspender inmediatamente por una semana o dos antes de hacer un nuevo intento de Intervención. En esta forma cuando usted comienza el programa el cambio de situación será mas evidente para el niño y la desaparición de esta conducta alterada no será tan larga.

## ESTABLECIENDO UNA RUTINA PARA LA NOCHE

La premisa básica del programa es darle a su niño las herramientas para que pueda dormirse de forma independiente, tanto al comienzo de la noche como durante la mitad de la noche. Recuerde que es normal el levantarse durante la noche. Sin embargo, es normal que éste acto esté seguido por la inmediata somnolencia y vuelta a dormir. Si su niño depende de su presencia para quedarse dormido al principio de la noche, entonces él ira en busca de usted en caso de que se despierte durante la noche.

Establecer una rutina para ir a dormir a la cama es el primer paso para reducir los problemas de sueño. Así como los adultos tienen un ritual para ir a la cama el cual ayuda a conciliar el sueño, de igual manera lo tienen los niños. Una rutina no solamente indica a su niño que es hora de ir a la cama, sino lo que es más importante, la rutina misma va también a ayudar a inducir el sueño. Por ejemplo, muchos adultos han aprendido que prender la TV. leer un libro o escuchar música puede causar somnolencia y posteriormente el sueño.

Recuerde siempre que las actividades que ocurran antes de acostarse, así como la rutina debe ser de calma. Esto es, guarde las actividades bruscas para que ocurran durante el día. Una rutina normal de noche seria comenzar con darle un baño a su niño, suministrar patrones que sean relajantes para él. Lo siguiente, ponerle su ropa de dormir y cepillar sus dientes. Si cepillar los dientes causa estrés, entonces esto debe hacerse mas temprano. Leer una historia calmada puede ser una actividad para disfrutar y relajar al niño. Esta rutina debe ocurrir cada noche y sin ninguna desviación hasta que pueda ser establecido un habito consistente.

## SELECCIONANDO EL TIEMPO ADECUADO PARA IR A DORMIR

Cuando ir a la cama se convierte en una batalla extrema de control, puede ser de gran ayuda el intentar eliminar el conflicto mediante el aumento del cansancio de su niño. Establecer la hora apropiada para ir a la cama a dormir puede tomar un tiempo. De hecho, es recomendable comenzar la rutina a una hora más tarde de la hora que idealmente quiere usted que el niño se duerma. Es importante que su niño se canse, así disminuirá la resistencia para ir a la cama. Hemos encontrado necesario establecer una hora muy tarde para ir a la cama, incluso la media noche. Por consiguiente, cuando los padres anuncian que es hora de ir a dormir, el niño estará mas dispuesto. Gradualmente, la hora de ir a dormir, debe ser obligatoria, hasta que su niño se vaya a dormir a la cama a la hora deseada. Para colaborarle a su niño a que se canse, es de gran ayuda reducir o eliminar la hora de siesta. El no permitirle a su niño levantarse tarde por la mañana, también es recomendable. Recuerde que el objetivo es que su niño obtenga las horas necesarias de sueño en un horario apropiado.

## CREANDO UN "OBJETO" PARA DORMIR

El problema de sueño más comúnmente conocido es el despertarse a media noche. Aún cuando su niño todavía puede estar cansado, no sabe como volverse a dormir, esto puede ser un problema para adultos también, pero normalmente los adultos piensan en algo que los relaja, escuchan música suave o leen un poco. Los niños en cambio no saben que hacer; generalmente se levantan, prenden las luces, escuchan música, juegan, merodean alrededor de la casa o saltan en la cama. Igualmente, pueden buscar compañía y subir a la cama de los padres. Por consiguiente, es necesario darles los medios para que se vuelvan a dormir solos.

El mejor método es establecer un objeto o actividad que sea altamente asociado con el sueño. Por consiguiente, eventualmente el estar cerca al objeto puede ser una forma efectiva de inducir sueño. Por ejemplo, cuando su niño este con sueño, entréguele una cobija suave. Puede ser de gran ayuda sobar la cara del niño suavemente con la cobija. Esta eventualmente se convertirá en un objeto asociado con el sueño. El uso de animales de peluche o inclusive un chupo puede ser efectivamente asociado con el sueño. Cuando su niño se levante, podrá utilizar la cobija para volver a dormirse solo. Eventualmente el chupo podrá ser eliminado. El tocar música suave antes de dormir puede ayudar a desarrollar una asociación con el sueño. Aún cuando existe una preocupación acerca de la salud dental cuando se da un tetero antes de dormir, hemos recomendado colocar un tetero en la cuna para iniciar al niño a que se calme solo. Con el tiempo, se podrá sustituir con agua o jugo. Una vez que su niño ha aprendido a volver a dormirse durante la noche, eventualmente estará en capacidad de hacerlo sin necesidad de objetos de asociación.

Con frecuencia los niños se levantan muy temprano y no están cansados. En vez de intentar hacer que duerman de nuevo, usted deberá evitar que el niño comience a realizar una actividad fuerte que lo excite y no se pueda volver a dormir. No deben haber juguetes cerca. Los niños no deben tener comestibles o bebidas cerca. La luz no debe estar prendida. Todas las claves en el ambiente deben ser sugestivas para dormir, (por ejemplo: silencio, oscuridad y quietud). Usted puede suministrar un poco de estimulación suave para que se vuelva a dormir, como una luz tenue o un ventilador suave.

## MANTENERSE EN LA CAMA

Indudablemente, el quedarse en la cama es el componente más difícil del programa. Esto requerirá tremenda paciencia y absolutamente ninguna reacción emocional. El procedimiento involucra llevarlo de nuevo a su cama de una manera muy neutral. Si su niño se levanta cien veces usted lo regresa a la cama cien veces. Una vez que él se de cuenta que siempre termina devuelto a su cama y que no recibe atención alguna, se va a rendir.

Si el niño se levanta continuamente de la cama, será necesario que usted se posicione cerca de su cama o justamente en la puerta de su cuarto. Para facilitar la posibilidad de que usted se mantenga consistente, su posición y comodidad son muy importantes: Coloque una silla muy confortable para sentarse. Escuche música o libros grabados utilizando audífonos; esto hará el procedimiento más tolerable y lo ayudará a mantenerse cuerdo.

Una vez el niño esté dormido en la cama, usted va a cambiar su posición para estar un poco más distante de la vista de su niño. Recuerde que esto tomará tiempo; cambiar los patrones de sueño no es una meta fácil pero cambiarán a través de su paciencia y persistencia. Usted será premiado con una buena e ininterrumpida noche de sueño.

Cuando coloque a su niño de nuevo en la cama es importante utilizar la mínima cantidad de contacto físico. Por ejemplo, le sugerimos que use guía física parcial en lugar de guía física completa. Similarmente preferimos que use un gesto en lugar de guía física parcial y expresión facial en lugar de gestos. Como lo discutimos anteriormente, hay múltiples razones para usar el método menos directo. Primero, minimiza la atención. Segundo, reduce la batalla de control entre usted y su niño.

Tercero, reduce una posible fuente de agitación. Finalmente es más fácil de desvanecer, como quiera que el objetivo más importante es llevar al niño de regreso a su cama lo más rápido posible con la mínima oportunidad de disgusto.

# MANTENER A LOS NIÑOS FUERA DE LA CAMA DE LOS PADRES

Dormir en su propia cama es una parte importante de ser autónomo e independiente, inclusive para un niño Autista. A menos que quiera que él duerma con usted cuando sea un adolescente, no debe permitirle que duerma en su cama ahora. Siguiendo éste procedimiento, es menos probable que termine en su cama. Sin embargo, si lo encuentra metiéndose en la cama de los padres, será necesario que lo ponga de regreso en la cama y sea consistente. Una vez más, no demuestre ninguna reacción emocional y utilice lo menos posible el contacto físico. Así como antes, si él se mete en su cama mil veces, usted deberá regresarlo mil veces. Si el problema ocurre con frecuencia, usted podrá considerar el procedimiento arriba nombrado. Si permite que su niño duerma en la cama con usted, aun cuando no sea frecuentemente, se crearan tremendas dificultades. Es similar a ganarse el premio mayor en una maquinita de monedas. Una vez se gana, se intentará hacer lo mismo otra vez. Una vez en la cama del padre, el niño intentará por semanas volver a la cama de los padres. Una segunda vez, hará que lo intente por meses.

Inicialmente, sugerimos que no haga ningún tipo de excepción. Por ejemplo, si su niño está enfermo o asustado, naturalmente usted le suministrará cuidado y comodidad, pero en su propia cama. Si permite que él venga a su cama, él no podrá diferenciar que está enfermo y que la enfermedad es la razón por la cual tiene permiso de estar en la cama de sus padres. Y si su niño puede hacer la diferencia, lo mas probable es que va a usar la excepción para probarle sin misericordia.

Naturalmente, si la edad es apropiada, durante las mañanas del fin de semana él puede venir a su cama, meterse debajo de las cobijas y mirar dibujos animados. O usted puede establecer un tiempo (Por ejemplo, cuando es de día) en el cual usted le permitirá que vaya a la cama. Algunas veces los padres encuentran con sorpresa que el niño se ha metido en la cama por la noche. Por lo tanto el niño ha aprendido a deslizarse a escondidas. Si éste es el caso, coloque unas campanas en su puerta de tal manera que al abrirla se note su presencia.

# HORA DE LA SIESTA

Si su niño todavía necesita de una siesta, entonces es importante que la tome en su propia cama. Esto es para reforzar el hábito de dormir en su propia cama. Si él hace la siesta en la cama de sus padres o en el sofá o en el piso, es muy probable que establecer una rutina nocturna sea más difícil. Según lo discutido previamente, puede ser recomendable reducir o eliminar la siesta para que su niño esté más cansado en la noche.

## NOTAS DE TRABAJO

# CAPITULO 9

# Entrenamiento para ir al Baño

Cada padre espera que llegue el día en que sus niños dejen los pañales. Comenzar el entrenamiento para ir al baño, implica no más cambios de pañales sucios, no llevar pañales a donde uno va y no buscar más cupones de ahorro para la compra de pañales. Es tan importante, pues hay más oportunidades para la integración. Muchos niños no pueden asistir a ciertos programas por no estar entrenados para ir al baño.

Es esencial esperar hasta que el niño esté listo para el entrenamiento. No se debe acelerar el proceso. Aún cuando es posible entrenar la ida al baño a los 24 meses de edad, usualmente no se aconseja, ya que puede llevar a una mayor frustración para el niño y los padres. Muchos niños ni se darán cuenta del entrenamiento si se es paciente con ellos hasta que lo logran y aprenden. Ellos se preparan por medio de la observación natural. Con un niño Autista, el cual no aprende bien mediante la observación, es muy importante esperar hasta que él esté listo antes de comenzar el entrenamiento para ir al baño.

## ESTAR LISTOS

La edad promedio para niños sin autismo para comenzar el entrenamiento para ir al baño es dos años y seis meses. Consecuentemente, uno no debe considerar comenzar el entrenamiento antes de esa edad. Los siguientes factores deben ser considerados antes de comenzar el entrenamiento: Primero, el niño necesita estar no solamente en la edad cronológica apropiada sino también en una edad de desarrollo apropiada. Esto significa que su niño será capaz de aguantar las ganas de orinar por 60 a 90 minutos cada vez y podrá reconocer la sensación de tener una vejiga llena. El también debe mostrar la capacidad de estar alerta para evacuar. Normalmente, el niño observará a un adulto antes o después de eliminar o para indicar que tiene el pañal seco o mojado. Segundo, la obediencia y los problemas de pataletas deben ser mínimos. La presencia de problemas de comportamiento interferirá seriamente con el desarrollo del proceso. El programa necesita que el niño se mantenga quieto en la taza del baño por 15 minutos seguidos. Por consiguiente, si él aún no colabora quedándose quieto, entonces aún no está listo. Adicionalmente, su auto-estimulación no debe interferir con la habilidad de concentrarse durante el programa. Si él se concentra en una continua auto-estimulación, lo más seguro es que no perciba la necesidad de ir al baño. Finalmente, el objetivo es lograr que vaya al baño de forma independiente, él debe tener la capacidad de localizar el baño y además comunicar el deseo de hacer sus necesidades. Adicionalmente, las habilidades de quitarse la ropa, limpiarse, soltar el sanitario y lavar sus manos también son importantes.

## EL EQUIPO

Recomendamos altamente no comprar aparatos para reemplazar el sanitario, tales como sillas con vasenillas (mica). El objetivo es que su niño se acostumbre a utilizar cualquier sanitario. Por consiguiente, el uso de una silla especial no solamente es innecesario, sino que además impide el desarrollo de ir a cualquier baño. Ahorre su dinero para la cena de victoria cuando su niño ya esté entrenado para ir al baño.

Recomendamos, sin embargo, que usted adquiera un adaptador de tamaño para el asiento del sanitario. Esto incrementará la comodidad de su niño en el momento de ir al baño y además hará el entrenamiento más exitoso. Es así mismo de gran ayuda tener un butaco de tal forma que él pueda subir fácilmente hacia el sanitario. El butaco le ayudará también para que coloque los pies en él cuando esté sentado en la taza. Normalmente, es necesario enseñar al niño cómo sentarse cómodamente en la taza. Colocar sus piernas en una posición abierta en "V" de tal forma que esté estable y aumente su comodidad. Ayudará mucho para el caso de los varones, debe asegurarse que la orina vaya a la taza y no sobre él o usted. También podrá adquirir un aparato deflector como parte de la silla que va a insertar en la taza.

Los niños y las niñas deben comenzar por sentarse. Esto ayuda mucho para el entrenamiento del movimiento de estomago mientras usted está entrenando para la orina. Después que los varones se hayan entrenado apropiadamente para ir al baño, se les puede enseñar a pararse cuando orinan. Esto se logra simplemente observando a su papá o hermanos hacerlo. En ese momento, usted deberá asegurarse de no halar sus pantalones hasta abajo cuando va a orinar. Esto evitará la vergüenza cuando esté orinando en un baño público.

# EL HORARIO DE ENTRENAMIENTO

Un horario fijo de entrenamiento es la forma más fácil de comenzar el entrenamiento para ir al baño y puede servir como alternativa para un entrenamiento intensivo (ver más adelante). Aunque el horario fijo de entrenamiento significa que usted es responsable por la ida al baño de su niño, puede ser el primer paso en la adquisición de independencia. Sin embargo, entrenar con un horario, no es lo mismo que entrenar para una ida al baño de forma independiente. Entrenar con horario es un paso muy importante, pero usualmente resulta en niños dependientes de otros para que les recuerden ir al baño. A menudo es necesario continuar al siguiente paso y completar el proceso de entrenamiento, con el fin de adquirir total independencia para ir al baño.

El objetivo del entrenamiento con horario es enseñarle al niño a evacuar cuando está sentado en el sanitario y a aguantar en otras horas del día. Es recomendable que usted comience llevando al niño cada 90 minutos al baño. Si se presentara una ocasión en la que no evacuara el intervalo debe acortarse a 60 minutos. Una vez que evacue regrese al horario de los 90 minutos.

Un error muy común en el entrenamiento por horario es llevar al niño al baño con mucha frecuencia (por ejemplo, cada 30 minutos). Aunque probablemente nunca tenga un "accidente", también es cierto que seguramente no va a aprender a retener la orina por la cantidad normal de tiempo. Recuerde que el objetivo del entrenamiento por horario es que el niño aprenda a retener hasta que llegue a un baño. Por consiguiente, él toma control de su vejiga y la función de estomago lo cual preparará para un entrenamiento independiente. Naturalmente, nunca vamos a interferir con él si va al baño independientemente y vamos a crear un "circo" de reforzamiento si él lo hace. De hecho, lo que comúnmente ocurre es que el niño empezará de forma independiente a ir al baño.

Otro error es llevar al niño al baño cuando aparentemente tiene deseos de ir. Esto promueve la dependencia de usted y hará menos probable el hecho de que él vaya por su cuenta al baño. Esto también incrementará la frecuencia de que ocurra un "accidente". Tal como muchos programas, la consistencia es muy importante. El niño cuenta con que usted lo llevará consistentemente según el horario establecido. Si usted lo hace de forma aleatoria o cuando usted piensa que él tiene deseos de ir, seguramente aumentará el tiempo en que él va a aprender.

Cuando sea tiempo de la visita según el horario, llévelo al baño y póngalo en el sanitario. Cada tres minutos, refuércelo por sentarse bien. Usted puede cantarle canciones, observar libros o él puede jugar con juguetes. Es muy importante, sin embargo, que no se involucre demasiado en el juego, para que pueda concentrarse en el procedimiento. Si él evacua, suministre un "circo" de refuerzos. Suministrarle refuerzos especiales que sólo se los pueda ganar durante el proceso del baño le ayudará a convertir el acto en un evento especial. Asegúrese, sin embargo, de no ser muy exagerado para no sorprenderle ni asustarle. Una vez que evacue, él podrá retirarse del sanitario y seguir con sus actividades normales del día. Se le volverá a llevar a los 90 minutos. En caso de que haya permanecido en el sanitario por 15 minutos sin resultado de evacuación, entonces debe levantarlo y volver a llevarlo a los 60 minutos.

Cuando un niño tiene un *"accidente"*, utilizamos el siguiente procedimiento correctivo. Haga que ayude al máximo en el proceso de limpieza. Esto no debe hacerse como un castigo, es solamente para que él experimente la consecuencia natural y le sirva como un disuasivo suave. Muy pocos niños encuentran el proceso de limpiar como un refuerzo, en cuyo caso debe ser omitido. Seguidamente, practique unas cuantas veces ir del sitio del "accidente" al baño. Asegúrese de mantenerse en un estado emocional neutro. No se desanime por los "accidentes". Su niño puede aprender tanto de los accidentes como de los éxitos. Si su niño experimenta muchos accidentes, entonces usted debe ajustar el horario y hacer que los intervalos entre las idas al baño sean más cortos. Una vez que él obtenga el éxito, entonces aumente el tiempo de los intervalos.

UNA VEZ QUE USTED COMIENCE CON EL ENTRENAMIENTO POR HORARIO, NO LE PONGA A SU NIÑO PAÑALES DE DIA O CALZONES DESECHABLES, SINO UNICAMENTE DE NOCHE Y DURANTE LA SIESTA. Inclusive cuando usted salga de la casa, no le ponga pañales. De lo contrario usted creará confusión e inconsistencia, la cual dañará todo el proceso. Nosotros entendemos que es un inconveniente (tener que cambiar ropa mojada, encontrar un baño, etc.) pero con frecuencia esto significa la diferencia entre el éxito del entrenamiento o el fracaso.

## AUMENTANDO EL HORARIO

Cuando los "accidentes" de su niño están ocurriendo menos de una vez al día, entonces debe comenzar a ampliar el horario. Normalmente, le sugerimos adicionar 15 a 30 minutos. El objetivo es que su niño simplemente comience a ir al baño de forma independiente, lo cual ocurre cuando el horario se amplía.

# CONFIGURANDO INDEPENDENCIA PARA IR AL BAÑO

El entrenamiento por horario puede ser utilizado como un puente para lograr el objetivo final que es ir al baño de forma independiente. Una vez que su niño ha logrado satisfactoriamente el entrenamiento por horario, usted está listo para trabajar hacia la independencia.

El procedimiento es relativamente simple. Además de ampliar el horario, en vez de ponerlo en el sanitario, póngalo en una silla al lado del mismo. Deberá estar sin ropa. Continúe reforzándole cada tres minutos por estar bien sentado. Obviamente, si él se levanta y va al baño, hágale fiestas. Si él tiene un "accidente" entonces siga el procedimiento de "accidentes".

ES MUY IMPORTANTE QUE NO LE PRESTE AYUDA PARA QUE VAYA AL BAÑO. Inclusive si él se está riendo, moviéndose y dando señas de querer ir al baño, resista a la tentación de ponerlo en el baño. La razón es que él se volverá dependiente de usted y esto le demorará su aprendizaje de ir solo. Trate de ser paciente con el proceso. Recuerde que los "accidentes" también le ayudarán a aprender.

Otra palabra de precaución (si el niño empieza a orinar mientras está sentado en la silla), NO lo instruya o ayude para ponerlo en el sanitario. Una vez más, él podrá volverse dependiente de la ayuda. Adicionalmente, usted estará en el dilema de qué acción tomar como consecuencia de éste comportamiento. ¿Lo refuerza usted por utilizar el sanitario?. Eso también significaría reforzar por haber tenido su primer accidente. ¿Hace que él limpie y practique correctamente el uso del baño?. Esto le negaría el uso parcial correcto del sanitario. La respuesta es dejarle que termine con el accidente (usted podría ponerle algo para disimular o colocarle una toalla en su regazo) y luego seguir el procedimiento correcto. Cuando un "accidente" suceda, repita el paso anterior. Por consiguiente, durante el siguiente entrenamiento por horario, póngalo de regreso en el sanitario en vez de en la silla.

Con cada éxito, mueva la silla un poco más lejos del sanitario y agréguele una prenda de vestir. Por ejemplo, el segundo paso sería colocar la silla unos cuantos pasos alejados del sanitario y ponerle unos interiores. Después, usted deberá colocarle cerca de la puerta del baño con el interior y los pantalones. Una vez que está lejos del baño y completamente vestido, esta fase está terminada. Sería de gran ayuda para usted, concluir esta fase haciendo que se siente en una silla diferente o en el sofá. Esto es para hacerlo lo más parecido posible a la vida diaria. Según lo descrito previamente, cuando él tiene un "accidente" (y lo tendrá) repita el paso anterior.

## CHEQUEOS DE LOS PANTALONES SECOS

Durante la fase final, usted no llevará a su niño al baño. Ahora es cuestión de él estar seco. Por consiguiente, el refuerzo por mantenerse seco se convierte en algo muy importante. Para asegurar esto, revise los pantalones con cierta frecuencia. Esto consiste en preguntarle si está seco y hacer que él mismo se toque los pantalones. Al principio, el intervalo entre las revisiones debe ser de cada 15 minutos. Si tiene los pantalones secos y limpios, entonces felicítelo y abrácelo cariñosamente. Suministre también un refuerzo tangible, pero pequeño, la cantidad de reforzamiento debe ser menor de la que obtiene por empezar a ir al baño y satisfactoriamente comenzar a evacuar. Cuando él tenga un "accidente", siga el procedimiento correctivo. Gradualmente, las revisiones deben ampliarse (por ejemplo, 30 minutos, una hora, tres horas, etc.) y la intensidad del refuerzo debe volverse algo natural.

## ENTRENAMIENTO INTENSIVO PARA IR AL BAÑO

Lo padres algunas veces optan por comenzar con un entrenamiento intensivo de forma independiente. Según lo discutido previamente, es de mucha importancia que su niño tenga las habilidades pre-requisito (por ejemplo, que sea capaz de sentarse, estar listo para sentarse por un tiempo prolongado, mantenerse seco por 60 a 90 minutos, capaz de comunicar su necesidad de usar el baño o encontrar un baño independientemente). El entrenamiento hacia una ida al baño de forma independiente es similar al procedimiento descrito en "Configurando independencia para ir al baño", excepto que es realizado en una forma más concentrada. Usted puede intentar hacer entrenamiento para una ida al baño de forma independiente en un día o distribuirlo en varios días. Los padres con frecuencia encuentran de gran ayuda hacerlo en los tres días de un fin de semana largo.

Es de gran ayuda retener los líquidos preferidos de su niño y los refuerzos por una semana, antes del entrenamiento. Por consiguiente, él estará más dispuesto a consumir esos líquidos durante el entrenamiento, lo cual servirá para incrementar las oportunidades para evacuar. Como siempre, la motivación será mayor si usted retiene sus refuerzos favoritos por un tiempo.

El entrenamiento intensivo para ir independientemente al baño puede estar dividido en tres fases diferentes:

**Fase 1**      El objetivo es que el niño entienda que él debe evacuar en el sanitario. Póngalo directamente en el sanitario sin ropa alguna. Suminístrele líquidos y reforzamiento verbal aproximadamente cada 3 minutos por "sentarse correctamente". Cuando él evacue en el sanitario, HAGALE FIESTA. Después de la fiesta, él podrá tener un descanso por 10 minutos antes de regresar al sanitario.

El no podrá tener un "accidente" durante ésta fase, ya que está sentado en el sanitario continuamente. Esta fase usualmente toma entre 30 minutos y dos horas antes de que entienda lo que se supone es evacuar en el sanitario. Usted se dará cuenta que la fase 1 ha sido completada cuando él anticipe la evacuación al mirar el flujo de la orina y sonreír o al ponerse excitado cuando evacuó (él sabe que la fiesta va a comenzar).

**Fase 2**      El objetivo es desarrollar independencia. Siga el procedimiento descrito en la sección "Configurando Independencia". Según lo descrito anteriormente, ponga a su niño en una silla cerca del sanitario sin ropa y espere pacientemente. Recuerde, NO LO AYUDE. Siga los procedimientos de refuerzo como también el procedimiento correctivo cuando hay un "accidente". Déjenos recordarle una vez más que los "accidentes" son una parte importante del proceso de aprendizaje. El procedimiento sin duda involucra unos pocos éxitos, seguidos de fracasos y regreso a los éxitos. Según hemos descrito anteriormente, la Fase 2 está completa cuando su niño está totalmente vestido y retirado del baño.

**Fase 3**      El propósito es cómo construir generalización. Según lo descrito anteriormente, usted comienza por revisar los pantalones con frecuencia y luego aumenta el tiempo entre chequeo y chequeo.

## AYUDAR O NO AYUDAR

Se ha repetido varias veces que no se debe ayudar al niño para que vaya al baño. Sin embargo, la decisión de intervenir no es negra o blanca y siempre hay excepciones. Ocasionalmente, durante el entrenamiento para ir al baño, puede ser necesario utilizar ayudas. Si su niño no está captando el procedimiento, entonces tal vez usted puede intentar utilizar una ayuda muy disimulada (por ejemplo: gestos, llevarlo cerca del baño, una mirada, etc.) para acelerar el proceso de usar el baño. ES ESENCIAL DISMINUIR RAPIDAMENTE CUALQUIER USO DE AYUDAS. DE LO CONTRARIO EL SE VOLVERA DEPENDIENTE DE ELLAS Y NO APRENDERA A IR AL BAÑO DE FORMA INDEPENDIENTE.

# DIFICULTADES PARA EL MOVIMIENTO INTESTINAL

Ha sido nuestra experiencia reciente, que los niños con frecuencia logran un entrenamiento urinario en el baño satisfactoriamente, pero el entrenamiento del intestino es más difícil. Esto puede deberse a muchos factores tales como la dieta, el reducido movimiento intestinal asociado con dolor o simplemente, las batallas de control. Es importante realizar un examen médico en caso de que el entrenamiento de evacuación intestinal se torne difícil, con el fin de descartar problemas desconocidos de salud.

Con el objetivo de aumentar la motivación de su niño para ir al baño a evacuar los intestinos y reducir cualquier posible dificultad, adquiera refuerzos especiales que puedan ser de alguna ayuda. Involucre a su niño en la compra de éstos artículos y haga que cada evento sea efectivo.

Ponga los refuerzos en un lugar prominente y anuncie que cuando él tenga movimiento intestinal (utilizando las palabras que él entienda), recibirá el refuerzo. Guarde los grandes refuerzos para la primera vez que él tenga una evacuación intestinal y para las veces posteriores a ésta en que tenga éxito. Los padres con frecuencia encuentran que envolver los refuerzos como un premio o metiendo el refuerzo en una bolsa de regalo puede aumentar la excitación.

Cuando su niño tenga un "accidente", usted deberá ser tan neutral como le sea posible, siga el procedimiento correctivo de accidente y casualmente recuérdele que se podrá ganar los refuerzos. Evite a toda costa que parezca como si usted estuviera de mal genio por el "accidente" ocurrido o demasiado ansioso por su éxito. De otra manera, usted podrá estar alimentando las batallas de poder o creando una que en realidad no existe.

# RITUALES DE PAÑALES

Los niños con frecuencia desarrollan rituales alrededor para tener un movimiento intestinal. Esto usualmente implica evacuar sólo en el pañal y frecuentemente cuando están solos (escondidos en los guardarropas, detrás de los muebles, afuera, etc.). Si esto le está ocurriendo a su niño, consuélese de saber que no está sola. Eliminar este ritual, tomará tiempo y mucha paciencia. Comience por suministrar el pañal para que lo utilice sólo en el baño. Luego que él se acostumbre a éste nuevo patrón, haga que coloque el contenido del pañal en el baño.

Después que su niño se sienta bien usando éste método del pañal en el baño, usted estará listo para seguir con el próximo paso. Esto involucra el darle el pañal y hacer que se siente en el sanitario. Gradualmente, corte o doble el pañal hasta que eventualmente la evacuación se vaya directo al sanitario.

## USO NOCTURNO DEL BAÑO

Sugerimos enfáticamente no intentar el entrenamiento del baño nocturno si el niño no está entrenado para ir al baño durante el día; por lo tanto el deberá usar pañales durante la noche o en la siesta. El Uso nocturno del baño es muy diferente al del día. Mientras que el del día se considera voluntario, el de la noche es de reflejo o involuntario. Cuando los niños se levantan para ir al baño durante la noche, es porque sus vejigas están llenas y la sensación de orinar los despierta. Algunos niños duermen tan profundamente que no tienen esta involuntaria forma de despertar.

El procedimiento es muy simple. Adquiera un elemento de fabricación especial que contiene una alarma audible que se activa con tan solo unas gotas de orina que lleguen a caer sobre una almohadilla. (Mower Bell and Pad Device).

La alarma despierta al niño en tal forma que se establecerá una asociación de una vejiga llena con el despertar. La alarma también tiene el efecto de parar la orinada del niño.

Es crítico que usted se despierte con el niño, para que se asegure que su niño está completamente despierto, de tal forma que se establezca la asociación apropiada entre la vejiga llena y el despertar. Además usted puede ayudarle a entrar al baño como también a limpiar el aparato. Una vez completa la rutina, él puede regresar a la cama.

Ocasionalmente la campana no es lo suficientemente ruidosa para despertar al niño. Si no se despierta, no aprenderá los reflejos, por tanto se necesitará una campana más fuerte. Este procedimiento es exitoso en casi todas las circunstancias. En las raras ocasiones en las que no funciona, el problema es falta de motivación, esto se hace evidente cuando el niño moja la cama en las mañanas en lugar de durante la mitad de la noche; lo más probable es que él esté escogiendo no levantarse e ir al baño. Si esto está ocurriendo, un sistema motivacional similar al descrito en "Dificultades para el Movimiento Intestinal", debería ser efectivo.

## HORA DE LA SIESTA

Si su niño no está todavía entrenado para la noche, entonces no se puede esperar que se mantenga seco durante la siesta. Por lo tanto, se le deben colocar pañales, lo mismo que por la noche. Una vez haya sido entrenado durante la noche, los pañales no serán necesarios.

## NOTAS DE TRABAJO

# CAPITULO 10

# Problemas al Comer

Los padres reportan con frecuencia dificultades para comer con sus niños Autistas. Aún cuando los padres normalmente no se preocupan tanto por estas dificultades como con otros problemas, como el dormir o el ir al baño, es un asunto significativo. El problema más común es un límite auto-impuesto en el tipo de alimentación que se consume. Algunos niños Autistas pueden limitarse así mismos con 2 o 3 tipos de comida que les gusta. La preocupación más obvia es el riesgo en la salud y secundariamente, puede haber complicación en el entrenamiento para ir al baño. Más allá, los problemas de comportamiento pueden ocurrir cuando los padres intentan que el niño coma una nueva comida. Ser reacio a consumir una variedad de comidas puede ser un gran inconveniente para la familia en el hogar. Planear el menú cuando el niño va estar fuera de la casa es aún más complicado. Ir a la casa de amigos para cenar o a un restaurante, puede ser también una experiencia frustrante.

Los problemas de alimentación ocurren por muchas razones. Mientras que es perfectamente normal tener preferencias por ciertos alimentos, los niños Autistas pueden ser mucho más insistentes en comer únicamente sus comidas favoritas. Otros niños pueden resistirse hasta cierto punto, pero los niños Autistas con problemas de alimentación pueden llegar a tener pataletas y ser agresivos si no se les da gusto rápidamente. Los padres pueden llegar a pensar que los problemas de alimentación no son tan importantes como para entablar una batalla. Puede haber temor de una desnutrición si el niño se rehúsa a comer. Desafortunadamente, él recibe diariamente reforzamiento por comer solamente porciones de aquí y de allá (picky eating), como también, por el mal comportamiento o las amenazas de mal comportamiento. Con el tiempo el niño se volverá más resistente.

Muchos padres han entrado en batallas por la alimentación de sus niños. Algunas veces esto funciona, pero con frecuencia el niño se vuelve más testarudo. Puede llegar al extremo de vomitar o rehusar comer del todo. Existen niños que literalmente pasan hambre. Una vez más, los padres se encuentran en la posición de tener que rendirse. Atentar con poner límites y no seguirlos, es casi peor que darse por vencido.

Según lo discutido previamente con otros tipos de problemas de comportamiento como el ir al baño y la obediencia, recomendamos altamente que usted no tome el problema de alimentación hasta que esté totalmente dispuesto a enfrentar la batalla. El progreso en esta área será más fácil cuando haya hecho avances en reducir otros comportamientos menos retadores. Usted deberá haber establecido registros de éxito para usted y su niño, para obtener más confianza y credibilidad

## LA SELECCION DE LA COMIDA

Como en la mayoría de los programas, queremos enfrentar éste problema de la forma más positiva y proactiva posible. Por consiguiente, nuestro plan sería no involucrar un aumento en la dieta del niño ni insistir de manera inmediatamente que coma alimentos que consideramos nutritivos. En vez de esto, el programa comienza con la selección de la comida que usted piensa que es más probable que acepte. Esta puede ser un tipo de alimento que es similar en textura y sabor a su comida preferida. Por ejemplo, si únicamente come espagueti, entonces seguramente usted tendrá éxito si le da otro tipo de pasta o fideos.

Hemos observado que algunos niños encuentran inaceptable cualquier variación que se les haga en su dieta. No dude en ofrecerle una marca diferente de deditos de pollo. En tales casos tal vez tenga más éxito con la comida que es diferente de la que normalmente consume. De esa manera él no sospechará que usted lo está tratando de engañar. La confianza es muy importante para sobrepasar la resistencia a las comidas. Funcionará mejor para usted si le deja saber qué es lo que quiere que haga, pero deje que él haga la elección. Aún cuando no sea de nuestra preferencia, con frecuencia tenemos que comenzar con comida de mecato o dulces. Recuerde que el primer objetivo es aumentar la variedad de comidas que el niño consume así como reducir la resistencia a probar nuevos alimentos. También recuerde, ESTO ES UN PROCESO.

## SELECCIONANDO LA HORA APROPIADA
## PARA LA ENSEÑANZA

La introducción a los nuevos alimentos debe ocurrir bajo condiciones óptimas. Por consiguiente, las horas de las comidas no son el mejor momento. Nadie siente ganas de pelear durante la comida. Adicionalmente, muy probablemente es una hora que ya se puede asociar con una batalla de control y solamente hará que su niño sea más resistente.

Debemos seleccionar la hora en que su niño esté más dispuesto a complacer y que usted no esté de afán. Si ambos están de buen humor, existe una gran posibilidad de que su niño coopere y que usted tenga la paciencia para trabajar a través de su resistencia, sin demostrar reacción emocional. Esto puede hacerse después de que él ha jugado o cuando usted llega a la casa de un paseo o cuando él simplemente aparenta tener buen ánimo. También debe hacerse en un momento en que su niño tenga hambre pero que no esté desesperadamente hambriento. Esto aumentará la disposición para probar un nuevo alimento, pero no hasta el punto de estar desesperado.

Si también puede seleccionar una hora antes de su actividad favorita, usted podrá utilizar ésta actividad como un refuerzo cada vez que él pruebe un alimento nuevo. Adicionalmente, le suministrará un incentivo por terminar rápidamente de comer.

Naturalmente, si él no prueba la comida, perderá la oportunidad de participar en tal actividad. Sería inclusive saludable establecer la rutina en donde él participe en una actividad preferida a cierta hora. Por consiguiente, sería más probable entender la condición y comerá más rápidamente.

---

## INTRODUCIENDO NUEVAS COMIDAS

El programa involucra hacer que su niño pruebe cantidades muy pequeñas de alimentos nuevos. Inclusive puede ser solamente una cucharadita. Una vez que ha probado una minúscula cantidad, él podrá obtener un poco de su alimento favorito. Para poder aumentar el valor del refuerzo de su alimento favorito, nosotros recomendamos que SOLAMENTE obtenga el alimento preferido cuando haya probado alimentos nuevos. Por consiguiente, en la selección de la comida favorita, solamente escoja alimentos que usted puede y quiere retener en todas las ocasiones. Tal como lo mencionamos anteriormente, una vez que ha terminado su sesión de comer, podrá concentrarse en su actividad favorita. Gradualmente, debe incrementarse la cantidad del nuevo alimento que él requiere comer para obtener refuerzo. Usted debe estar preparado para intentar muchos alimentos nuevos y continuar probando en sesiones futuras aquellos que él ha rehusado en tiempos anteriores.

Si un niño es extremadamente negativo para comer, usted puede modelar su comportamiento de forma gradual. Comience por mirar la comida. Luego muévala hasta ponerla cerca de la boca. Esto puede hacerse como un ejercicio de imitación no verbal. Usted demuestra la acción y luego le dice "Haz esto." La cooperación debe ser reforzada con mordiscos de la comida preferida. Gradualmente aumente el requerimiento para obtener el refuerzo. Respuestas adicionales pueden incluir oler la comida, tocarla con un dedo y luego chupar el dedo o tocar la comida con la lengua. Usted puede combinar tareas que incluyen contacto con comida, con tareas que no tienen relación con comida y que son simples y divertidas (por ejemplo, aplaudir).

Esto ayuda a mantener la obediencia y el momentum del comportamiento. Esto también incrementa el tiempo en que el niño está cerca del "objetivo" y de la situación

de comer. Algunos niños necesitan ser desensibilizados de las comidas de una manera
lenta, incluyendo todos los aspectos sensoriales. Esencialmente necesitan experimentar
que la comida no es una amenaza. Con el tiempo, con repetidas exposiciones a éste
ejercicio, no sólo tolerarán, sino que les gustará.

# OTROS PROBLEMAS DE ALIMENTACION

**COMIENDO EN LA MESA .** Muchos niños Autistas no cooperan con los padres en
quedarse sentados a la mesa durante la hora de la comida.

Ellos prefieren vagar por el lugar mientras comen, muchas veces porque
encuentran esto más agradable que estar sentados a la mesa. Note que éste es un punto
diferente al de hacer que coman. El punto aquí es que ellos deben aprender que
cuando es hora de comer, lo que la familia hace es sentarse a la mesa juntos. Un niño
puede escoger no comer, pero aún así necesita permanecer a la mesa. Ahora, si él
come a cualquier hora durante el día, debe aprender que se hace en un lugar específico,
tal como la mesa. El comer debe ser considerado como una actividad importante la
cual no se debe compartir con el juego, caminar alrededor de la casa u observar la
televisión. Ayuda a establecer una disciplina que reducirá otros problemas de
comportamiento.

Una buena forma para comenzar es que toda la comida permanezca en la mesa.
Si el niño comienza a levantarse y a irse, entonces no podrá tomar más alimentos.
Esto lo mantendrá en la mesa durante el tiempo que desee el alimento. No se
desanime si inicialmente esto termina en una pataleta. El necesita ver que usted de
verdad está dispuesto a hacer cumplir éstas reglas y que lo va a lograr. La pataleta
terminará cuando se dé cuenta que no podrá convencerla de abandonar la regla. Una
vez que su niño se dé cuenta de que ésta primera norma es en serio, entonces es el
momento de establecer la segunda. Esta regla es: Una vez que se levanta de la mesa,
la hora de comer se acaba. No existen segundas oportunidades y no habrá mecato o
alimento hasta la próxima hora de sentarse a la mesa. Aún cuando esto suene algo
fuerte, le enseñará a permanecer en la mesa. El paso final será permanecer en la mesa
para enseñarle a estar con la familia sin importar si desea comer o no. Inicialmente, el
tiempo requerido debe ser corto. Usted debe establecer una señal para indicarle que
está bien que se retire de la mesa. Una forma muy natural de implementar esto sería
cuando su hermano o hermana hayan terminado, él puede levantarse e ir a jugar.

**COMIENDO MUY RAPIDAMENTE.** Hacer que reduzca el ritmo en que
come, puede ser logrado a través del Procedimiento de Enseñanza de Tareas
Discriminadas. Trate cada mordisco como un nuevo ensayo y haga que su niño ponga
el cubierto en la mesa al final de cada bocado. Refuércelo con abrazos (y cualquier
otra cosa que encaje en la situación) y haga que espere cinco segundos antes de que
comience con su nuevo bocado. Utilice la retro-alimentación diferencial de tal forma
que el comer despacio, así como poner los cubiertos en la mesa, reciban el nivel más
alto de refuerzo. Ayude si es necesario.

# CAPITULO 11

# Habilidades Sociales y de Juego

Las habilidades de juego y de tipo social son entre otras, las habilidades más importantes que su niño necesita aprender. La calidad de vida de su niño mejorará notablemente a través del juego y los contactos de tipo social. Las deficiencias en éstas áreas con frecuencia, conllevan al aislamiento, aburrimiento e incluso a la depresión. Ser capaz de jugar con otros niños aumentará de una manera significativa la felicidad de su niño y le suministrará un medio para aprender lecciones importantes acerca del mundo, de cómo relacionarse con otras personas y le ayudará en las habilidades abstractas cognoscitivas. Según lo descrito anteriormente, existen muchos otros beneficios en la enseñanza de habilidades sociales y de juego.

## FACILITACION DEL LENGUAJE

El desarrollo del lenguaje en los niños puede ser estimulado de forma efectiva a través de habilidades sociales y de juego. Usualmente vemos tanto desarrollo del lenguaje a través de habilidades de socialización y de juego como el obtenido a través de una terapia estructurada. Esta terapia estructurada es ciertamente una parte importante del proceso pero va junto con habilidades sociales y de juego cuidadosamente construidas para completar el programa.

Los niños se inclinan más a vocalizar cuando están relajados y se divierten. El habla y las aproximaciones al habla ocurren más rápidamente en un columpio, en la piscina o saltando en un trampolín, que cuando están en una situación de enseñanza de uno a uno. Conducir una sesión de enseñanza de Tareas Discriminadas demasiado estructurada en una silla puede inhibir el lenguaje. Consecuentemente, sugerimos comenzar la imitación verbal en una situación de juego. Puede ser recomendable comenzar con Tentaciones en la Comunicación (por favor remitirse a "Curriculum") en ambientes no estructurados.

El lenguaje es desarrollado mucho más naturalmente a través de una interacción social y de juego. Los niños aprenden de otros niños el cómo hablar naturalmente de acuerdo a la edad. Cuando los adultos enseñan lenguaje a los niños, con frecuencia producen sonidos de lenguaje de adultos. Por ejemplo: en respuesta a una pregunta ¿Qué edad tienes?, a los niños algunas veces les enseñan a responder "cuatro años" o "Yo tengo cuatro años". Aún cuando ésta es una forma educada de contestar, es demasiado educada para un niño y no es la forma normal para que un niño responda. Los niños de tres años no dan respuestas verbales completas. Ellos simplemente levantan las manos y señalan los tres deditos. Los de cuatro años levantaran sus cuatro deditos y dirán "cuatro". Los niños más grandes responderán la pregunta simplemente dando la respuesta indicada (por ejemplo, "cinco", "diez", etc.). Tales respuestas que no son normales de un niño hacen que un niño se escuche poco natural y que algunas veces se pueda complicar el proceso de integración.

# APRENDIZAJE INCIDENTAL

Uno de los obstáculos fundamentales en el Autismo, es la extrema dificultad que presentan los niños para aprender por medio de la observación casual por razón de su problema. Suministrar oportunidades de tipo social y de juego así como enseñar habilidades de estos tipos, ayudarán a su niño en el aprendizaje para adquirir información a través de las experiencias casuales diarias.

Mientras que la gran mayoría de la información es normalmente desarrollada por los niños a través de la observación y de mirar a otros, los niños Autistas generalmente requieren de enseñanza directa, por consiguiente, uno de los objetivos más importantes de la terapia es *enseñar a los niños cómo aprender de otros.* Muchos programas son concebidos para desarrollar estas habilidades específicas, tales como: La Atención en Conjunto, la Imitación No Verbal de Grupo y el Programa de Aprendizaje por Observación.

La interacción social y de juego se convertirá en un asunto primario para que su niño aprenda una variedad de habilidades y adquiera un vasto conocimiento. Naturalmente, para que esto ocurra se necesitará ser cuidadoso y hacer una Intervención sistemática. Sin embargo, el beneficio será que su niño aprenderá de la manera más natural.

Los niños Autistas con frecuencia están más concentrados en las condiciones estructuradas y esto hace que los instructores se nieguen a trabajar bajo condiciones no estructuradas. Sin embargo, si esto no se corrige a tiempo, el problema no solo se torna peor sino que frenará el progreso del niño a largo plazo. Es muy importante que ellos se vuelvan competentes en la enseñanza en un ambiente menos estructurado y lo más natural lo más rápido posible. Es a través de este proceso que aumentará la posibilidad de una integración exitosa.

# REFORZAMIENTO SOCIAL

Tal vez uno de los grandes beneficios del entrenamiento de habilidades sociales, es la importancia que los compañeritos asumen. Estos se vuelven una influencia significativa para su niño, con frecuencia mucho más poderosa que la de los adultos. Hemos encontrado a menudo que los compañeritos pueden parar un comportamiento no apropiado mucho más rápido, más efectivo y más naturalmente que los mismos instructores. Adicionalmente, sus consecuencias son menos forzadas. Los adultos tienden a hablar como terapeutas (por ejemplo, "Utiliza tus palabras," "No estas siendo un buen amigo", "Estas de mal humor", etc.) mientras que los niños son mucho más directos, políticamente incorrectos, naturales y sin rodeos (por ejemplo, "No hagas eso", "Dámelo", "Eso es extraño", etc.). Sus acciones también pueden suministrar una consecuencia naturalmente efectiva tal como quitar un juguete.

Con el tiempo su niño desarrollará el deseo de satisfacer a sus compañeros. Esto es bien importante en el proceso de Intervención. Tipifica el proceso de interiorizar el deseo de aprender. Los compañeros se vuelven una ayuda natural para los comportamientos apropiados. Consecuentemente, es más fácil que ocurra la generalización. El monitoreo por parte de los adultos se vuelve menos necesario. Hemos encontrado una integración sustancialmente más exitosa, cuando los compañeritos son vistos de forma importante por los niños Autistas.

# RESISTENCIA A LA ENSEÑANZA DE HABILIDADES SOCIALES Y DE JUEGO

Si usted se siente resistente a la noción de dedicar una gran cantidad de tiempo y esfuerzo en enseñar las habilidades de juego y las habilidades sociales a su niño, no está solo. La mayoría de los padres no ven esto como una prioridad y se preguntan si es en verdad importante. Estos son comentarios que escuchamos con frecuencia:

- "Estoy más preocupado en éste momento porque él comience a hablar"
- "Una vez que tenga el lenguaje, entonces trabajaremos las habilidades sociales"
- "No quiero tomar tiempo innecesario cuando lo necesita en la parte académica y el habla"
- "¿Mis otros niños no tienen muchos amigos, así que porque los ha de necesitar mi niño Autista?"

Según lo discutido previamente, la respuesta a estos comentarios es que el juego es un camino importante para aumentar el lenguaje y el aprendizaje en general. Adicionalmente, aún cuando no todo el mundo es social, casi todas las personas aprenden de observar las interacciones de tipo social. Por consiguiente, es importante que su niño tenga la oportunidad de aprender también de esta forma. En términos de prioridad, vemos el juego como algo vital.

Otra gran razón por la cual puede existir una gran resistencia a trabajar en el juego, es que es extremadamente difícil enseñar estos comportamientos. Al contrario del lenguaje y las habilidades académicas, en donde usted puede desarrollar un plan estructurado, la enseñanza del juego y las habilidades sociales requieren de más flexibilidad.

El juego específico y las habilidades sociales que usted enseñe se basarán en las habilidades y el objetivo del grupo en general. Por consiguiente, no podemos dar un plan específico de juego y habilidades sociales. Por ejemplo: los juguetes con los cuales los compañeritos juegan, no sólo se diferencian en edad y género, sino que también dependen de donde vive usted. Naturalmente, jugar en la India será diferente a jugar en los Estados Unidos. Los juguetes que los niños usan en Boston pueden ser diferentes a los que se usan en Texas. Inclusive las áreas vecinas de Long Beach difieren de los tipos de juguetes y juegos con que los niños juegan. Es por esta razón, que no podemos suministrar una lista específica de un plan. Sin embargo, la siguiente es una lista de ejemplos de juguetes y actividades para las diferentes edades:

| EDAD | JUGUETES/EQUIPO | JUEGOS | INTERACCION |
|---|---|---|---|
| 2-3 | Ver y decir<br>Rompecabezas simples<br>Muñecas<br>Caracteres<br>Escoger fichas por formas<br>Columpios<br>Carros<br>Videos musicales<br>Música | Escondidas<br>Canciones<br>Interactivas<br>Colorear<br>Juegos con Pelota | Juego solitario<br>Pelota<br>Fiesta de té<br>Perseguir<br>Juego de círculo |
| 4-5 | Juegos Lego<br>Canicas de colores<br>Bloques<br>Carros<br>Rompecabezas<br>Muñecas<br>Figuras de Disney<br>Pintura<br>Jugar a la cocina | Mundo de dulces<br>Escaleras<br>Juego de pelota<br>Fútbol | La Lleva<br>Esconder y buscar<br>Juego de fichas |
| 6-7 | Juego de computadores<br>Construir cosas<br>Animales de Peluche<br>Figuras de Acción | Uno<br>Béisbol<br>Fútbol<br>Ballet<br>Patinaje en hielo<br>Hockey<br>Patinaje en Ruedas | Dormidas en casa ajena<br>Atrapar<br>Vestirse especial/casa/escuela<br>Construir fuertes<br>Brownies<br>Fiestas de Cumpleaños |
| 8-10 | Tarjetas de colección<br>Modelos de aviones/carros<br>Muñecas Barbie<br>Mascotas | Hockey de calle<br>Béisbol<br>Baloncesto<br>Barras/Anillos<br>Ejercicios<br>Gimnásticos<br>Juegos de video | Dormidas en casa ajena<br>Eventos deportivos<br>Atrapar escoger<br>Niños y niñas scouts<br>Fiestas de piscina |
| 11-15 | patinaje<br>Música<br>Libros<br>Maquillaje<br>Joyas<br>Revistas | Béisbol<br>Fútbol<br>Deportes acuáticos<br>Tenis<br>Voleibol<br>Ajedrez | Dormir en casa de amigas<br>Llamadas telefónicas<br>Citas<br>Centros comerciales<br>Cine con amigos |

Los comportamientos sociales tienen la misma diversidad que los juegos con juguetes, por ejemplo: la forma como los niños comienzan a tener interacción con los compañeros es muy variada. Mientras que la mayoría de los adultos les enseñan a los niños a acercarse a los compañeros y preguntar "¿quieres jugar conmigo?", en realidad ésta no es la forma más natural de ocurrencia de la interacción. En algunos casos, los niños simplemente juegan cerca de un niño y luego gradualmente se incorporan ellos mismos en el juego. Con frecuencia, los niños simplemente llevan a un amigo de la mano con el objetivo de facilitar el juego social. En algunas situaciones, los niños pueden simplemente hacer un comentario como una iniciación (por ejemplo, "Yo tengo un juguete como ese") o preguntar algo ("¿dónde conseguiste eso?"). Ninguno es mejor que el otro, simplemente son una variedad de formas en que los niños normalmente comienzan un juego social. Sin embargo, es importante identificar la forma en que juegan los niños en su vecindario.

Debido a la gran variedad de comportamientos sociales y de juegos, existen algunas habilidades difíciles de enseñar. Por consiguiente, los padres e instructores con frecuencia caen en la comodidad de enseñar habilidades más estructuradas y definidas. Aún cuando las Técnicas de Enseñanza de Tareas Discriminadas son utilizadas cuando se enseñan estas habilidades, se requiere más creatividad en su implementación. Uno debe ser más sutil en la orientación y suministro de las consecuencias por ejemplo. Adicionalmente, es extremadamente beneficioso si el instructor posee habilidades sociales y de juego.

Tal vez una de las grandes fuentes de la resistencia, es sentir que los comportamientos del niño tienen que ser controlados antes de intentar el juego. El problema de comportamiento, es mucho más evidente, en un ambiente de juego e interacción social menos estructurado. Naturalmente, esta no es una buena razón para evitar enseñar estas habilidades. De hecho, es la razón perfecta para trabajar en ello. Adicionalmente, es esencial enfrentar los problemas de comportamiento en todas las situaciones.

Una razón final que hemos escuchado para posponer la enseñanza de éstas habilidades es el argumento de que los niños necesitan un lenguaje para las habilidades sociales. Ciertamente, el lenguaje es de gran ayuda, pero no es esencial. Todo lo que uno tiene que hacer es ir al parque en donde niños de diferentes culturas están jugando. Usted verá lo rápido que ellos comienzan a jugar entre ellos de una manera sorprendente, aún cuando no hablen el mismo idioma. Así que, adelante con el trabajo duro y desarrolle el lenguaje básico y las habilidades del conocimiento, pero no demore comenzar con el juego y la socialización.

# SELECCIONANDO LAS HABILIDADES DE JUEGO A ENSEÑAR

Con el objetivo de enseñar las habilidades de juego, primero debe decidir cuáles habilidades se deben enseñar. Se debe dar una cuidadosa consideración al proceso de selección. Las habilidades del juego deben incluir habilidades interactivas, tales como juegos de mesa, así como también actividades que se acomoden para jugar de manera individual. Se debe dar preferencia a las actividades que son apropiadas a la edad del niño y al género y que faciliten la interacción con los compañeritos.

EDAD APROPIADA. Un objetivo de enseñar a jugar es darle a su niño la habilidad que lo lleve a aumentar su interacción social con los compañeritos. Por consiguiente es esencial escoger el juego que sea normal para su grupo de edad. Aún cuando sus habilidades pueden no corresponden a su edad cronológica, sugerimos escoger juguetes que se parezcan lo máximo posible a los de su edad cronológica. En la mayoría de circunstancias, un niño puede ser capaz de aprender hasta cierto nivel habilidades de edad apropiada sin importar su nivel de funcionamiento y desarrollo actual. El jugar con juguetes que están asociados con una edad mucho más joven, puede tener el efecto de estigmatizar a los niños e interferir con la aceptación por parte de los compañeritos. La selección de los objetos de juego, puede también producir un impacto en la autoestima y el nivel de madurez a la cual el niño aspira llegar. Lo apropiado de la edad también se aplica a otros puntos tales como ropa, loncheras, bolsos, cortes de cabello, y la apariencia general. La apariencia y el nivel del juego puede influir sutilmente en cómo los adultos ven e interactúan con el niño. Usted desea asegurarse que los instructores y los que brindan cuidados a su niño tengan altas y apropiadas expectativas con el niño, dándole crédito por ser capaz de lograr las cosas y por madurar.

La mejor manera para determinar la edad apropiada es simplemente observar cuáles juguetes utilizan otros niños. Un buen método es preguntarle a los niños y a sus padres cuáles son sus juguetes favoritos. También puede ir a una tienda de juguetes y preguntar o leer en el juguete cuáles son las edades recomendadas para cada uno.

GENERO APROPIADO. Este puede ser un tema muy controvertido ya que hoy en día la sociedad ha terminado por aceptar que los niños jueguen con diferentes clases de juguetes. Mientras que anteriormente el jugar con muñecas o en una casa de cocina era una actividad para niñas, hoy en día muchos niños se concentran en estos juegos. De igual manera, las niñas se involucran en juegos bruscos y deportes, lo que es muy común. Aunque la sociedad aumente su preocupación por este tema, nosotros aún necesitamos ser cautelosos y conscientes de los juguetes y actividades que más frecuentemente deben utilizar los niños y sus compañeros, de tal manera que la integración se facilite.

COMPAÑEROS APROPIADOS. Aunque un juguete o actividad pueda ser apropiado para el género y edad, eso por sí solo no garantiza que sea el juguete con el que el compañerito normalmente juega. Un juguete o una actividad de juego apropiada para un compañerito son aquellas aceptadas por los compañeritos que su niño tiene como amigos y con los cuales socializa. Con el objetivo de maximizar la oportunidad de integración, usted deberá también observar cuáles juguetes son los que utilizan los compañeritos de su niño. De otra manera, la probabilidad de un juego social se verá altamente reducida.

LAS PREFERENCIAS DE SU NIÑO. A pesar de que usted puede proveer refuerzos externos por envolverse en juguetes y juegos sociales el reforzamiento será mucho mas creativo, si este viene al menos en parte del placer que el niño deriva de la actividad que esta ejecutando. Mediante la exposición de su niño a varios juguetes, usted puede determinar por cuáles muestra más interés. Esto puede ser demostrado a través de expresiones faciales, vocalización, o simplemente jugando con el juguete. Es de extrema ayuda, el brindar actividades y/o juguetes que estimulen el tipo de la parte sensorial que su niño parece preferir. Una clave para esto, puede ser obtenida de analizar sus comportamientos de auto-estimulación. Por ejemplo, si su auto-estimulación involucra luces, movimiento o texturas, busque aquellas actividades que incluyan estos componentes. ¿A él le gusta el agua o la arena?. Intente hacerlos parte del juego. Para un niño que busca estimulación visual, una canica puede funcionar. Actividades como cortar y pegar pueden ser acomodadas para un niño que se concentre en auto-estimulación táctil. Los juguetes que hacen ruido son usualmente buenos para concentrarse en auto-estimulación auditiva.

No se limite usted mismo a aquellas actividades que piensa que su niño puede disfrutar. El propósito de este programa es expandir el rango de intereses y toma tiempo desarrollarlos. Inicialmente, será muy importante suministrar grandes cantidades de refuerzos, por envolverse en una actividad aunque sea por un periodo corto de tiempo. Asegúrese de mantener el tiempo requerido lo más corto posible, para que no se le vuelva adverso. Con el tiempo, usted será capaz de incrementar la duración y gradualmente disminuir el premio en la medida en que las actividades se conviertan en refuerzos intrínsecos.

Dada la gran cantidad de posibilidades, usted puede encontrar un juguete que sea apropiado a su edad, género, compañerito y que también, incorpore los intereses de su niño. Afortunadamente hoy, muchos de los juguetes estimulan una gran cantidad de actividades sensoriales.

# JUEGO SOLITARIO

Finalmente, usted quiere, cuanto sea posible, seleccionar los juguetes que pueden ser utilizados para jugar solos o en grupos. El objetivo de un juguete es que su niño aprenda a ocuparse de forma independiente durante un tiempo no estructurado. Consecuentemente, usted no deberá limitarse a sí mismo a juegos o juguetes que requieran dos o más personas.

# ENSEÑANDO A JUGAR

Pueden empezar por introducir las habilidades de juego de manera informal. Usted debe seleccionar 3 o 4 ítems para trabajar en un momento dado. Algunos de los ítems pueden ser incorporados dentro del Plan de Enseñanza de Tareas Discriminadas (por ejemplo, el programa de imitación no verbal). Otros son más apropiados para trabajar durante el tiempo de juego. Gradualmente aumente la cantidad de tiempo que su niño mantiene en una actividad e incremente la variedad de respuestas que su niño tiene con un juguete.

Generalmente, es mejor introducir el juego de una manera informal, como en el suelo. Sin embargo, puede ser necesario comenzar con una enseñanza más estructurada, en una mesa. Además de reducir posibles distracciones, puede acelerar la adquisición de juego y una mejor familiarización del niño con los pasos básicos involucrados en una actividad de juego. Procedimientos a base de unas instrucciones incluirán: demostración y retroalimentación diferencial. Una vez que una habilidad básica es aprendida en una forma más estructurada de Tareas Discriminadas el niño podrá continuar la práctica y desarrollar habilidades en un ambiente más natural de la manera más natural posible.

# COMPONENTES DE UNA ENSEÑANZA EFECTIVA

Ya sea enseñando habilidades de juego, sociales de comunicación o de auto-ayuda, usted utiliza técnicas de enseñanza similares. La Enseñanza efectiva puede dividirse en 5 partes:

1. Identificar los pasos de los componentes (Análisis de Tareas)
2. Enseñar un paso a la vez
3. Suministrar práctica repetitiva
4. Utilizar ayudas y disminución de ayudas en tanto como sea necesario
5. Reforzar aproximaciones sucesivas a una respuesta deseada

Los buenos instructores siguen estos pasos, ya sea que estén enseñándole a alguien el juego o las habilidades en la comunicación o cómo utilizar un computador o golpear una bola de golf. Los instructores que tienen las habilidades, utilizan las Técnicas de Comportamiento, ya sea que lo sepan o que no lo sepan, desde instructores de patinaje en hielo a entrenadores de ligas o directores de orquesta, hasta instructores de fin de semana.

## ANALISIS DE TAREAS

Todas las habilidades deben ser divididas en partes que se puedan enseñar. Esto simplifica la habilidad y por consiguiente reduce la frustración. También ayuda a asegurar que cada paso individual sea entendido. Adicionalmente, promoverá la consistencia a través de instructores. Es muy IMPORTANTE que todo el equipo docente utilice los mismos pasos que delinean un análisis de tareas, en el mismo orden.

La forma más fácil de hacer un análisis de tareas, es completar la habilidad usted mismo. Escriba todos los pasos necesarios. Luego haga que alguien complete la tarea y apunte todos los pasos. Luego compare la tarea y decida sobre un formato en particular.

El número de pasos se basará en la edad de su niño y nivel de funcionamiento. Con el objetivo de facilitar el éxito, es mejor tener muchos pasos que solamente unos cuantos. Una vez que usted empieza a enseñar, se volverá evidente si usted necesita aumentar el número de pasos o puede de forma segura combinar pasos. Si su niño tiene dificultades, entonces usted deberá dividir la tarea en más pasos. Sin embargo, si él nunca comete un error, usted está en capacidad de agrupar pasos, resultando en menos componentes.

# ENSEÑAR UN PASO A LA VEZ
# HASTA LOGRAR SU DOMINIO

Con frecuencia las personas quieren apresurarse a través del proceso de enseñanza. Sin embargo, si usted se mueve muy rápido, muy seguramente su niño no aprenderá la habilidad de forma adecuada. Como cada paso generalmente depende de un paso previo, la habilidad eventualmente colapsará. Usted deberá enseñar un paso a la vez. No se deberá enseñar un nuevo paso hasta que el anterior se haya dominado. Usted puede considerar un paso superado cuando sea completado independientemente (por ejemplo, sin ayudas de ninguna clase), durante tres sesiones consecutivas con tres instructores diferentes.

Debe decidir cuándo va a utilizar el encadenamiento hacia adelante o hacia atrás. El encadenamiento delantero comienza con el primer componente. Una vez que se ha logrado a la perfección, usted procederá al siguiente y así sucesivamente. El encadenamiento hacia atrás comienza con el último paso y luego se procede al penúltimo y así sucesivamente. El encadenamiento hacia atrás parece que se utiliza con menos frecuencia pero es un procedimiento excelente, permite al alumno continuar aprendiendo el desarrollo correcto de la tarea. Adicionalmente suministra un refuerzo alto al principio de las etapas ya que el alumno obtiene el paso final más rápidamente. El experimenta la finalización de la tarea por sí mismo desde la primera sesión. El haber completado una tarea resulta en un nivel alto de refuerzo natural.

# ENSEÑANZA CONCENTRADA

Con el objetivo de acelerar el proceso de aprendizaje, así como de aumentar su desarrollo, es muy importante que su niño reciba múltiples oportunidades de aprendizaje. Con mucha frecuencia, los instructores hacen que ejecute una tarea una vez y luego siga con otra. Si es una respuesta ayudada, entonces esto no suministra suficiente oportunidad para consolidar el aprendizaje. De la misma forma que un jugador de golf nunca iría al campo y pediría una sola bola de golf, un alumno nunca practicará una habilidad una sola vez. Su niño debe practicar la habilidad repetidamente. Haciendo del aprendizaje algo divertido, variando el ambiente y/o los materiales en la medida de lo posible, suministrando ayudas en caso de ser necesario, y muchos refuerzos, usted puede reducir altamente la frustración y el aburrimiento que puede causar la repetición.

# AYUDANDO Y DISMINUYENDO LAS AYUDAS

Por favor diríjase a la sección de "Procedimientos de Enseñanza de Tareas Discriminadas" para una amplia discusión sobre ayudas.

# REFORZAMIENTO

El reforzamiento fue discutido en detalle anteriormente en la Sección "Comportamientos Alterados".

# DESARROLLANDO INDEPENDENCIA

Un objetivo para enseñar habilidades de juego es hacer que su niño aprenda a jugar sin monitoreo ni supervisión. Inicialmente, sin embargo, la instrucción individualizada utilizando los procedimientos de enseñanza de Tareas Discriminadas será necesaria. Una vez que su niño ha logrado la habilidad a la perfección, será necesario disminuir rápidamente su monitoreo; es necesario que esto se haga de forma gradual.

Disminuir su presencia usualmente comienza simplemente como el no contacto visual, no hablar con su niño mientras está concentrado en el juego. Por consiguiente, es recomendable usar refuerzos verbales solamente al final de la actividad. Debido a que el refuerzo solamente se le brindará al final de la actividad, la duración inicial debe ser muy corta. Aumente la duración sólo en la medida en que su niño sea capaz de tolerar la demora del refuerzo. También, su presencia debe ir disminuyendo lentamente. Comience sentándose al lado de él, luego retírese y quédese unos cuantos metros retirado en lados opuestos del cuarto, luego al final, deje el cuarto por un momento y después aumente el tiempo en el cual está fuera del mismo.

**Estaciones de Juego** pueden ser extremadamente efectivas en desarrollar un juego independiente. Inicialmente, usted podrá arreglar una estación individual, en donde los juguetes son colocados. Más tarde usted puede adicionar una segunda estación. Enseñe a su niño a que una vez que termine con una estación, debe proceder a la siguiente. Eventualmente, el número de estaciones puede incrementarse más adelante. Ayudará si los juguetes tienen algo que identifique el comienzo y el final del juego. Es por eso, que cuando se termina, sirve como señal para mover a la próxima estación. Para actividades sin principio ni fin, utilice un controlador de tiempo para que el niño pueda pasar a la siguiente estación por sí mismo.

# CAPITULO 12

## Juego Social

En la preparación para las sesiones con los compañeros, se deben identificar las habilidades de juego apropiadas y enseñarlas en las sesiones de Tareas Discriminadas de uno a uno. Cuando su niño ha aprendido algunas habilidades de juego, entonces comience una interacción con los compañeros, por medio de pequeñas sesiones. Por ejemplo; organice que un compañero venga por 30 minutos. Las primeras sesiones deben ser realizadas haciendo que la experiencia sea altamente estimulante para su niño y para el compañero. Esto puede significar una enseñanza no formal hasta que ambos niños están conectados en la experiencia, a través de actividades divertidas como hornear galletas de chocolate, preparar refresco, jugar con un juguete extraordinario y nadar en la piscina. En particular, el compañero debe retirarse y quedar con ganas de volver a la próxima visita.

Estas citas de juego suministran la oportunidad perfecta para identificar cual juego y habilidades sociales son las que su niño debe aprender en terapia formal. No solamente usted estará en capacidad de identificar los déficit de su niño, sino que las habilidades de juego, sociales y lenguajes del compañero se convertirán en un estándar para el niño. La terapia debe enfocarse en el desarrollo de habilidades críticas de tal manera, que las futuras citas sociales deben ser productivas y divertidas.

Una vez que el compañero parece disfrutar la visita a la casa y que su niño ha aprendido algunas de las habilidades pre-requisito, será hora de comenzar intentar meterse en la enseñanza. Esta ocurre durante aproximadamente tres "ensayos" y no deben demorar más de tres minutos cada uno. Durante cada "ensayo" usted realiza una actividad diferente. Seleccione actividades que sean interactivas y que las disfruten los dos niños. Estos "ensayos" deben ser invisibles para los niños. En particular, el compañero no debe ser capaz de decir que se está haciendo "terapia". El papel del adulto debe ser tan informal como sea posible. No sobre-estructure la actividad, pero tenga en mente un guión al que pueda regresar en caso de que el juego se pare o comience a ir en la dirección equivocada. El guión es un lineamiento para que el instructor siga en caso de que la ayuda sea necesaria.

Cada actividad debe ser de forma tal que su niño conozca o este familiarizado con los entrenamientos previos. Para cada actividad usted debe desarrollar objetivos específicos para los comportamientos que usted quiere que ocurran. Los ejemplos incluyen el lenguaje a utilizar, contacto visual, hablar por turnos, saber en donde está y saber qué hacer. Naturalmente, los instructores deben comprender que según la edad hay un lenguaje y comportamiento apropiado para que ellos puedan facilitar y promocionar las interacciones y que le puedan ayudar a un niño Autista a encajar en el juego con otros niños de su edad. Algunas veces los adultos vemos el juego con ojos de adultos y por consiguiente creamos juegos con comportamientos de adultos.

Asegúrese de reforzar al compañero para que le colabore con el comportamiento. En caso de ser necesario, ayude al compañerito para que sea suave al formular las preguntas y dar directrices a su niño. Asegúrese que su niño responda a su compañerito. No permita que el compañerito haga las cosas por su niño. Si su niño toma un juguete del compañerito, ayude para que sea devuelto. Si el compañerito formula una pregunta al adulto en vez de hacérsela al niño, haga que el compañerito formule la pregunta al niño. El adulto no debe volverse el objetivo de las interacciones del compañerito. El objetivo es ser lo menos intruso posible en la interacción. NO SE DEBE INTERVENIR O INTERACTUAR A MENOS QUE SEA ABSOLUTAMENTE NECESARIO.

Sea flexible con los lineamientos de tiempo. Usted podrá necesitar ajustarlos rápidamente. El comportamiento espontáneo siempre debe tener más influencia que el comportamiento previamente definido. Nunca interrumpa algo positivo que está sucediendo. No sea demasiado rápido en dar directrices o ayudas para que exista una amplia oportunidad para que ocurra un comportamiento espontáneo.

Gradualmente ajuste la duración de los ensayos y el tamaño de toda la sesión de juego. En la medida en que los dos niños se familiaricen con la rutina, usted podrá introducir el concepto de tomar turnos para escoger una actividad. No tiene que ser una actividad que a los dos necesariamente les guste. Adicionalmente, usted debe organizar sesiones de juego con otros compañeritos, para que su niño aprenda a acomodarse al estilo de juego de otros niños. Al principio usted debe mantenerse con las reglas de juego uno a uno. Luego usted puede organizar citas de juego con dos o más compañeros al mismo tiempo. Tenga en cuenta que las dinámicas interpersonales, son mucho más complejas en grupos de tres o más y que esto puede presentar nuevos desafíos para su niño.

# EJEMPLOS DE ACTIVIDADES Y JUEGOS SOCIALES

Metas de enseñanza que pueden ser logradas dentro de las siguientes actividades: Identificando; Expandiendo el Lenguaje; Describiendo; Solicitando algo; Tomando turnos; Asistiendo el uno al otro.

## Altamente Estructurada - Actividades para realizar en recinto cerrado

Enviar un carrito de juguete y regresarlo

Juegos de mesa

Juego de atrapar

Construir algo de forma cooperativa

Organizar un rompecabezas

Carros/Tren/Ruedas calientes/Carreras de carros

## Tareas cooperativas

Preparación de la comida

Construcción

## Actividades Creativas

Hacer algo con plastilina

Proyectos artísticos

Construcción

## Actividades al aire libre

Montar en carretilla

Tomar turnos para bajar por el rodadero

Hacer rodar la bola hacia otra persona

Tomar turnos para montar y hacer rodar un vagón

Jugar con arena

### Basadas en el Lenguaje

Hacer que el compañero haga las veces de instructor para la enseñanza de un programa

Hacer que su niño sirva de instructor para el compañero

Programas de lenguaje: enunciado-enunciado; preguntas recíprocas

Conversación

Tiempo para historias

### Juegos de Movimiento

Seguir al líder

Bailar alrededor del reloj

Escondidas

Sillas musicales; bailar y quedar congelado

La Lleva

Cazando insectos

Policías y Ladrones

¿Simón dice...?

### Juego Imaginativo con Escenarios

Actuar Episodios: "Tomás el tren". "Aladino construye un fuerte" o "tienda"

Jugar con juegos como: Lego, castillos, casa de muñecas.

Jugar al "Doctor"

Disfrazarse

Empujar sillas en forma de cubos alrededor pretendiendo que se está manejando

Pretender ir de compras, viaje de compras, a la heladería, etc.

# ORGANIZANDO LAS CITAS DE JUEGO

Organizar citas para que el niño juegue, puede ser una tarea extremadamente difícil, principalmente porque existe una necesidad de identificar y seleccionar los compañeros adecuados. Debido a la deficiencia en el lenguaje y a la falta de las habilidades de juego y las sociales, él tal vez no haya tenido éxito para hacer amigos. Con frecuencia, los niños Autistas no tienen las mismas oportunidades sociales o tanta exposición a las actividades que involucran otros compañeros. Así que raramente hay una grupo de compañeros esperando para jugar.

Una vez su niño muestra una frecuencia baja de comportamientos alterados, es hora de exponerlo a situaciones en donde pueda conectarse con otros compañeros. Obviamente, si usted comienza esto antes de que se le reduzcan los comportamientos severos, seguramente los compañeros no querrán jugar con su niño. Adicionalmente, puede estigmatizar y reducir la posibilidad de una posible futura amistad.

Usted puede comenzar llevando a su niño al parque, restaurantes donde van otros niños (por ejemplo, McDonald's, Zona de Diversión, Maquinitas, etc.) o a centros de actividades de diversión. La ventaja de comenzar con éste tipo de actividades, es que usted puede irse rápidamente si es necesario. Estas actividades darán a su niño la exposición a otros niños así como le suministrará la oportunidad de comenzar a enseñarle las habilidades necesarias. Con frecuencia, usted conocerá otros padres y comenzará a entablar amistad.

Encontramos que involucrar al niño en grupos deportivos puede ser una forma excelente de encontrar amigos. Juego de bola y baloncesto pueden ser de gran ayuda. Los miembros del equipo normalmente salen en grupo o individualmente después de los partidos y prácticas. No se preocupe si su niño no es capaz de competir o entender las reglas del juego. La gran mayoría de niños jóvenes no las entienden tampoco. Será necesario, sin embargo, trabajar en las habilidades durante una terapia más formal.

Tal vez el mejor escenario para compañeritos es el colegio. Creemos firmemente que el colegio es vital por muchas razones incluyendo que es un ambiente típico de aprendizaje y permite las oportunidades de generalización. Pero la razón primaria es que existe una exposición social. Usted tiene un grupo cautivo de compañeros. Es un lugar magnífico para identificar los posibles compañeros de juego.

Los padres de niños normalmente desarrollados organizan con frecuencia citas de juego. No espere a que alguien tome la iniciativa. Los niños más jóvenes pueden necesitar estar expuestos a las citas de juego que han sido organizadas por sus padres, antes de que descubran tanta diversión y empiecen a pedirlas por sí mismos. Organizar una cita para jugar requerirá que usted contacte los padres y los invite a venir a su casa. Con frecuencia es de gran ayuda decirles que traigan su niño a jugar. Firmemente recomendamos que es de gran ayuda decirles que su niño está realmente interesado en sus niños o que a usted y a su niño realmente les gustaría que vengan con el niño a jugar. Nosotros recomendamos altamente que usted no comience a hablar automáticamente acerca del diagnóstico del niño o del propósito de la visita. Cuando usted vea que es evidente que el otro padre ve que su niño es diferente, usted puede casualmente mencionar que él está algo atrasado en lenguaje y es un poco tímido.

## SELECCION DE COMPAÑEROS

Con frecuencia no podrá darse el lujo de ser altamente selectivo. Sin embargo, si puede llegar a escoger, debe escoger a los compañeros que tengan unas habilidades buenas en el juego y en la parte social. Los niños sin problemas de comportamiento también son preferibles. Lo ideal sería un compañero que sea muy popular. Los compañeros populares con frecuencia ofrecen acceso instantáneo para su niño. Pero sobre todo, usted quiere un compañero que sirva como un modelo excelente para su niño. Si el compañero tiene problemas de comportamiento, será muy difícil para su niño aprender de él. No es recomendable que trate de hacer terapia con dos niños al tiempo.

Normalmente, las niñas y los niños mayores que su niño son mejores para un juego de tipo social uno a uno. No solamente que seguramente tendrán mejores habilidades, sino que además usualmente son más pacientes y se quedarán con su niño. Sin embargo, usted tendrá que tener cuidado con el género. Verifique si se siente a gusto teniendo amistades del sexo opuesto. Encontrar un niño **que es un poco paternal** también puede ser de gran ayuda. En grupos grandes puede funcionar mejor que los niños sean más jóvenes, para que el nivel del juego sea lo más cercano a lo que su niño está en capacidad de hacer.

## ETAPAS DEL DESARROLLO SOCIAL

Así como en la enseñanza de otra habilidad, es muy importante estar seguro de los niveles de desarrollo, cuando se enseña un juego de tipo social. También debe ser consciente que los niños juegan de forma diferente a las niñas. Por ejemplo, las niñas usualmente se concentran en un juego más sostenido, mientras que los niños no se quedan en una sola actividad o con un juguete por mucho tiempo. Adicionalmente, las niñas tienden a ser más verbales y concentrarse más en un juego creativo. El juego de los niños no es tan imaginativo. Recuerde evadir los peligros de usar su concepción de juego, eso constantemente estará a juicio del adulto.

Los siguientes son ejemplos de las etapas del desarrollo social descritas en el Inventario del Desarrollo del Niño. La edad del niño en años y meses esta en paréntesis:

1. Se concentra en juegos simples con otros, tal como enviar una bola y recibirla de nuevo (1-0)

2. Imita acciones de otro niño (1-6)

3. Observa el juego de otros niños, e intenta unírseles por un periodo corto (2-0)

4. Juega solo, en presencia de otros niños (2-0)

5. Observa a otros jugar y juega cerca de ellos (2-6)

6. Juega en grupos simples (por ejemplo, Baila alrededor del círculo) (2-6)

7. Comienza a jugar con otros niños con supervisión de un adulto (2-6)

8. Comienza tomar turnos (3-0)

9. Toma turnos sin asistencia (3-6)

10. Crea una unión temporal con un compañero (3-6)

11. Puede jugar temporalmente de forma cooperativa, pero necesita asistencia (3-6)

12. Toma turnos y comparte, sin supervisión (4-6)

13. Juega de forma cooperativa hasta con dos niños por lo menos durante 15 minutos (5-0)

14. Tiene varios amigos, pero uno en especial (5-0)

15. Juega de forma cooperativa en grupos grandes (5-6)

## NOTAS DE TRABAJO

# El Currículum de "Autism Partnership" (Asociación de Autismo), para Tareas Discriminadas en el Trabajo con Niños Autistas

Ron Leaf

John McEachin

# Guías para la Sesiones de Terapias

**Lugar:**

Inicialmente, la terapia se puede realizar en un área de la casa lejos del tráfico y que esté aislada del resto de la misma. Un dormitorio o estudio puede ser ideal. Las distracciones deben ser minimizadas hasta que se pueda establecer el control sobre el comportamiento y este se haya estabilizado. En la medida que el estudiante progresa, haga que el lugar se vuelva tan natural como sea posible. Deliberadamente permita que ocurran distracciones. Trasládese a diferentes lugares de la casa y sus alrededores como parte progresiva de las sesiones de terapia.

**Técnicas de Enseñanza:**

## ENSEÑANZA DE TAREAS DISCRIMINADAS

La enseñanza de tareas discriminadas es una técnica de enseñanza específica, diseñada para maximizar el aprendizaje. La técnica incluye: 1) Dividir las habilidades en pequeñas partes; y luego 2) Enseñar una subtarea a un tiempo. Cada sesión de enseñanza incluye: pruebas repetidas, con cada tarea teniendo un comienzo distintivo (por ejemplo: la instrucción) y un final (por ejemplo: retroalimentación). Cada parte de la habilidad debe ser dominada antes de que nueva información sea presentada o introducida.

**Técnicas de Ayuda:**

Deben usarse las ayudas menos intrusivas para facilitar el comportamiento. El intervalo de intrusión va desde la Guía Física, hasta la Demostración, Guías Verbales, Señalamiento y dentro de Ayudas estimulativas, la Proximidad. Con el propósito de facilitar la independencia, todas las ayudas deben desvanecerse tan pronto como sea posible. Realizar una tarea con poco o nada de ayuda debe resultar en grandes reforzamientos.

**Procedimiento de Reforzamiento:**

El reforzamiento es uno de los elementos más críticos en la terapia. El objetivo de la terapia es que eventualmente, pueda elaborar tareas y se comporte apropiadamente bajo un plan natural de reforzamiento (por ejemplo, ocasionalmente) y con refuerzos del tipo natural (por ejemplo, elogios). Sin embargo, es generalmente necesario, al principio proveer refuerzos más tangibles (por ejemplo, comida, bebida, juguetes, objetos de estimulación como música, etc.) y darlos de forma frecuente (por ejemplo, continuamente). En la medida en que el estudiante progresa, el plan de refuerzo necesita ser disminuido y utilizar refuerzos más naturales.

Esto se logra requiriendo dos o más respuestas, antes de ganarse un premio tangible, utilizando una gran variedad de refuerzos, y desarrollando congratulaciones y sonrisas como premios significativos.

**Proporción Estudiante Instructor:**

Inicialmente la enseñanza va a necesitar hacerse uno a uno. A medida que el niño mejora su capacidad de atención y de escuchar, aprende a través de la observación y es capaz de esperar por su turno, entonces niños adicionales pueden ser introducidos en una situación.

**Criterio de Dominio:**

El dominio será determinado cuando el estudiante responda consistentemente de forma correcta. Normalmente cuando el desarrollo satisfactorio sucede en un 80 a 90% en dos o tres días, entonces se puede decir que se ha alcanzado el dominio. Recuerde que el criterio es arbitrario, y es importante hacer ajustes dependiendo del patrón de aprendizaje que tenga el estudiante. Usualmente, el 100% no debe ser utilizado como el criterio ya que esto puede crear frustración y conllevar al aburrimiento. Es irreal esperar un desarrollo al 100% ya que habrá errores debido a la gran variedad de factores, y no necesariamente a una falta de comprensión.

**Estructura de las Sesiones:**

El objetivo es incrementar la duración de la sesión de dos o tres horas. Organice tantas sesiones en un día como sea productivo para el estudiante. Para algunos niños (por ejemplo, aquellos que van al colegio parte del día) puede ser que una sola sesión al día sea suficiente. Para muchos estudiantes, serán necesarias dos o tres sesiones al día. Permita descansos entre las sesiones. Las sesiones serán más productivas si están espaciadas en el día, en vez de organizadas de forma consecutiva. Igualmente, las sesiones deben ser distribuidas a través de la semana.

Cada sesión debe estar balanceada entre trabajo y juego. Aproximadamente el 50% del tiempo de la sesión deben ser programas de enseñanza formalmente estructurados que cubran áreas de habilidades del conocimiento y del lenguaje. Las tareas discriminadas deben ser conducidas en series desde un mínimo de 3 hasta 50 o más, dependiendo de la capacidad de atención que tenga el estudiante, necesidad de refuerzos y dificultad del material. Entre cada serie debe existir un pequeño descanso, durante el cual al estudiante se le puede dar un juguete o un refuerzo para jugar en la mesa, o se le puede permitir dejar la mesa para ir a jugar. Con frecuencia, dejar la mesa puede llegar a ser la mejor forma de reforzamiento. El tamaño del mini descanso debe ser proporcional al tiempo de trabajo que se ha completado, por ejemplo: si usted hizo tres rápidos ensayos y luego deja que el estudiante se vaya, entonces el mini descanso deberá ser de 30 a 60 segundos, si la enseñanza dura de tres a cinco minutos, el descanso deberá ser de dos a tres minutos, si la enseñanza dura diez minutos, el descanso deberá ser de cinco minutos. Estas Guías son aproximadas y deben ser ajustadas para encajar en el patrón de aprendizaje del estudiante. Note que aunque puede ser posible conducir sesiones más largas, (por ejemplo, de 20 minutos), temprano en la mañana, hacerlo con frecuencia aumenta la fatiga más tarde en el día, y hace que las sesiones de la tarde sean menos productivas.

Durante el mini descanso el Terapeuta debe tomar notas del trabajo y preparar los materiales para las próximas series, sin embargo es importante monitorear el comportamiento del estudiante durante este tiempo y reforzarlo por jugar apropiadamente y no manifestar comportamientos inapropiados (por ejemplo: auto-estimulación). Parte de este tiempo deberá ser estructurado con la terapeuta guiando al estudiante en juegos apropiados. Parte de este deberá dejárselo completamente a discreción del estudiante para que escoja su actividad sin que haya demandas sobre él (aunque las reglas apropiadas de comportamiento continúan en efecto).

El otro 50% (no dedicado a enseñanza formal de habilidades cognoscitivas y de lenguaje) incluye los mini descansos descritos arriba, juegos estructurados de actividades tales como caminar e ir al parque. Estos permiten la generalización de habilidades y la extensión de manejos de comportamiento a situaciones naturales del Medio Ambiente. Una vez cada hora debe haber un descanso más largo (10 a 15 minutos) con un cambio de lugar, por ejemplo salir a jugar. El cambio de lugares y actividad física son importantes para mantener el nivel de interés en el estudiante y la atención, como también provee un día mas equilibrado de trabajo y juego.

**Haciendo la
Sesiones
Alegres
y Naturales:**

1.  Tonos entusiastas

2.  Variedad de áreas de Trabajo

3.  Variedad de Instrucciones

4.  Materiales Interesantes y Preferidos

5.  Mantener un grado de éxito alto

6.  Sensitividad sobre las preferencias del niño

7.  Variedad de curriculum

8.  Intercambio de tareas

9.  Variedad de reforzadores

10. Lenguaje natural

# Enseñanza de Tareas Discriminadas

## I. INTRODUCCION

**A.**     Las tareas discriminadas son una metodología específica utilizada para maximizar el aprendizaje.   Es un proceso de enseñanza diseñado para desarrollar la mayoría de habilidades, incluyendo las cognoscitivas, de comunicación, lúdicas, sociales y de autoayuda.   Además, es una estrategia que puede ser utilizada en todas las edades, poblaciones y medios.

La técnica incluye: 1)Descomponer una habilidad en partes pequeñas; 2)Enseñar una sub-habilidad a la vez hasta lograr su dominio; 3)Proveer una enseñanza concentrada; 4) Proveer ayudas e ir desvaneciéndolas de acuerdo con las necesidades; y 5).  Utilizar procedimientos de reforzamiento.

Una sesión de enseñanza incluye muchas tareas, teniendo cada una un inicio y un final definidos, de aquí el nombre "discriminadas".  Cada parte de la tarea se perfecciona antes de presentar más información.

**B.**     En la enseñanza de Tareas Discriminadas, se le presenta al alumno una unidad de información muy pequeña y se espera una respuesta inmediata. Esto contrasta con las tareas continuas o métodos de enseñanza más tradicionales que presentan una gran cantidad de información al estudiante sin tener claramente definida la respuesta que este debe dar.

**C.**     La enseñanza de Tareas Discriminadas asegura que el aprendizaje sea un proceso activo.  No podemos confiar en que los niños Autistas simplemente absorban información a través de la exposición pasiva.

**EJEMPLO DE TAREAS DISCRIMINADAS:** Enseñando identificación receptiva.

| EL ANTECEDENTE ("A") | COMPORTAMIENTOS ("B") | CONSECUENCIAS ("C") |
|---|---|---|
| "Toque el jugo" | Toca jugo; Buena atención | "fantástico" |
| "Toque la galleta" | Toca galleta Buena atención | "que bien" |
| "Toque el jugo" | Toca jugo Mala atención | "Ok" |
| "Toque la galleta" | Toca jugo Buena atención | "Uh- uh" |
| "Toque la galleta" | No – respuesta Buena atención | "No reforzamiento" (El estudiante debe entender lo que significa esta consecuencia) |
| "Toque la galleta" | No – respuesta Mala atención | "usted no esta mirando", "muy lento", etc. |

## II. COMPONENTES DE UNA TAREA DISCRIMINADA

Una tarea discriminada consta de los siguientes componentes: 1) Antecedente (instrucción u otra pista); 2) Ayuda (puede no ocurrir durante muchas tareas); 3) Respuesta del alumno; 4) Retroalimentación u otra consecuencia; 5) Intervalos entre tareas. Cada componente se describe en detalle más adelante.

### A. INSTRUCCION / ESTIMULATIVA DISCRIMINATIVA / SEÑAL POR COMPORTAMIENTO.

1.  La tarea debe tener un inicio distintivo. Con frecuencia es una instrucción verbal, pero también puede ser otro evento discriminado o un estímulo visual. El evento que ocurre al inicio de una tarea debe señalar al estudiante que la respuesta correcta vendrá seguida de un reforzamiento positivo. Dicha señal se conoce técnicamente como un Estímulo Discriminativo.

2.  En la etapa inicial de la enseñanza o en caso que el alumno presente dificultades con cierta habilidad, las instrucciones deben ser simples y concisas.

    a.  Esto ayuda a evitar confusión

    b.  También ayuda a resaltar el estímulo relevante o conjunto de estímulos (ejemplo: "galleta" Vs. "jugo" en vez de "toca la galleta por favor" o "puedes mostrarme cuál es el jugo?")

---

**A MEDIDA QUE EL ESTUDIANTE PROGRESA, LAS INSTRUCCIONES DEBEN SER MAS COMPLEJAS Y CON MAS PALABRAS, UTILIZANDO UN LENGUAJE MAS NATURAL**

- Promueve la generalización

- Prepara mejor al estudiante para aprender a partir de situaciones incidentales

- Hace más interesante la sesión

---

3.  Asegúrese que el Estímulo Discriminado (o instrucción) sea apropiado para la tarea. Piense cuidadosamente qué es lo que usted quiere que el estudiante haga y luego seleccione una instrucción verbal u otra pista que sea adecuada para unir a la respuesta.

Si usted desea que el niño cuente, "uno, dos, tres, cuatro", la instrucción debe ser; "Cuenta". Si usted quiere que el estudiante le diga cuantos objetos hay, la instrucción debe ser : "Cuantos" y la respuesta del niño debe ser: "Cuatro".

4. Dé al alumno aproximadamente 3-5 segundos para responder. Esto le da la oportunidad para procesar la información. Sin embargo, el terapeuta debe tener en cuenta el ritmo de terapia óptimo para el estudiante.

   a. Si es demasiado rápido puede llevar a confusión y caos

   b. Si es demasiado lento puede degenerar en falta de atención

   c. El ritmo de la terapia debe acercarse gradualmente a lo que ocurre en el ambiente natural (con frecuencia se utiliza un ritmo rápido para mantener la atención, por tanto resulta crítico desacelerar el paso en un momento determinado)

5. El mejor aprendizaje ocurre cuando el estudiante está prestando atención. Si el alumno demuestra poca atención, es necesario enfocarse en desarrollar mejores habilidades de atención. Lo anterior es discutido en una sección posterior.


## B. RESPUESTA DEL ESTUDIANTE

1. Sepa de antemano con precisión qué respuesta y qué nivel de calidad espera del estudiante para que gane el reforzamiento. Utilice criterios consistentes. Por ejemplo, qué tan cerca de tocar la nariz estuvo el estudiante si la instrucción fue: "Toca la nariz". Debe resultar obvio para cualquier observador (y para el estudiante) que criterio se está utilizando. Tener un criterio altamente definido:

   a. Promueve la consistencia entre los miembros del equipo terapéutico

   b. Aumenta las posibilidades de responder correctamente

   c. Aumenta la objetividad del educador

   *Sin embargo, usted debe reajustar los criterios con base en la evolución del alumno.*


2. Tenga en cuenta el comportamiento no deseado. Si usted refuerza cuando tal comportamiento acompaña una respuesta correcta puede estar fortaleciendo un comportamiento no deseado.

EJEMPLO 1:

El estudiante le da una buena respuesta pero está mirando para otra parte. Si usted lo estimula en ese momento, es posible que continúe recibiendo respuestas de este tipo.

EJEMPLO 2:

Usted halaga al estudiante por tocarse la nariz, pero en el momento que el refuerzo es recibido, el alumno se ha caído de la silla. El alumno puede pensar que el refuerzo se lo dan por haberse caído de la silla.

3.  Asegúrese de reforzar los comportamientos espontáneos deseables tales como hacer contacto visual, sentarse bien o hablar espontáneamente.

4.  Si no hay respuesta dentro del límite de tiempo (3-5 seg.), trate la inactividad como una tarea fallida.

5.  FORME EL COMPORTAMIENTO: La meta es que la calidad de las respuestas en general mejore con el tiempo. Lo anterior se hace ajustando gradualmente los requerimientos para ganar un refuerzo. (El refuerzo diferencial será discutido más profundamente en la sección de "consecuencias").

    a. Utilice consecuencias diferenciales para formar simultáneamente las respuestas correctas y un comportamiento de atención apropiado.

    *Ejemplo:* Permita al alumno descansar cuando las quejas estén diminuyendo en vez de hacerlo cuando estén en aumento.

    b. Utilice consecuencias diferenciales para reforzar mejor las aproximaciones al comportamiento deseado.

6.  No permita que el estudiante anticipe la respuesta. Si el estudiante empieza a responder antes de usted finalizar la instrucción, puede estar sucediendo lo siguiente:

    a. Usted esta siendo predecible. Varíe el orden de presentación de forma que el estudiante no pueda anticipar el patrón.

    b. El alumno puede estar adivinando. No permita que esto suceda, ya que el estudiante puede tener suerte y dar la respuesta correcta. Proporcionar refuerzo promueve en estos casos que el alumno continúe adivinando.

    c. El estudiante puede no estar prestando atención. No permita que el estudiante responda cuando no esté prestando atención.

7. Algunas veces la auto-corrección es una respuesta aceptable y altamente valiosa. Por ejemplo, si el estudiante está atento y corrige el error sin recibir pistas del terapeuta, se le puede reforzar. El proceso que en ese caso está llevando a cabo el alumno (solución de problemas) es una habilidad muy importante.

*Sin embargo, es importante repetir la prueba más adelante para asegurarse que la prueba ocurra sin auto-correción*

## C. RETROALIMENTACION/CONSECUENCIA

1. La respuesta debe estar seguida inmediatamente por retroalimentación. Por medio del refuerzo se retroalimenta una respuesta correcta y se aumenta la probabilidad de ser repetida. La retroalimentación negativa y la ausencia de ésta, informa acerca de una respuesta incorrecta y disminuyen las posibilidades de ser repetida.

   a. <u>CORRECTO:</u> Elogios más constantes; rotación y selección de los premios de soporte.

      Respuesta correcta + buena atención = excelente refuerzo
      Respuesta correcta + mala atención  = refuerzo regular

   b. <u>INCORRECTO:</u> Retroalimentación informando que la respuesta fue incorrecta.

      Respuesta incorrecta + buena atención = retroalimentación de ayuda (ejemplo: buen intento)

      Respuesta incorrecta + mala atención = retroalimentación correctiva más fuerte (ejemplo: "no", "presta atención", "debes mirar", "intenta hacerlo mejor", "puedes hacerlo mejor",  etc.)

   c. SIN RESPUESTA: Después de cinco segundos sin recibir respuesta, retroalimente y finalice la tarea. Si la atención y el comportamiento en la silla son correctos y no desobedeció la tarea, la consecuencia puede ser tan sencilla como no reforzarlo. Asegúrese de incluir un intervalo entre pruebas (ver abajo). Puede ser necesario quitar momentáneamente los materiales para indicar que la prueba ha finalizado.

   d. CONDUCTAS FUERA DE LA TAREA: Si el alumno presenta comportamientos inapropiados (ejemplo: bajarse de la silla, coger objetos, golpearse, etc.) inmediatamente retroalimente, corrija el comportamiento y finalice la prueba. No espere la respuesta del alumno.

2. La retroalimentación debe ser clara. Por ejemplo, no sonría mientras dice "no", ni frunza el ceño cuando dice "bien hecho".

3.  Las consecuencias deben ser planeadas con anticipación y los criterios aplicados consistentemente.

    *Sin embargo, asegúrese de brindar refuerzo espontáneo cuando observe comportamientos y respuestas sobresalientes no esperados.*

4.  El refuerzo debe ser seleccionado con base en las preferencias individuales de cada estudiante (ejemplo: no todos los niños gozan con halagos o comida).

    *La efectividad de la terapia debe ser continuamente evaluada y los ajustes realizados según las necesidades de cada alumno.*

5.  El refuerzo debe ser llevado lo más rápido posible a niveles naturales de frecuencia, tiempo e intensidad. Al principio, el refuerzo puede acompañar el 100% de las respuestas correctas (Refuerzo continuo). Con el aprendizaje, se debe desvanecer el refuerzo a un nivel intermitente para:

    a.  Reducir la dependencia

    b.  Reducir el control externo

    c.  Se aproxima a lo que el estudiante encontrará en el medio, promoviendo la generalización

    d.  Evite posibles caos (los refuerzos exagerados con frecuencia pueden escalar los comportamientos alterados de los alumnos o pueden ser simplemente sobrecogedores)

6.  Utilice consecuencias distintas. Ellas proveen más información sobre la respuesta deseada:

    a.  Una respuesta excelente merece el mejor refuerzo

    b.  La respuesta que requiere mayor ayuda o que es de menor calidad merece un nivel moderado de refuerzo

    c.  Las respuestas incorrectas con buena atención merecen un "no" o "intenta nuevamente"

    d.  La agresión o los comportamientos inapropiados o fuera de la tarea reciben fuerte retroalimentación negativa

7.  Utilice retroalimentación informativa. Por ejemplo, "deja las manos quietas", "no estas mirando", "muy despacio", "dilo mejor", etc. Retroalimentación informativa:
    a.  Da más información
    b.  Es más natural
    c.  Modela el lenguaje

## D. INTERVALO ENTRE TAREAS

1. Espere aproximadamente cinco segundos entre tareas.  La pausa permitirá:

    a. Dar tiempo al estudiante para procesar la información (que la respuesta dada fue correcta o necesita ser cambiada)

    b. Da tiempo para procesar lo que acaba de ocurrir (pensar qué refuerzo se utilizará en la próxima tarea, cuando estimular, qué paso a seguir en la escala de ayudas, cómo dar la instrucción en la próxima prueba, etc.)

    c. Enseña  al estudiante a esperar, algo que ocurrirá en la mayoría de ambientes

    d. Permite recolectar datos

    e. Permite que el inicio de la siguiente prueba sea más discriminado

2. Usted puede necesitar quitar o reorganizar los objetos de trabajo para hacer las tareas más discriminadas.  Dejar los objetos de trabajo visibles sobre la mesa entre tareas, da al estudiante la oportunidad de practicar la respuesta correcta o puede promover el cambio de respuestas sin prestar atención a las instrucciones.

    Aunque al quitar las ayudas o mirar hacia otra parte durante un momento acentúa la discriminación de las tareas, esto también indica al estudiante cuándo prepararse.  Con el tiempo usted debe tener presente evitar que el estudiante se vuelva dependiente de estas pistas haciendo las tareas deliberadamente menos discriminadas.

---

### EL INTERVALO ENTRE TAREAS DEBE AJUSTARSE PARA MANTENER UN RITMO DE TRABAJO OPTIMO

- Un ritmo muy rápido puede ser caótico, por tanto, se obtendrá una actuación pobre en respuestas y aumento de la agitación.

- Un ritmo muy lento puede crear falta de atención

- Asegúrese que el ritmo lo da el terapeuta, no el alumno.

---

## E. AYUDAS

**1.** Una ayuda es la asistencia dada por el terapeuta para promover una respuesta correcta. Debe ocurrir antes que el estudiante dé una respuesta para prevenir la ocurrencia de un error. Generalmente se da al tiempo o justo después de la instrucción, pero también se puede dar antes de la instrucción. Si la ayuda se da demasiado tarde, no es efectiva, y el estudiante se equivoca, se debe dar fin a la tarea y utilizar una ayuda más efectiva para la siguiente tarea. El uso de ayudas:

a. Acelera el proceso de aprendizaje

b. Reduce la frustración

**2.** Considere los diferentes niveles de ayuda, incluyendo el visual, posición, señalar, físico completo, físico parcial, verbal, demostración, hacer un ejercicio de asimilación primero para facilitar uno de receptividad, hacer un ejercicio de receptividad para facilitar uno de expresividad, etc. Estas ayudas pueden ser organizadas en una jerarquía partiendo desde el menos intrusivo hasta el más intrusivo. Los terapeutas deben seleccionar la ayuda que da la asistencia suficiente para asegurar el éxito, pero nunca dé más de la necesaria. Escoger el nivel de ayuda apropiado:

a.  Facilita el desvanecimiento de la ayuda

b.  Reduce la dependencia de la ayuda

Las ayudas deben ser utilizadas para evitar las equivocaciones prolongadas dando la asistencia necesaria. Intentan mantener un nivel de respuestas correctas (aproximadamente el 80% de respuestas correctas es un nivel óptimo para la mayoría de estudiantes).

**3.** Si la primera ayuda no funciona, suba la jerarquía de ayudas (aumente el nivel de asistencia). Por ejemplo, pase de una ayuda de posición a una de señalamiento.

**4.** Una "regla" muy comúnmente utilizada es que cuando hay dos respuestas incorrectas consecutivas, se debe ayudar en la siguiente tarea. Esta regla fue desarrollada para situaciones concernientes a la discriminación en dos partes y donde los alumnos ya tienen una comprensión básica de lo que se les está enseñando.

a. La primera respuesta incorrecta permite al estudiante aprender de la retroalimentación. Por tanto, la segunda tarea le dará al estudiante la oportunidad para dar la respuesta correcta.

b. Más de dos respuestas incorrectas indica que el estudiante no está aprendiendo de la retroalimentación negativa. Esto también puede exceder la tolerancia del alumno al fracaso y la falta de reforzamiento puede llevar al escalonamiento de comportamientos negativos.

---

### ES NECESARIO SER FLEXIBLE AL DECIDIR SI SE DEBE DAR EL APOYO

- Si el estudiante no comprende cuál es la respuesta correcta, usted puede apoyarlo después de una respuesta incorrecta o aún desde la primera tarea.

- Si el alumno parece entender la tarea después del segundo intento incorrecto, usted puede darle otra oportunidad sin ayuda.

- Si usted ha seguido la secuencia "error – error - ayuda – prueba" y ésta resulta en otro error, entonces usted debe pasar a una secuencia "error - ayuda – ayuda - prueba". Si así tampoco funciona, pase a una secuencia "ayuda – ayuda – ayuda – prueba", etc.

- Apoye cada vez que quiera ayudar al estudiante a mantener un alto nivel de éxito.

---

5. Si fue necesario utilizar una ayuda, pase rápidamente a la próxima tarea y repita la instrucción sin ayuda (o con ayuda reducida). Probar después que la ayuda se ha dado:

a. Reduce la dependencia a las ayudas

b. Da al estudiante la oportunidad para demostrar el conocimiento adquirido en la prueba anterior

   *Sin embargo, si el estudiante apenas está aprendiendo una tarea o ha tenido gran dificultad con el concepto, puede ser beneficioso continuar dando el mismo nivel de ayuda por varias tareas más.*

6. Si el estudiante ha cometido un error por falta de atención o por comportamientos fuera de tarea, es preferible dar una consecuencia en vez de una ayuda. En ese punto los refuerzos pueden sólo servir para reforzar el comportamiento fuera de la tarea del estudiante, ya que las ayudas facilitan la obtención de la respuesta deseada. Usted debe dar retroalimentación correctiva con relación al comportamiento inapropiado y repetir la tarea, sin ayudar.

7. Las tareas correctas sin ayuda merecen los mejores refuerzos (por ejemplo: Hágalo acompañado de un refuerzo tangible).

8. Las tareas ayudadas merecen un nivel más bajo de refuerzo (por ejemplo: Hágalo leve, como "bien", "es correcto", "si", etc.).  Sin embargo, es necesario que haya al menos algo de refuerzo en las tareas ayudadas con el fin de:

    a. Retroalimentar la respuesta correcta

    b. Reforzar la respuesta correcta

    c. Evitar un patrón de falla

    *Sin embargo, si el estudiante requiere un mayor período de ayuda, usted debe ocasionalmente dar refuerzos tangibles para las tareas apoyadas:*

    a. Aumenta la motivación del alumno

    b. Reduce las ausencias y la frustración del estudiante

    c. Le da oportunidad al estudiante de  experimentar el refuerzo más deseable

9. Sea hipersensible ante ayudas inadvertentes. Las ayudas excesivas hacen que el estudiante no domine el concepto debido a que:

    a. Las ayudas no están siendo desvanecidas

    b. Respuestas inconsistentes (por ejemplo: Actuaciones que parecen mejores cuando el terapeuta da ayudas inadvertidas)

    c. Aumento de la vigilancia por parte del estudiante hacia pistas irrelevantes

| AYUDAS INADVERTIDAS | | | |
|---|---|---|---|
| **NO VERBALES** | **PATRONES** | **RETROALIMENTACION** | **OTRO** |
| Miradas | Tareas en masa | Expresiones | Gestos |
| Posturas | Alternativos | Rápido cuando es correcto | Respuestas |
| Posicional | Lo que no se preguntó | Lento cuando es incorrecto | Nuevo objeto |

10. Comprométase realmente a desvanecer las ayudas. Utilizando ayudas progresivamente menos intrusivas, usted promoverá mayor independencia y perfeccionamiento de los conceptos.

11. Una forma para desvanecer las ayudas es aumentar sistemáticamente las demoras entre la instrucción y la ayuda. Esto le ofrece al estudiante la oportunidad de iniciar la respuesta antes que se le presente la ayuda. Sin embargo, tenga en cuenta que si transcurren dos o tres segundos antes que se dé una ayuda, cualquier ayuda verbal no será retenida en la memoria del estudiante.

12. Cuando sea posible, utilice ayudas estimulativas (por ejemplo: posición). Dichas ayudas son más fáciles de desvanecer y dirigen la atención del alumno hacia la misma ayuda y no hacia una pista externa, como señalando.

## III.  ESTABLECIENDO LA ATENCION

1. Es importante reforzar la buena atención cuando ocurre. Asegúrese que sus palabras especifiquen cual es el comportamiento que merece el refuerzo ("Me encanta como estás prestando atención", "Esa mirada estuvo muy bien", etc.)

2. Para muchos estudiantes la mejor manera de enseñar una adecuada atención es iniciar la tarea sin tener en cuenta el comportamiento de atención. Deje que sus estudiantes experimenten las consecuencias de no prestar atención.

   *Esto requiere del uso de reforzadores altamente motivantes.*

3. El estudiante aprenderá más fácilmente cómo prestar atención a las pistas naturales si las tareas que se le presentan requieren de una gran atención visual (respuestas de imitación no verbal finas, apareamiento con detalles finos, encadenar, etc.)

4. Otra forma de enseñar habilidades de atención es hacer, que el inicio de la instrucción coincida con la mirada espontánea y/o hacer pausa cuando el niño tiene comportamientos inapropiados. La ayuda se puede dar esperando hasta cinco segundos antes de iniciar una tarea para ver si el estudiante se orienta espontáneamente. Como la instrucción representa una oportunidad para ganar refuerzo, la presentación de la instrucción es por sí misma un reforzador secundario. Para que lo anterior sea efectivo, es esencial que la tarea sea motivante, de otro modo el estudiante gozará retardando el inicio de la tarea. Además, una espera mayor de cinco segundos escasamente da oportunidad para que el estudiante inicie comportamientos inapropiados.

5. Si la falta de atención debida un factor externo, interfiere con el aprendizaje y los pasos anteriores no funcionan, puede ser necesario dar una pista específica ("mírame"). Si el estudiante no comprende el lenguaje, se puede realizar el programa "Mírame". Recuerde que ésta es una ayuda que se debe desvanecer lo más pronto posible.

---

### EVITE DAR PISTAS EN EXCESO PARA ASEGURAR LA ATENCION

Instrucciones tales como "mírame", "manos quietas", "siéntate quieto" o llamar al estudiante por su nombre, pueden fácilmente convertirse en un hábito difícil de romper. Usted debería confiar primero en refuerzos diferenciales fuertes para las respuestas buenas y la buena atención. Esto reducirá la confianza en pistas externas y ayudara a desarrollar control interno.

**Por ejemplo, cuando el estudiante mira al instructor espontáneamente, diga: "esa fué una mirada muy buena"**

---

## IV. GUIAS PARA MAXIMIZAR EL PROGRESO

1. Realice suficientes tareas para que el aprendizaje pueda ocurrir.

   a. La duración de las sesiones se debe aumentar gradualmente para aumentar las oportunidades de aprendizaje

   b. No exceda las expectativas de aprendizaje según la edad, para que el tiempo de atención perdure

   c. No realice demasiadas tareas para evitar que el estudiante se aburra o se sienta frustrado

---

### PROBLEMA CON LAS SESIONES CORTAS

- Reduce las oportunidades de aprendizaje

- Rompe el momentum

- No son naturales, por tanto reducen la generalización y la integración en el colegio

- Los descansos cortos pueden no ser lo suficientemente reforzantes

2.  Si el estudiante presenta dificultades con ciertas tareas, reorganice el orden de las actividades de tal manera que las más difíciles ocurran entre las fáciles ("emparedado" de la tarea mas difícil - la carne - entre las tareas más fáciles).

    a.  Las tareas más fáciles pueden incrementar la motivación del estudiante

    b.  Las tareas más fáciles pueden ayudar a completar las más difíciles

    c.  Crean un momentum

3.  Finalice la sesión con un patrón de éxitos. Esto aumenta las posibilidades de que el estudiante desee regresar a la terapia.

    *Sin embargo, si el estudiante se encuentra extremadamente frustrado, puede ser aconsejable finalizar la sesión de todas formas.*

## USTED NO TIENE QUE GANAR TODAS LAS BATALLAS

4.  Cree un momentum de comportamiento. Los patrones de respuestas establecidos durante varias tareas pueden facilitar la respuesta deseada en las tareas subsiguientes. Para establecer un momentum, disminuya el intervalo entre las tareas, ayude fuertemente y dedique poco tiempo a dar los refuerzos y la retroalimentación. Luego, dé un mayor refuerzo al finalizar una serie de tareas.

    Otra manera, de establecer un momentum es creando un patrón de éxito a través del método del "emparedado".

    a.  Para aumentar la obediencia, cambie la actividad por varias tareas que tengan una alta posibilidad de respuesta. Las mayores posibilidades de respuesta incluyen tareas más fáciles, materiales que sean bien manejados por el estudiante, y aquellos que proporcionen por sí mismos refuerzo.

    b.  Si existen problemas de ecolalia o cierre, incluya la respuesta deseada en una serie de tareas verbales que no estén asociadas con el problema.

        Si una respuesta que usted no puede controlar está a punto de darse, improvise una instrucción apropiada, de manera que el estudiante obedezca (cuando el alumno está moviendo un bloque de la mesa, dígale "coloca el bloque en el suelo").

5.  Al enseñar a discriminar, no promueva respuestas sin pensar o la simple preservación de una respuesta. Si el estudiante puede dar la siguiente respuesta correcta sin escuchar la instrucción, usted no esta realmente enseñando. Las tareas masivas (pedir la misma actividad repetidamente) pueden crear este problema.

Utilice tareas expandidas para forzar al estudiante a concentrarse en lo que usted esta diciendo. Incluya una serie progresivamente más larga de tareas distractoras entre las tareas que se quiere trabajar.

6. Incorpore una dosis balanceadora de juego dentro del programa general. El juego es muy importante para que el estudiante tenga tiempo libre productivo (sin auto-estimulación). El juego también es esencial para desarrollar habilidades sociales. Más importante aún, el lenguaje con frecuencia se facilita a través del juego.

7. **SEA FLEXIBLE Y PACIENTE; USTED NO PUEDE SOLUCIONAR TODOS LOS PROBLEMAS HOY. EL APRENDIZAJE ES UN PROCESO. EL LENGUAJE, LA SOCIALIZACION Y EL JUEGO NORMALMENTE SE DESARROLLAN A TRAVES DE MESES Y AÑOS DE INTERVENCION.**

   Sin embargo, no es suficiente que el alumno responda sólo por su cuenta. El adulto debe estar dispuesto a proporcionar limites y exigir condiciones.

8. Maximice el contraste entre retroalimentación correctiva y positiva.

9. No confunda el comportamiento contestatario (frustración) con el comportamiento operante (manipulación). Si el comportamiento es contestatario, nuestra Intervención deberá ser de más apoyo y acomodación mientras que con el comportamiento operante se debe ser muy firme.

10. Ajuste el entrenamiento de acuerdo con los comportamientos y respuestas del estudiante. La progresión se basa en las respuestas del estudiante frente a las tareas. Observando al terapeuta (la complejidad de las instrucciones, nivel de ayuda, horario de refuerzo, etc.) uno debe estar en capacidad de predecir el nivel actual de desarrollo del estudiante.

11. Mantenga presentes las metas a largo plazo. Todo lo que realice debe estar diseñado para llevar al estudiante a alcanzar las metas a largo plazo. Un programa no es un fin, es una manera de lograr un fin.

12. HAGA DE LA ENSEÑANZA ALGO NATURAL Y DIVERTIDO. Aunque la enseñanza debe ser sistemática y algunos estudiantes necesitan un alto nivel de estructura, no es necesario excederse en el régimen. La enseñanza debe ser lo más natural posible para aumentar la motivación y participación de los estudiantes facilitando más la generalización.

## HAGA LA TERAPIA NATURAL, DIVERTIDA Y GENERALIZABLE

- Utilice tonos entusiastas

- Cambie los ambientes de trabajo

- Cambie las instrucciones ("¿qué es esto?", "¿qué ves?", "háblame sobre esto")

- Utilice materiales interesantes, funcionales y de preferencia del estudiante

- No aburra al estudiante continuando con un programa que ya ha sido perfeccionado

- No castigue al estudiante que presta buena atención y da respuestas adecuadas, con tareas alargadas y aburridas, cuando el estudiante está cooperando. De igual manera, tenga cuidado de no acortar tareas cuando el estudiante está quejándose

- Mantenga una alta tasa de éxitos

- Utilice las preferencias del estudiante (aun los objetos auto-estimulatorios pueden ser utilizados como refuerzos)

- Disperse las tareas

- Utilice reforzadores variados y naturales

- Utilice un lenguaje tan natural como sea posible

- Utilice un Currículum de amplio espectro (lenguaje, juego, social, auto-ayuda)

- Reduzca en lo posible las estructuras (algunas veces trabaje sobre el piso en vez de hacerlo en la silla)

**13.** Modele el lenguaje natural tanto como sea posible sin distraer al estudiante.

    a. Lo más parecido a lo que el estudiante va a encontrar diariamente

    b. Modele un lenguaje más apropiado

    c. Promueva una mejor articulación

    d. Exponga al estudiante a un nuevo aprendizaje

**14.** Desarrolle espontaneidad.

    a.   Refuerce las variaciones espontáneas

    b.   Desvanezca ayudas y pistas

    c.   Enseñe la expresividad de la comunicación

    d.   Una el comportamiento con antecedentes que hayan ocurrido naturalmente

    e.   En los programas de denominación, insista en comentarios en vez de responder a cuestionamientos

    f.   Utilice Tentaciones de Comunicación; modele el lenguaje deseado en vez de preguntar "¿Qué quieres?"

**15.** Utilice el aprendizaje operacional, el modelamiento y las instrucciones en grupo siempre que sea posible.

Las instrucciones de UNO - A - UNO se deben considerar una ayuda que necesita ser desvanecida.

**16.** No crear demasiada dependencia al estar vigilando innecesariamente.

**17.** Utilice pruebas para evaluar si el estudiante ya conoce el material de trabajo. Si el estudiante parece conocerlo, repáselo rápidamente y continúe con material nuevo.

**18.** Al repetir instrucciones, las inflexiones de la voz reducen el aburrimiento a la vez que le indican al niño que el terapeuta sabe que está repitiendo la pregunta.

**19.** Use un acercamiento no directivo tanto como sea posible. Prepare un escenario de comportamientos deseados y luego proporcione refuerzo cuando estos ocurran. B. F. Skinner llamó a esto "control del refuerzo", como el opuesto del "control instruccional". El postuló que el valor del control del refuerzo era mayor que el control instruccional, ya que promueve la generalización y la internalización.

Reduciendo el control externo y utilizando métodos indirectos para promover el comportamiento deseado, el estudiante tiene más probabilidades de compenetrarse con el comportamiento y así ofrecer menor resistencia. Además, los acercamientos que reducen la directividad se desvanecen más fácilmente.

## EJEMPLOS DE INTERVENCION INDIRECTA

- En vez de dar pistas al estudiante para que preste atención, refuerce la atención cuando ocurra y más importante, organice las tareas para promover la atención.

- Si un estudiante se encuentra ubicado en un extremo de la mesa, presente el material en el lado opuesto.

- Si un estudiante le esta haciendo eco, enséñele a decir "no sé".

- Para reducir la auto-estimulación, enseñe al estudiante respuestas alternativas altamente disfrutables y físicamente incompatibles con la auto-estimulación.

# Generalización de la Lista de Chequeo

Tan pronto como el estudiante haya aprendido los puntos presentados en tareas discriminadas, se puede comenzar, los pasos de generalización. Si el estudiante tiene experiencia previa, la generalización puede ocurrir de forma rápida. El mayor objetivo es lograr los puntos 1 y 2 de abajo (en cualquier orden) si no ocurre durante la fase inicial del entrenamiento. Puede que no sea necesario específicamente entrenar cada sub-paso y usted debe ser flexible en escoger el punto de entrada o cuales pasos deben ser trabajados de forma normal. Mientras que el estudiante logre sus principales objetivos 1 y 2, la habilidad puede ser considerada generalizada.

**FECHA DEL LOGRO**

1.  Programa completado con varios juegos de
    objetivos y dibujo                                         _____

    _____  Programa finalizado con objeto (si es aplicable)

    _____  Programa finalizado utilizando objetos en un ambiente natural

    _____  Programa finalizado con fotos (si es aplicable)

    _____  Programa finalizado utilizando dibujos en libros (en caso de que

                sean aplicables)

    _____  Programa finalizado utilizando videos (si es aplicable)

2.  La habilidad es utilizada con los miembros de la familia,
    amigos/compañeros y cualquier otra persona en un ambiente
    natural con señales naturales
                                                              _____

    _____  Programa finalizado con diferentes instructores
    _____  Programa finalizado fuera de la silla

    _____  Programa finalizado en varios cuartos

    _____  Programa finalizado en el colegio o en otras situaciones fuera de
                la casa
    _____  El programa ha sido practicado con los diferentes miembros de
                la familia en un ambiente y situación estructurados
    _____  El programa ha sido practicado con personas semejantes a él

    _____  El programa se finalizó con lenguaje natural

## NOTAS DE TRABAJO

# Obediencia

**Objetivos:**

1. Enseñe al estudiante a seguir simples directivas que pueden ir acompañadas de gestos para facilitar la comprensión. El objetivo es promocionar la actitud de estar dispuesto a obedecer a simples solicitudes utilizando un lenguaje sencillo que él esté dispuesto a comprender.

2. <u>Puntos que se deben enseñar:</u>
   Ven acá
   Siéntate en la silla
   Mantén las manos quietas
   Tráeme la...
   (Otras directrices según sea necesario)

**Procedimientos:** El Programa de obediencia se basa en facilitarle al estudiante que pueda seguir satisfactoriamente las instrucciones mediante el aumento progresivo de demandas. Inicialmente al estudiante se le pedirá que coma algo de merienda, juegue con un juguete de su preferencia o inclusive que tenga auto-estimulación. Generando tales instrucciones será muy probable que obtengamos obediencia, suministrando una oportunidad para reforzar por el cumplimiento de las instrucciones. Gradualmente las instrucciones serán menos deseadas para el alumno y éste debe mantener una obediencia con los refuerzos que se le dan.

# Imitación No Verbal

**Objetivos:**

1. Hacer que el estudiante aprenda a imitar las acciones de otros

2. La imitación es un fundamento en el cual se basan otras habilidades importantes, (ayuda propia, verbalización, socialización, juego, etc.)

3. La imitación es la base para la modelación lo cual es un tipo de ayuda muy importante

4. La imitación facilita una relación positiva entre el estudiante y el instructor (así es como el instructor se convierte en un refuerzo)

5. La imitación construye conciencia del medio ambiente

6. La imitación ayuda a desarrollar habilidades de atención

7. La imitación es una tarea sencilla que puede usarse para establecer o restablecer obediencia y atención. Esta le permite al estudiante ganar reforzamiento fácilmente

**Procedimiento:**

El instructor demuestra una acción y le dice "haz esto". El estudiante debe imitar la acción del instructor como un espejo (por ejemplo: si el instructor utiliza la mano derecha, el estudiante debe usar la mano izquierda).

Las fases comienzan con grandes acciones y siguen con movimientos más refinados. Las Imitaciones involucran la manipulación de objetos físicos (dejar caer un bloque en un balde) o la retroalimentación sensorial discriminada (sonar una campana). Estas son generalmente fáciles de aprender. Algunas involucran el movimiento de partes del cuerpo alejándolas del mismo (por ejemplo, los brazos hacia los lados) o partes del cuerpo que él o ella no puedan ver directamente (por ejemplo, nariz, cabeza) son más difíciles.

A medida que el estudiante progresa, el lenguaje verbal cambiará de "haz esto" a nombrar la acción (por ejemplo, "Haz lo que estoy haciendo" "Imítame"). Como etapa final la acción será nombrada (por ejemplo, "Aplauda"). Esto construye la base de conocimientos para poder seguir instrucciones verbales. "Haz esto" es utilizado al comienzo para establecer el concepto de Imitación, el cual es una habilidad esencial y permite un no - lenguaje basado en medios de enseñanza para otras habilidades.

**Ayudas:**

Use guía física para mover al estudiante a través de la acción. Vaya disminuyendo la ayuda hasta convertirla en un toque suave y luego en un leve gesto.

**Criterio de Entrada:**

No hay requisitos para ésta habilidad. Es una de las más sencillas que podemos enseñar. El comportamiento en su puesto (o silla) y el contacto visual pueden ser moldeados al mismo tiempo en que ésta habilidad está siendo enseñada.

**Criterio de Dominio:**

El estudiante realiza 8 respuestas correctas de 10 sin ningún apoyo. Esto debe repetirse con por lo menos un instructor adicional.

**Fase 1:**

**Comenzar con objetos iniciales de la lista de manipulación de objetos.** Enseñe cada uno de los objetos individual y aisladamente. Esto quiere decir, hacer repetidas pruebas con ese ítem sin otros objetos a la vista. Una vez el estudiante ha completado la acción sin ayuda, entonces proceda con uno o más distractores en cada prueba. También, cada objeto necesita ser usado en más de una forma con el fin de construir atención y establecer discriminación. Por ejemplo, algunas veces usted puede dejar caer el martillo en el balde en lugar de usarlo para golpear un objeto. Una vez dos objetos han podido ser rotados aleatoriamente, introduzca un nuevo objeto. Como cada uno ha sido dominado de manera aislada podrá ser incluido en la selección aleatoria de los objetos enseñados.

### Objetos para Manipulación:

| | |
|---|---|
| Bloque en un contenedor | Juguete que sale de la caja |
| Tocar un tambor | Timbrar en un cilindro |
| Ponerse el sombrero | Mover el tambor |
| Poner bloques en estacas | |
| Alzar el vaso hasta la boca | Rodar el carro de juguete |
| Ponerse los lentes de sol | Tocar el piano |

Contestar el teléfono

Tocar la campana

Revolver cosas con cuchara
en una taza

Tocar un pito

Peinar y cepillar el pelo

Juguete enroscado (presión)

Tocar la bocina

Halar la polea

Chocar un carro de juguete

Tocar con palos (palillos)

Tocar un pito

Tirar la bola

Soplar el pito y pitar

Pegar a la mesa (suavemente)

Con un bloque

Cargar/descargar

Camión de juguete

Balancear la muñeca

(Como si fuera una bebé)

**Fase 2:**    **Comenzar cuando el estudiante haya dominado 5 objetos de la Fase 1.** Escoja 3 objetos de la lista de movimientos motrices gruesos. A medida que domine uno se le agrega otro objeto (tarea) para entrenamiento.

Sentarse no debería ser siempre la respuesta que sigue a levantarse, por ejemplo usted puede hacer que el estudiante aplauda mientras esta de pie.

## Motricidad Gruesa

Alzar los brazos

Brazos a los lados

Hacer palmas

Patalear los pies

Tocarse la nariz

Hacer el gesto de "adiós"

Golpearse la barriga

Tocarse la boca

Golpearse la cabecita

Juntar rodillas

Cubrirse los ojos con las manos

Halar el pelo

Tocarse los codos

Tocar los ojos

Tocarse los hombros

Tocar los dedos de los pies

Tocar la mesa con la mano

Ponerse de pie

**Fase 3:**    **Imitación alejándose de la silla.** Empezar después que el estudiante haya aprendido cinco elementos de la Fase 2. Enséñele la reacción que involucre ir a un lugar alejándose de la silla, desempeñando una acción y devolverse hacia la silla. Los estudiantes se pueden quedar en sus sillas hasta que termine de demostrar la acción y se devuelvan a su silla.

Tocar la puerta

Poner un objeto en la mesa

Marchar

Cerrar y abrir

Marcar en el tablero

Botar un objeto en la basura

Poner un objeto en la gaveta

Poner una muñeca en la cama

Prender y apagar la luz

Identificar figuras

Rodar un carro por la rampa

**Fase 4:**     **Otra persona para imitar.** El terapeuta muestra al estudiante otra persona para que lo imite y dice "Haga esto".

**Fase 5:**     **Después de haber aprendido cinco imitaciones de la Fase 2, adicione acciones de motricidad fina.**

### Motricidad Fina

| | |
|---|---|
| Apretar plastilina | Tocar la boca |
| Tocar la barba | Tocar los oídos |
| Tocar los ojos | Empujar un botón |
| Hacer gesto de OK | Pulgar hacia arriba |
| Hacer gesto de victoria | Apretar juguetes que producen sonidos |

Apretar gancho de ropa
Recoger monedas y dejarlas caer en el frasco
Rodar como tambor los dedos en la mesa.

Esta es la fase apropiada para empezar la Imitación oral motora. Vea la imitación verbal, Fase 2 Imitación oral/motora).

**Fase 6:**     **Cadena continua.** Después de 10 imitaciones que hayan sido aprendidas de la Fase 2, haga que el estudiante siga mientras que usted junta una serie de respuestas. Varíe las respuestas para mantener el interés y la atención y promover generalización. Empiece con dos o tres respuestas y después continúe con cadenas más largas. La meta es dar una sola "señal" o "clave" verbal y diferir el refuerzo hasta que la cadena sea completada.

**Fase 7:**     **Imitación avanzada.** Una vez se hayan aprendido diez imitaciones de la Fase 2 y cinco de la fase 5 continué a discriminaciones más finas.

Ejemplos de Discriminaciones:
Alzar un brazo Vs. dos brazos
Tocar la nariz con un dedo Vs. con la mano
Después con la mano derecha Vs. con la mano izquierda
Tocar la mesa 1 vez Vs. 2 veces
Aplaudir alto Vs. aplaudir bajo

**Fase 8:**     **Cadena de dos pasos.** Requiere el uso de la memoria. Después de 20 respuestas que sean dominadas de la Fase 1 y Fase 7, comience a encadenar reacciones, en relaciones de dos pasos (ejemplo: póngase el sombrero y abra la puerta). Empiece con los objetos enseñados en Fase 1 y Fase 3. Demuestre ambas respuestas mientras que el estudiante observa. Si es necesario, ayúdelo a esperar hasta que la segunda acción sea completada, luego usted haga que ejecute las dos respuestas. Una vez que el es bueno con las respuestas de la Fase 1 y Fase 3, empiece a usar objetos entrenados en la Fase 2 y Fase 5 (por ejemplo, aplauda cierre y abra las rodillas).

**Fase 9:**  **Cruzándose:** Ej.: tocar pierna derecha con mano izquierda; tocar hombro izquierdo con mano derecha.

**Fase 10:**  **Dos reacciones en una:** Ej.: tocar hombro con mano derecha y la rodilla con la mano izquierda, cruzando los brazos.

**Fase 11:**  **Cadenas de tres pasos.** Lo mismo que la Fase 8, pero el estudiante ejecuta tres pasos en lugar de dos.

**Fase 12:**  **Imitación de acción en vídeo.** Muestre estímulos visuales y dígale " Haga esto"

    a.  Una acción sencilla y discriminada

    b.  Acción de dos pasos (simultáneos)

    c.  Acción de tres pasos (simultáneos)

    d.  Cadena continua

    e.  Dos pasos a intervalos

    f.  Tres pasos a intervalos

    g.  Pausa de una imagen de video

    h.  Acción en foto

**Fase 13:**  **Imitar acción en foto.** Presente una foto de alguien en acción y diga "Haga eso".

**Cruce de Referencia:**  La imitación está incorporada en el Bloque de Imitación, Juego e Imitación Verbal. También lo llevará a Direcciones Receptivas. La negación incluye "no haga esto". Por Favor consulte esos programas para mayor información.

# Imitación de Bloques

**Objetivos:**

1. Aprender a jugar con un objeto en forma correcta y apropiada

2. Aumentar sus habilidades de formar patrones visomotores

3. Aumentar atención y memoria

4. Establecer auto control de comportamiento (por ejemplo, no agarrar los bloques, tirarlos, etc.)

5. Aumentar habilidades de motricidad fina

6. Enseñarle la habilidad de mirar sus materiales de trabajo y las acciones de la maestra

7. Enseñarle a esperar turno

**Procedimiento:** Este programa se puede hacer con cualquier tipo de materiales incluyendo bloques, legos o formas cortadas de papel de colores. El instructor se sienta en la mesa al frente del alumno. Cada persona tiene su propio montón de materiales al lado de la mesa. El instructor forma una estructura en el centro de la mesa con sus bloques. El estudiante debe copiar el diseño usando los bloques que tiene en la mesa en frente de él. Debe copiar esto como si fuera un diagrama. Utilizar bloques de varias formas y colores. Empezar con dos o tres bloques y gradualmente aumentar el número de ellos.

Una vez que la estructura ha sido construida, ellos deberán incorporarlas a un juego (por ejemplo, empujar el carro por abajo del puente). Varios tipos de bloques se pueden incluir en las estructuras. También, figuras de acciones, animales, etc.

**Ayudas:** Use guía física, demostración, ayuda verbal, señalamiento o una combinación de estas. Gradualmente desvanezca las ayudas de manera que el alumno trabaje independiente. Al principio, como ayuda debe tener solamente los bloques necesarios para la estructura. Más adelante incluya bloques adicionales que no van a formar parte de la estructura.

| EDAD | JUGUETES/EQUIPO | JUEGOS | INTERACCION |
|------|-----------------|--------|-------------|
| 2-3 | Ver y decir<br>Estampillar<br>Calcomanías<br>Rompecabezas simples<br>Muñecas<br>Caracteres<br>Organizar fichas<br>Columpios<br>Carros<br>Libros<br>Videos musicales<br>Cocinar<br>Música | Escondidas<br>Canciones Interactivas<br>Colorear<br>Juegos con Pelota<br>Canicas de colores | Juego solitario<br>Pelota<br>Fiesta de te<br>Búsqueda<br>Juego de círculo |
| 4-5 | Juegos Lego<br>Canicas de colores<br>Bloques<br>Carros<br>Rompecabezas<br>Muñecas<br>Figuras de Disney<br>Pintura<br>Jugar a la cocina | Mundo de dulces<br>Escaleras<br>Juego de pelota<br>Fútbol | La Lleva<br>Esconder y buscar<br>Juego de fichas |
| 6-7 | Juego de computadores<br>Máquinas | Uno<br>Béisbol<br>Fútbol<br>Ballet<br>Patinaje en hielo<br>Hockey | Dormidas por fuera de la casa<br>Atrapar<br>Vestirse/casa<br>Construir fuertes<br>Brownies |
| 8-10 | Colección de cartas<br>Modelos de aviones/carros | Hockey de calle<br>Béisbol<br>Baloncesto<br>Gimnasia | Dormidas por fuera de la casa<br>Eventos deportivos<br>Atrapar escoger |
| 11-15 | Patinaje<br>Música<br>Libros<br>Maquillaje<br>Joyas<br>Revistas | Béisbol<br>Fútbol<br>Deportes acuáticos | Dormir por fuera de la casa<br>Llamadas telefónicas<br>Citas<br>Centros comerciales<br>Cine con amigos |

**Criterio de Entrada:** El alumno ha aprendido tres ítems del Programa Imitación No Verbal Fase 1.

**Criterio de Dominio:** El alumno puede cumplir correctamente una respuesta 8 de 10 veces sin ayudas. Esto debe repetirse con por lo menos un instructor adicionalmente.

**Fase 1:** **Construir una Torre.** Darle los bloques y decir "Construye una torre". Empiece con una torre de dos bloques y gradualmente aumente el tamaño de la misma. Se espera a la edad de 1-6 obtener la construcción de torres de 4 bloques, de 2-0 de 6 bloques y 2-6 de 8 bloques.

**Fase 2:** **Discriminar Formas Coloreadas.** Ponga dos bloques diferentes encima de la mesa, separados por 25 cm. (por ejemplo, cuadrado rojo y rectángulo verde). Dé al alumno un bloque igual a uno de los que están sobre la mesa y dígale "Póngalo con el que es igual". Esto es para verificar que él puede distinguir entre los bloques.

**Fase 3:** **Pasos Secuenciales.** Ponga una hoja de papel para definir el área de trabajo de cada quien. El instructor cumple un paso de construcción y espera que el estudiante le copie ese paso. Entonces, proceda al siguiente paso de la construcción. Anote la cantidad de pasos cumplidos y las ayudas usadas. Establezca la imitación correcta de todas las posibles configuraciones comenzando por la más fácil y progresando hacia la más difícil.

a. Encima

b. Izquierda Vs. Derecha

c. Frente Vs. Atrás

d. Orientación de bloque

Asegure que variará las formas y colores de los bloques utilizados y sus posiciones de tarea a tarea. El propósito es desarrollar la generalización de imitación, no es enseñar diseños específicos.

**Fase 4:** **Estructuras Pre-Construidas.** El instructor completa una estructura de modelo, antes que los alumnos empiecen con la suya. Si es necesario se puede ocultar a la vista del alumno para asegurarse que él espera. Gradualmente aumentar la dificultad que tiene cada estructura.

**Fase 5:**          **Copiar Diseños de Bloques con Cubos de color de una pulgada**

a.  Horizontal

b.  Vertical

c.  Combinaciones vertical/horizontal

d.  Agregue dimensión frontal/trasera

**Fase 6:**          **Copiar Formas de Bloques con Cubos del mismo Color.** (por ejemplo, madera natural, ladrillos de cartón, etc.).

**Fase 7:**          **Copiar Diseños de 2 Dimensiones** (fotografía o dibujo).

**Fase 8:**          **Crear una Estructura Específica:** mesa, silla, puente, garaje, carro, avión, tren, casa, cama, barco, etc. Formar un modelo de los bloques donde aparece uno de estos objetos. Tomar una foto del modelo que se puede usar junto con instrucciones verbales. El alumno debe poder construir el mismo modelo. Poco a poco, retirar el uso de la foto hasta que el alumno pueda formar el modelo sin la foto. Puede incorporar otras figuras (por ejemplo, una muñequita para acostar en la cama). Incorporar en el juego los modelos. (Por ejemplo, manejar el "carro", empujar el "tren", poner animales en el "corral", etc.).

**Fase 9:**          **Diseñando de la Memoria.** Mostrarle el diseño por cinco segundos, después taparlo. El alumno debe formar la estructura de la memoria.

# Habilidades Motoras

**Objetivos:**

1. Incrementar el control sobre la motricidad: balance, fuerza, coordinación

2. Aumentar la conciencia de la orientación corporal en el espacio

3. Incrementar el control de la motricidad fina y la coordinación visual motora

4. Incrementar la conciencia ambiental

5. Mejorar el plan motor

6. Aprender a seguir los pasos secuenciales

7. Incrementar las oportunidades para una interacción social

8. Establecer nuevos refuerzos

9. Expandir las oportunidades de juego

10. Desarrollar la rapidez de estar listo para las habilidades pre-académicas

11. Desarrollar la rapidez para las habilidades de auto-ayuda

**Procedimientos:** Estas habilidades pueden ser enseñadas de una manera informal. Usted debe seleccionar de tres a cinco objetos para trabajar al tiempo. Algunos de los objetos pueden ser incorporados en el programa de Imitación No Verbal. Otros son más apropiados para trabajar durante el tiempo de juego.

**Ayudas:** Utilice guía física, demostración, ayudas verbales o alguna combinación. Gradualmente disminuya las ayudas para que el estudiante pueda desarrollarlas de forma independiente.

**Criterio de
Entrada:**    El estudiante puede sentarse en una silla, quedarse parado
quieto, sostener objetos y poner atención al instructor.

**Criterio de
Dominio:**    El estudiante presenta una respuesta correcta 8 de 10 veces sin
ninguna ayuda.   Esto debe repetirse por lo menos con un
instructor adicional.

## Motricidad Gruesa:

| | | |
|---|---|---|
| Pararse/Sentarse | Caminar de lado | Jugar con una bola |
| Brincar | Saltar con los dos pies | Patear |
| Dar la vuelta | Correr | Llevar el ritmo |
| Bailar | Deslizarse | Juguetes de rueda |
| Pararse en un solo pie | Triciclo | Columpio |
| Subir una escalera | Bicicleta | Caminar hacia atrás |
| Jugar a atrapar | Saltar la cuerda | Patinar en hielo |
| Nadar | Bolos | Sube y baja |
| Galopar | Voleibol | Patinar en ruedas |

## Motricidad Fina:

| | |
|---|---|
| Voltear el pomo de la puerta | Cortar con tijeras |
| Enhebrar pepas | Pegar sobre libros |
| Doblar papel | Amasar arcilla |
| Rompecabezas | Pegar ganchos en la ropa |
| Puyar Papeles | Utilizar una regla para trazar una línea |
| Llenar una jarra con líquido | Mover algo y meterlo en un balde |
| Pegar | Pegar cosas en una cartulina |
| Poner un objeto dentro y sacarlo | Dibujar con tiza sobre el andén |

# Emparejamiento de objetos

**Objetivos:**

1.   Hacer que el alumno aprenda a poner juntos objetos que están asociados

2.   Aumentar atención a los detalles (por ejemplo, agrupar muchachos con camisas verdes Vs. muchachos con camisas rojas)

3.   Desarrollar representación simbólica (por ejemplo, una foto o dibujo representan un objeto)

4.   Aprender cómo utilizar materiales

5.   Desarrollar la independencia a través de seleccionar múltiples objetos

6.   Desarrollar habilidades utilizadas en los juegos

7.   Establecer la base para desarrollar la denominación receptiva y expresiva

8.   Desarrollar la habilidad que ayudará en la introducción de conceptos más avanzados (por ejemplo iguales/diferentes)

**Procedimientos:**   El alumno esta sentado en la mesa, el instructor al frente o al lado, le coloca dos objetos bien separados encima de la mesa. Le da al alumno un objeto igual a uno de los objetos que tiene encima de la mesa y le dice "póngalo con el igual". Si el objeto no se queda fácilmente sobre la mesa coloque ambos objetos cada uno en un plato. El objeto de meta debe estar colocado en su propio plato para considerar el ejercicio correcto. Cambie de posición los objetos para cada tarea; eventualmente incremente los distractores en la mesa.

Para facilitar el lenguaje también como para usarlo más naturalmente, una vez ha aprendido el concepto de lo igual, la señal verbal puede cambiarse con frases del mismo sentido incluyendo "Empareje", "¿Dónde va esto?", "Encuentre uno como este", etc. Los niños pueden rápidamente entender la estrategia de emparejamiento y muy pronto podrá omitir completamente las señales verbales.

Sin embargo cuando usted este listo para pasar a la denominación, será de mucha ayuda hacer tareas de emparejamiento en donde el objeto sea nombrado (por ejemplo: en lugar de decir "póngalo con el igual", el instructor dice "póngalo con galleta"). Esto hará que el estudiante se familiarice con el nombre. Para incrementar la motivación utilice materiales y conceptos interesantes (por ejemplo, comida, juegos, etc.).

**Ayudas:** Utilice guía física, demostración, ayudas verbales o alguna combinación. Gradualmente disminuya las ayudas para que el estudiante pueda desarrollarse de forma independiente.

**Criterio de Entrada:** El estudiante puede sentarse en una silla y sostener objetos. Si todavía tiene poco contacto visual, este programa ayuda a desarrollarlo porque para poder dar la respuesta correcta, el alumno debe mirar.

**Criterio de Dominio:** El alumno puede cumplir correctamente una respuesta 9 de 10 veces sin ayuda con sólo dos objetos y 8 de 10 veces con 3 o más objetos. Esto debe ser repetido con por lo menos un instructor adicional.

**Fase 1:** **Objeto-a-objeto (tridimensional).** Usar pares idénticos de objetos conocidos por el alumno incluyendo algunos que encajan fácilmente (por ejemplo, platos, tazas, cucharas, bloques, etc.). Empezar con dos objetos. Poner sobre la mesa el primer objeto (no ponga el distractor). Entréguele el objeto igual y diga "póngalo con el igual". Gradualmente mueva un segundo objeto desconocido como un distractor en la mesa. Cuando el estudiante responda bien aproximadamente 3 veces con el distractor presente y sin ayuda, repítalo con el objeto # 2 cuando el objeto 2 sea ejecutado regrese y revise el objeto 1 y luego el objeto 2. Finalmente ponga los 2 objetos meta al mismo tiempo y comience a preguntar aleatoriamente por el uno o el otro. Esto se llama Rotación Aleatoria. A medida que cada objeto sea dominado, seleccione otro objeto adicional. Una vez que el nuevo objeto es dominado de forma aislada, entonces debe ser seleccionado aleatoriamente con los demás objetos aprendidos.

## Objetos Encajables:

| | |
|---|---|
| Vasos | Platos |
| Tazas | Canastas |
| Conos boca abajo | Bandejas |

Una vez el estudiante es bueno en asimilar en la mesa esto puede hacerse donde él se mueva dentro del cuarto para encontrar objetos para asimilar. Usted puede entregarle un objeto de muestra que él puede llevar consigo para hacerlo más fácil. Más tarde usted puede hacer esto sin darle a él el objeto (él solamente lo va a ver).

**Fase 2:** **Foto-a-foto (Objetos idénticos, personas, animales).** Empiece esta fase cuando el estudiante haya dominado diez objetos de la fase 1. Utilice pares de fotos idénticas. Escoja objetos conocidos por el alumno. Empiece con dos objetos. Siga el procedimiento de enseñanza de discriminación de donde una acción es representada la Fase 1. Al aprender bien cada objeto, presente un objeto adicional.

Si el estudiante tiene dificultades para hacer la transición de objetos de tres dimensiones a fotografías, seleccione objetos progresivamente mas planos. Objetos como portavasos, pedazos de tela y tapas pueden usarse para la transición y progresivamente se irán desvaneciendo hasta llegar a objetos muy planos y sin textura.

**Fase 3:** **Foto-a-foto (de acción o movimientos idénticos).** Empieza cuando el alumno haya dominado diez objetos de la Fase 2. Se repiten los pasos mismos de la Fase 2, pero se utilizan fotos de acciones.

**Fase 4:** **Color.** Empieza cuando el alumno haya dominado bien diez objetos de la Fase 1. Utilizar pares de objetos o cortar figuras idénticas en todo, excepto en el color. La edad de desarrollo para la cual la habilidad esta identificada se ha tomado del "Inventario de Brigance para el Desarrollo del Niño" y es mostrada en paréntesis por años y meses.

    a. Rojo, azul (B: 2-0)
    b. Verde, amarillo, anaranjado, morado (B: 2-6)
    c. Café, negro, rosado, gris (B: 3-0)
    d. Blanco (B: 4-0)

**Fase 5:** **Forma.** Empieza cuando el alumno haya dominado diez objetos de la Fase 1. Use pares de objetos o cortar figuras en papel de construcción que sean idénticas en todos los aspectos con excepción de la forma.

    a. Círculo, cuadrado (B: 3-0)
    b. Triángulo, rectángulo (B: 4-0)
    c. Rombo (B: 5-6)

**Fase 6:** **Tamaño.** Utilizar pares de objetos o cortar pares de figuras idénticas de papel de construcción pero de diferentes tamaños .

**Fase 7:**     **Objeto-a-Foto Idénticos (3-D a 2-D).** Empieza cuando el alumno haya dominado bien diez objetos de la Fase 3, siga el mismo procedimiento que en la fase 2, excepto que el estudiante aparee objetos correspondientes a la figura.

**Fase 8:**     **Foto-a-Objetos Idénticos (2-D A 3-D).** Empieza cuando el alumno haya dominado diez objetos de la Fase 3. Siga el mismo procedimiento de la fase 2, sólo que el alumno aparea foto del objeto al objeto.

**Fase 9:**     **Encontrar el Igual (Señalando).** Para esta habilidad, mostrarle (pero no darle) al alumno un objeto de la foto. Decirle "Encuentre el igual". La respuesta es apuntar el objeto/foto correcta.

Después que esto sea dominado en la mesa, el estudiante deberá hacerlo encontrando objetos alrededor del espacio de trabajo.

**Fase 10:**    **Dimensiones Múltiples (Idénticas combinaciones de color, tamaño y forma).** Seguir el mismo procedimiento como en las Fases 2, 4, 5 y 6 sólo que el alumno aparea según dimensiones combinadas. Por ejemplo, círculo rojo Vs. cuadrado rojo y decirle "Ponerlo con el igual". La respuesta correcta es que él lo ponga junto con el cuadrado rojo. Al ponerlo junto con otra cosa roja no es correcto.

**Fase 11:**    **Escoger.** Empieza cuando el alumno haya dominado bien diez objetos de la Fase 1 y 2. Darle 2 objetos a la vez para escoger, gradualmente aumentar el número de objetos. La directiva verbal es "escoja". Como ayuda decirle "Escoja ponerlo con el igual". Avanzar a actividades de la vida diaria, funcionales.

**Escoger**

| | |
|---|---|
| Color | Forma |
| Tamaño | Fotos |
| Comidas | Categorías |
| Lavandería | Cubiertos, platos y ropa |
| Orden alfabético | Hacer mercado |

**Fase 12:**    **Objetos No Idénticos (3-D).** Empieza con esto cuando el alumno haya dominado bien diez objetos de la Fase 7 u 8. Haga grupos de objetos que son similares visualmente, pero no idénticos. (por ejemplo, galletas diferentes). La respuesta es que el alumno hace grupos de objetos similares, (galleta Vs. zapato). La directiva verbal es "Poner junto con [las galletas]".

**Fase 13:** **Fotos No Idénticas. (2-D).** Empieza cuando el alumno haya dominado bien diez objetos de la Fase 10. Hacer pares de fotos que son similares, pero no idénticos. Por ejemplo, --diferentes perros--. La respuesta correcta es que el alumno hace grupos de fotos similares (perros Vs. carros). La directiva verbal es "Poner junto con [el perro]".

## Emparejamiento no idéntico

| | | |
|---|---|---|
| **Galletas** | **Carros** | **Flores** |
| **Zapatos** | **Camisas** | **Bolas** |
| **Personajes** | **Perros** | **Libros** |

**Fase 14:** **Objetos No Idénticos a Fotos y Fotos a Objetos.**

**Fase 15:** **Acciones No Idénticas.** Poner juntas fotos de diferentes personas haciendo las mismas acciones.

**Fase 16:** **Cantidad.** Aparear tarjetas mostrando el mismo número de objetos o puntos dibujados. (por ejemplo, tres patos junto con tres estrellas).

**Fase 17:** **Asociaciones.** (Artículos u objetos que se acompañan). Entréguele el objeto o foto al estudiante y pregúntele "¿Con qué va esto?"; él deberá ponerlo con el objeto asociado.

### ASOCIACIONES

| | |
|---|---|
| Papel/lápiz | Pala/cubeta |
| Calcetín/zapato | Cuchara/plato hondo |
| Almohada/cama | Cepillo/pasta de dientes |
| Traje de baño/toalla | Lonchera/Emparedado |
| Tiza/pizarra | Tijeras/papel |
| Flores/florero | Cassette/grabadora |
| Video cassette /VCR | Camisa/pantalón |
| Guantes/mano | Calcetín/pie |
| Pinturas/brocha | Bicicleta/casco |
| Jarra/vaso | Cepillo/secador de pelo |
| Jabón/toallita | Tren/carril |
| Tuerca/tornillo | Martillo/clavo |
| Cortadora/grama | Aspiradora /alfombra |

**Fase 18:** **Emociones.** Aparear caras que muestren cada emoción (por ejemplo, enojo, tristeza, felicidad etc.)

**Fase 19:** **Preposiciones.** Aparear fotos que muestren diferentes objetos en el mismo sitio.

**Fase 20:**          **Letras, Números y Palabras.**

**Cruce de**
**Referencia:**       Note que la categorización es un concepto más avanzado que el
                      de emparejamiento no idéntico. Por favor consulte el programa
                      de "Categorías". El emparejamiento es una fase temprana de
                      leer y de conceptos cuantitativos.

# Dibujando

**Objetivo:**

1.  Mejorar las habilidades grafo-motoras

2.  Expandir las habilidades de recreación

3.  Expandir la imitación, interacción social y creatividad

4.  Aprender a obedecer instrucciones

5.  Mejorar el seguimiento de pasos secuenciales

6.  Incrementar la preparación para la escuela

7.  Incrementar la preparación para recrear historias

8.  Incrementar la preparación para escribir

**Procedimiento :** El estudiante se sienta en la mesa y su terapeuta se sienta al lado de él. Use un marcador que sea fácil de sujetar, y un papel en blanco o un tablero de borrar. El terapeuta demuestra la acción y dice "Haz esto" o utiliza otras instrucciones verbales como las que están enumeradas más abajo. Siempre use movimientos de izquierda a derecha y de arriba hacia abajo. Sea consistente en la forma como el estudiante debe sostener el marcador y que mano va a usar. Sin embargo no intente forzar el sostener el marcador en forma de trípode antes de que el niño esté listo para esto. Organice su trabajo en el papel en una forma sistemática. No salte alrededor de la página.

Sea divertido en su acercamiento. Además de pintar en la mesa usted puede usar otros elementos como paredes o tableros. Usted puede convertir un círculo en la cara de un gato, líneas que pueden convertirse en rieles de ferrocarril, etc. Utilice desde marcadores hasta crayolas, lápices y así sucesivamente, pero la mayor parte del tiempo deje que el niño use su elemento preferido. Busque siempre como incorporar dibujos entre otras actividades (por ejemplo: dibuje cajas en las aceras de la calle para juegos de saltos).

**Ayudas:**

Use guía física para llevar al estudiante a través de la acción. Gradualmente desvanezca la ayuda hasta que se convierta en un toque liviano.

**Criterio de Entrada:**

El estudiante se sienta en su silla, mira el trabajo y sostiene el lápiz.

**Criterio de Dominio:**

El estudiante ejecuta 8 respuestas de 10 correctamente sin ayuda. Esto debe repetirse por lo menos con un instructor adicional.

**Fase 1:**

**Control del Lápiz/Garabateando.** El instructor demuestra una acción y dice, "haga esto" y le da el lápiz al estudiante. Cualquier marca en el papel es aceptable.

**Fase 2:**

**Discriminación de los Movimientos del Lápiz: Empujar y Tirar Líneas Vs. Movimiento Continuo Circular.** El instructor demuestra una acción, diciendo "haz esto" y le entrega el lápiz al estudiante.

**Fase 3:**

**Llenar Espacios dentro de Líneas (Coloreando).** Empieza cuando el estudiante ya ha podido con éxito ejecutar las fases 1 y 2. Usando un color, dibuje un rectángulo. Después haga que el estudiante usando un color diferente llene el espacio dentro de las líneas. Como ayuda, llene un área de más o menos media pulgada de ancho justo en el borde de la línea. A medida que él mejora el estar dentro de las líneas, disminuya el ancho del área que usted está llenando. Gradualmente incremente la complejidad de las figuras hasta que principie a usar libros de colorear. Otra forma de ayuda para esto es hacer un dibujo utilizando pegante blanco y dejarlo que se seque. Esto crea un borde que se puede sentir cuando se está coloreando.

**Fase 4 :**

**Pintando.** Empiece cuando el estudiante pueda ejecutar exitosamente las fases 1 y 2. El instructor entrega los materiales y dice al estudiante "Pinten". Continúe usando una caja de pinturas.

**Fase 5:**

**Trazando Figuras.** Comience cuando el estudiante ya ha podido ejecutar con éxito las fases 1 y 2. El instructor hace líneas, círculos y otras figuras en una forma muy suave. El estudiante entonces es guiado para que dibuje sobre las líneas.

### Trazando Figuras
Línea vertical
Línea horizontal
Círculo
Diagonal
Cruz (+)
X
C (apuntando hacia cada una de las cuatro direcciones)

Nota: Las reglas de trazados suelen usarse como ayuda en este ejercicio.

**Fase 6 :** **Conectar Puntos.** Comience cuando el estudiante pueda ejecutar exitosamente las fases 1 y 2. El instructor hace dos puntos grandes y le dice al estudiante "una los puntos". Progrese haciendo desde líneas sencillas hasta figuras tales como una casa.

**Fase 7 :** **Copiando Figuras.** Cuando el estudiante pueda ejecutar exitosamente la fase 5, comience con imitaciones (copiando) de figuras. El instructor dibuja figuras y le dice al estudiante "haga esto".

**Fase 8:** **Copiando Dibujos de Objetos Familiares.** Comience cuando el estudiante pueda ejecutar exitosamente la fase 7.

| | | |
|---|---|---|
| Cara | Casa | Sol |
| Arbol | Flor | Hombre de nieve |
| Carro | Gato | Cucarrón |
| Sombrilla | Bandera | Gusano |

**Fase 9:** **Dibujando Figuras a Mano Alzada.** Comience cuando el estudiante pueda ejecutar exitosamente la fase 7, y el estudiante sepa el nombre de las figuras que se están dibujando. El instructor dice al estudiante " dibuje (una figura) ". Sin el uso de un modelo visible.

### Dibujando Figuras:
Círculo
Cuadrado
Triángulo
Diamante

**Fase 10:** **Use Reglas para Dibujar Líneas**

**Fase 11:** **Dibuje Objetos Familiares a Mano Alzada.** Sin el uso de modelos visibles.

## NOTAS DE TRABAJO

# Juego

**Objetivos:**

1. Desarrollar comportamientos que reemplacen la Auto-Estimulación.

2. Desarrollar habilidades que le permitan incrementar la independencia y uso constructivo del tiempo libre

3. Generalizar lenguaje y habilidades cognoscitivas

4. Suministrar formas para el desarrollo y uso de la imaginación, creatividad y pensamiento abstracto

5. Incrementar la atención

6. Mejorar física y emocionalmente el bienestar y la motivación

7. Proveer oportunidades para aprender por observación

8. Establecer formas para relacionarse socialmente con personas de su misma edad

9. Desarrollar intereses apropiados para su edad

10. Mejorar la calidad de vida

**Procedimiento:** Estas habilidades pueden ser enseñadas de una manera informal. Usted debe seleccionar de tres a cinco objetos para trabajar en un tiempo. Algunos de los objetos pueden ser incorporados en un Programa de Imitación No Verbal. Otros son más apropiados para ser trabajados durante el momento del juego. Estas son también actividades útiles para realizar entre programas, mientras que el estudiante aún está sentado en su silla. Demostrar y/o explicar cómo jugar con el juguete. Gradualmente aumentar la cantidad de tiempo en que el estudiante permanece en una actividad y aumentar la variedad de reacciones que el estudiante hace con un juguete.

Inicialmente al estudiante se le van a enseñar como pre-requisito las habilidades de jugar en la situación más natural posible. Sin embargo, es muy posible que se haga necesario comenzar enseñándole en un ambiente más estructurado. Además de reducir las posibles distracciones, es posible eliminar la estigmatización sobre el niño porque él no ha aprendido los comportamientos propios del juego. El procedimiento de las instrucciones deberá incluir: Demostración, reglas del juego y práctica. Una vez que las habilidades críticas han sido aprendidas, él practicará continuamente, desarrollará sus capacidades en el ambiente más natural posible.

ES CRITICO QUE LAS HABILIDADES DE JUEGO SEAN APROPIADAS PARA SU EDAD. POR LO TANTO, SE ACONSEJA QUE OBSERVE A LOS NIÑOS DE SU MISMA EDAD PARA QUE IDENTIFIQUE EN ELLOS SUS HABILIDADES EN LOS JUEGOS. ES POSIBLE TAMBIEN QUE SEA NECESARIO SELECCIONAR HABILIDADES QUE INCORPOREN COMPORTAMIENTOS AUTO-ESTIMULATORIOS.

No se limite usted mismo a jugar sólo en actividades que usted cree que al estudiante le van a gustar. El propósito de éste programa es expandir sus intereses en juegos en donde se va a tomar tiempo para desarrollarse. Inicialmente va a ser muy importante proveerle de ayudas para entrar en una actividad, aunque esto sea por momentos de muy corta duración. Asegúrese de que el tiempo inicial requerido sea breve, de tal forma que él no lo encuentre adverso. Con el tiempo usted podrá incrementar la duración y gradualmente desvanecer los refuerzos a medida que las actividades mismas se vuelvan intrínsecamente reforzadoras para él.

**Ayudas:**

Use guía física, demostración, ayuda verbal, o combinación de estos. Gradualmente desvanezca las ayudas de tal forma que el estudiante actúe independientemente.

**Criterio de Entrada:**

Estas habilidades deben comenzar tan pronto el estudiante presente progresos en Imitación No Verbal.

**Criterio de Dominio:**

El estudiante responde 8 de 10 veces correctamente sin ayuda. Esto debe repetirse por lo menos con un instructor adicional.

## ESTRATEGIA GENERAL DE ENSEÑANZA

1. Seleccione una habilidad de juego específica.

2. Divida la habilidad en partes que puedan ser enseñadas paso a paso.

3. Enseñe un solo paso a un tiempo.

4. Haga que el tiempo necesario sea corto, después gradualmente expándalo.

5. Provea abundante reforzamiento, haciendo énfasis en efectos animados ("Uau, ¿no es divertido?").

6. Disminuya la supervisión mientras que está alimentando y reforzando al estudiante por estar jugando correctamente.

7. Si un comportamiento auto-estimulatorio ocurre con alta frecuencia, verifique la naturaleza de la estimulación e identifique actividades que incluyan un aspecto de esta. Por ejemplo, use un juego de bola de cristal para un niño que busca estimulación visual: actividades como cortar y pegar, para estimulación táctil; usando juguetes que hagan sonidos, para estimulación auditiva. Deben ser redirigidos los Comportamientos estimulatorios que interfieren con la actividad del juego.

## AREAS DE JUEGO

Estos son ejemplos de diferentes tipos de actividades de juego que deberían ser incluidas como parte del programa de juego para el estudiante:

1. Sensorial

2. Juguetes

3. Rompecabezas

4. Artes y Destreza

5. Sonido

6. Juegos de mesa

# DESARROLLO DE LAS ETAPAS PARA EL JUEGO

A la edad (en años y meses) se muestra la habilidad típica que emerge de acuerdo a la edad, estas normas fueron tomadas del texto **Brigance Inventory of Child Development**.

1.  Juega con cosas que están más allá de su cuerpo (por ejemplo: cepillar el pelo de una muñeca, rodar un camión) (1 - 0)

2.  Pretender juegos sencillos (por ejemplo: comiendo, durmiendo) (1 - 6)

3.  Imitar actividades del hogar (por ejemplo: barriendo) (1 - 6)

4.  Asociación de objetos en el juego (por ejemplo: sacando el perro a una caminata) (1 - 6)

5.  Uso de juguetes para presentar una escena (2 - 6 )

6.  Envolverse en juegos pretendiendo actividades domésticas, por lo menos 10 minutos (2 - 6)

## Ejemplos

1.  Preparar un pudín

2.  Cubos
    a.  Coger los cubos
    b.  Amontonarlos
    c.  Haciendo filas
    d.  Diseños, torres, puentes, edificios, etc.

3.  Rompecabezas

4.  Escoger formas

5.  Legos

6.  Muñecas: Tocarla, abrazarla, alimentarla, mecerla, ponerla en la cama etc.

7.  Títeres: Pretender acciones, hablar del uno al otro, haga títeres como una tarea manual, hacer un acto de una historia favorita

8.  Camiones: Rodarlos hacia adelante y hacia atrás, cargarlos y descargarlos

9. Bola: Tirar, agarrar, rebotar, patear, rodarla

10. Objetos de juego: Yoyo, caja de sorpresa, burbujas de jabón

11. Actividades musicales y rítmicas

12. Cantando y bailando

13. Social: Vestirse para esto

14. Escenarios de juegos: Finca, estación de gasolina, aeropuerto, parque de juegos, casa de muñecas, etc.

15. Set de juego: reloj que se arma y desarma, casa Barbie

16. Juegos de mesa: juegos de laminas/igual con igual, dominó, bingo, concentración de memoria, hormiga en tus calzones, láminas de identificación de objetos y animales, etc.

17. Juegos de movimiento: Luz roja/luz verde, a las escondidas, papa caliente, siga al guía, las estatuas, el belillo, ula ula, etc.

18. Deporte: Tenis, baloncesto, billares, ping-pong y fútbol

# Canciones

**Objetivos:**

1.  Expandir la base del conocimiento del estudiante

2.  Desarrollar los refuerzos potenciales y el estímulo potencial para la calma

3.  Estimular el desarrollo del lenguaje

4.  Desarrollar formas adicionales para interactuar con otros

5.  Desarrollar actividades adicionales de relajación

6.  Ayudar al salón de clase a tener una integración exitosa

**Procedimientos:** Seleccionar canciones del tipo que usted considere le pueden gustar al estudiante. Recuerde cuál será la apropiada para la edad. Si él ha disfrutado anteriormente de Videos, entonces la música relacionada con los Videos favoritos es un buen punto de partida. Recuerde que las canciones que son sus favoritas, llegaron a serlo gracias a la exposición repetitiva de ellas. Las canciones que involucran movimiento son especialmente buenas para estimular la interacción, anticipación y el lenguaje.

### Ejemplos (Canciones de Ronda):

1.  Arca de Noé
2.  La Rueda
3.  El Vasito con Agua
4.  El Lobo
5.  Materile Rile Lon
6.  Agua Limonada
7.  Viejo Mc. Donald
8.  La Iguana
9.  Los Pollos de mi Cazuela
10. Canción de las Vocales
11. A-B-C Canción del Alfabeto

# Trabajo y Juego Independiente

**Objetivos:**

1. Aumentar la duración de un buen comportamiento durante el desarrollo de una Tarea

2. Desarrollar independencia

3. Promocionar una actividad de relajamiento apropiada

4. Ayudar al salón de clases para que exista una integración exitosa

5. Disminuir los comportamientos de auto–Estimulación

**Procedimientos:** El niño primero debe lograr a la perfección la habilidad que ha de mostrar. El objetivo en este programa es incrementar el tiempo que el niño puede permanecer en una tarea sin ningún tipo de dirección o retro-alimentación. Será necesario disminuir gradualmente la proximidad del adulto.

**Fase 1:** **Una actividad:** Asigne una tarea que el estudiante sea capaz de completar en un corto período de tiempo. Inicialmente, las tareas preferidas deben ser las actividades como (por ejemplo: rompecabezas, ojear un libro, juegos, etc.) y eventualmente deben incluir tareas (por ejemplo: cuelga tu abrigo, saca la basura, haga la cama, guardar los juguetes). Disminuya su presencia mientras NO SE ESTE SUMINISTRANDO NINGUNA AYUDA PARA TERMINAR LA TAREA. Si el estudiante completa lo asignado dentro del tiempo asignado, suministre una actividad que a él le guste. Si no se obtiene éxito, haga que repita la tarea. Gradualmente aumente la duración de la actividad.

### Ejemplos de Juegos:

Escoger figuras
Rompecabezas
Bloques
Legos
Canicas
Muñecas/Marionetas/Animales
Cartas Solitario/Juegos de memoria

Juegos
Dibujar/Colorear/Pintar un número
Cortar y Pegar
Construcción: Construir máscaras de bolsas de papel, arte con arena, arte de giros, joyería y tejido
Construir modelos: carros, aviones, etc.
Llenando puntos en una cartelera
Ojear un libro
Observar un álbum de fotos
Plastilina Gelatinosa (Esculpir - Formas o modelos)
Baloncesto, Balón mano, Tenis, Atrapar la bola, Saltar lazo, Ula Ula
Patinar, Montar en bicicleta, Saltar de un trampolín
Jugar con los trenes
Llantas Calientes
Adivinanzas con libros (Imágenes escondidas)
Construir un castillo
Vestirse
Salir a pasear el perro
Cavar para encontrar gusanos, buscar insectos
Jugar con juegos de Vídeo

## Diario Vivir y Habilidades de la Vida

Ordenando (por ejemplo: las medias, lavandería, la plata, el mercado)
Tareas de auto-cuidado (por ejemplo: vestirse, cepillarse los dientes)
Pintarse las uñas
Jardinería
Hacer el almuerzo/simple preparación de la comida/hacer palomitas de maíz en el horno microondas.
Tareas domésticas
     - Recoger la ropa
     - Guardar los juguetes
     - Limpiar la mesa
     - Poner la mesa
     - Sacar la basura
     - Doblar la ropa limpia
     - Hacer la cama
     - Trapear
     - Aspirar
     - Limpiar el polvo

**Fase 2:**    Dos actividades sucesivas.

**Fase 3:**    Tres actividades sucesivas.

# Guiones para Juego

**Objetivos:**

1. Enseñar al estudiante un gran rango de habilidades de juego

2. Aumentar la complejidad del lenguaje

3. Incrementar la imaginación y la creatividad

4. Expandir el rango de intereses e incrementar los tópicos de conversación

5. Suministrar oportunidades para el aprendizaje por medio de la observación

6. Aprender a seguir las reglas, cumplir con roles y ser introducido a la comunidad con sus normas de tal forma que haya un comportamiento social adecuado

7. Incrementar la interacción social

**Procedimientos:** Los guiones deben ser utilizados como una ayuda para el instructor de cómo conducir el juego. Cuando el estudiante sea capaz de generar su propia forma de juego, el instructor deberá abandonar el guión hasta que el juego del niño se detenga. Inicialmente estos guiones pueden ser usados utilizando Imitación No Verbal o Instrucciones Receptivas. Con el tiempo, el objetivo es que él pueda generar sus propias variaciones del juego. El desarrollo de la secuencia del juego espontáneo es:

1. Guiones

2. Combinación creativa de elementos de diferentes guiones

3. El estudiante se inventa elementos nuevos para un guión

4. El estudiante crea un nuevo guión para un tópico designado

5. El estudiante escoge un nuevo tópico e inventa uno escrito

**Ayudas:**      Utilice una guía física, demostración, comunicación verbal, señalamiento o proporcionando una ayuda. Gradualmente disminuya las ayudas hasta que el estudiante logre desarrollarlas de forma independiente.

**Criterio de
Entrada:**      Una cadena de eventos de Imitación No Verbal continuada.

**Criterio de
Dominio:**      El estudiante ejecuta una respuesta correcta nueve de diez veces sin haberle suministrado ayuda con dos alternativas, ocho de diez veces con tres o más alternativas. Esto debe repetirse con por lo menos un instructor adicional.

**Guión 1:**     Construir objetos y crear una situación. Esto es una extensión de Imitación de bloques.

**Hamburguesa de McDonald**
Construir el restaurante
Seguir con el menú
Ofrecer los alimentos
Ordenar la comida
Decidir si se va a comer en el restaurante o es para llevar
Pagar a la cajera
Si se come en el restaurante: Escoger un lugar para sentarse, comer; limpiar la bandeja y abandonar el lugar
Si se lleva: Decidir a dónde ir, comer, limpiar

**Otras cosas para construir**: Tienda de juguetes, tienda de mascotas, pista de carreras, tienda de ropa, tienda de alimentos y Terminal Marítimo.

**Guión 2:**     **Ir por un paseo en carro**
Construir una calle con bloques
Construir una estación de gasolina
Manejar a la estación de gasolina
Parquear, poner gasolina, pagar
Limpiar los vidrios, revisar el aceite, inflar las llantas
Ir a pasear

**Guión 3:**     **Buscando un Tesoro**
Esconder partes del "tesoro" (refuerzos) a través de la casa. Intente utilizar partes de un juego de Nintendo u otro juego favorito.
Haga mapas o escriba pistas en las tarjetas para la localización del tesoro. Esto es una gran oportunidad para utilizar los conceptos de preposiciones.

Junto con cada pieza del tesoro que él encuentre, hay una pista para la localización del siguiente tesoro. Al final, el último tesoro debe ser uno muy grande.

**Guión 4:**    **Tres Cerdos:**

Construir cada casa: con paja, palos de manera, ladrillos. "Yo soplaré y soplaré hasta tirar la casa"

Tirar la casa abajo

Reconstruir las casas

**Guión 5:**    **Piratas**

Todo el mundo canta "yo-ho-ho"

Subir en el bote

Cañones disparan: cargar, listos, preparar, disparar, boom!

Navegar a una isla

Encontrar el mapa del tesoro

Buscar el tesoro

**Guión 6:**    **Naves del Espacio**

Ponerse un traje de astronauta, casco, etc.

Amarrarse con el cinturón de seguridad

Despegar

Explorar Marte, la Luna, etc.

Ir por una caminata en el espacio

Quedar atrapado en una lluvia de meteoritos

Caer en el océano

Estar en un desfile

**Guión 7:**    **Actuar la historia de un libro**

Utilice un libro que sea favorito y que tenga imágenes en cada página. Ajuste los personajes para que puedan ser actuados en cada escena del libro con las imágenes. Ejemplos: Solo la abuela & yo; Mickey y Minnie van a la Playa

**Guión 8:**    **Pretender Comer en un restaurante**

Mesa, platos, pretender un menú, imaginar la comida, imaginar el dinero

Manejar hasta el restaurante, parquear, entrar

Ser sentado por el anfitrión

Obtener el menú y ordenar la comida

El mesero trae la comida

Pretender que se come/bebe

El mesero trae la cuenta

Pagar e irse

**Guión 9:** **<u>Paseo a la Playa</u>**

Poner las cosas en el carro

Manejar/parquear

Cargar las cosas; encontrar un lugar en la arena

Abrir la sábana, poner la sombrilla

Ponerse la crema antisolar, ponerse las gafas de sol

Ir en un carro boogie

Construir un castillo de arena

Buscar conchas de mar

Tener un almuerzo picnic

**Guión 10:** **<u>Juego de finca</u>**

Construir un corral

Poner a los animales

Traer el tractor

Alimentar el burro

Ir a montar en el caballo

Obtener un trago de agua

**Otras ideas:** Construir un fuerte con almohadas, cobijas y sillas

Espectáculo de Magia

Hacer las impresiones de gente famosa

Malabaristas (pretendiendo)

Castillos

Actuar "Toy Story"

Peter Pan y el Capitán Hook

Aladino

Vaqueros

Imaginar una tienda de alimentos, tienda de helado, tienda de galletas, etc.

Imaginar un viaje a acampar: pescar; canoa, etc.

Imaginar que se construye un muñeco de nieve y un fuerte de nieve

Imaginar un viaje al Mundo de Disney

Pretender ir al circo

Construir el zoológico

Construir una Montaña y caída de agua

Imaginar ir a una piscina (con pequeños personajes)

**Cruce de Referencia:** Trabajo y Juego Independiente

Habilidades Motoras

Pretender

# Instrucciones Receptivas

**Objetivos:**

1. Incrementar la comprensión del lenguaje

2. Establecer obediencia

3. Establecer control instruccional que puede ser usado para disminuir los comportamientos alterados

4. Extender la terapia extensiva desde una silla hasta un entorno natural

5. Desarrollar la capacidad de atención y estar consciente, (ejemplo: para que el alumno recobre objetos que están más allá del instructor tiene que mantenerlos enfocados)

6. Incrementar la duración del comportamiento durante la tarea

7. Aumentar la memoria

8. Desarrollar la independencia

**Procedimiento**

Inicialmente seleccione partes de las que ha enseñado en la Imitación No Verbal. En lugar de decir "haga esto" el instructor simplemente le dice al estudiante que ejecute una acción. Principie con acciones que el puede hacer cuando está sentado en la silla. Más tarde, haga que el estudiante se mueva alrededor del cuarto, de la casa, etc. y progresivamente a más grandes distancias.

Gradualmente desvanezca la Demostración con ayuda para que el estudiante simplemente siga la dirección verbal. A medida que él progresa la complejidad de las instrucciones y la distancia entre el instructor y el estudiante deben incrementarse. El instructor debe ser poco intrusivo cuando está supervisando este trabajo.

A medida que la capacidad de atención del estudiante aumenta, principie a darle direcciones de pasos múltiples. Inicialmente, las tareas deben ser simples y muy generosas con el tiempo asignado para su cumplimiento.

Gradualmente incremente la complejidad de las tareas mientras que reduce el tiempo asignado para completarlo.

**Ayudas:**

Utilice Guía Física o demostraciones para mover al alumno a través de la acción. Reduzca la ayuda poco a poco para que el alumno trabaje independiente.

**Criterio de Entrada:**

El alumno puede desempeñar varias acciones por imitación.

**Criterio de Dominio:**

El alumno responde 8 de 10 preguntas sin ayuda. Esto debe repetirse con al menos un instructor adicional.

**Fase 1:**

**Instrucción con pistas contextuales.** Ponga una pelota sobre la mesa y diga "dame la pelota". Corra la silla cerca de la puerta y diga "Abre la puerta, "cierra la puerta". "Ponga un objeto en el piso y diga" "cójalo" tome un bloque y dígale "construya los bloques" cuando dos respuestas hayan sido dominadas tenga ambos contextos presentes y establezca discriminación.

**Fase 2:**

**Manipulación de Objetos.** Se trata de instrucciones de 2 palabras que amarran una acción con un objeto determinado. Estas respuestas pueden facilitar el reconocimiento de los objetos bajo un contexto diferente, tal como el programa de Identificación Receptiva de objeto, donde la instrucción es "toque el objeto".

**Dirección Verbal Manipulación de Objetos.**

| | | |
|---|---|---|
| Ruede el carro | Suene las campanas | Tire la pelota |
| Coma galleta | Peine el cabello | Ponga sombrero |
| Use la cuchara | Bese la muñeca | Abrazo de oso |
| Sacuda la maraca | Conteste el teléfono | Vuele el avión |
| Sobe el perro | Burbujas de jabón | Sople el pito |

**Fase 3:**

**Conlleva una Auto Acción Presentada en Foto/Dibujo.** Esta fase está dirigida a los estudiantes que tienen dificultad con el lenguaje receptivo requerido en la fase 2. Para los estudiantes que han completado exitosamente la fase 2 usted puede elegir dejar esta fase o regresar más tarde a ella. Muestre ayudas y diga "haga esto" esto puede extenderse a una serie de pasos en un tablero de hojas desechables.

a. Secuencia de un paso

b. Secuencia de dos pasos

c. Secuencia de tres pasos

d. Secuencias extendidas

**Fase 4:**    **En la Silla.** Principie cuando 5 de los objetos de la fase 2 han sido aprendidos. Estas son acciones sencillas que se pueden cumplir desde el puesto donde está.

### Dirección Verbal en la Silla

| | | |
|---|---|---|
| Suene manos | Saque los brazos | Sonría |
| Párese/Siéntese | Brinque | Dame agua |
| Señale a | Coma _____ | Dame _____ |
| Golpee la mesa | Bebe _____ | Señale_____ |
| Levante brazos | Toque la nariz | Envíe besos |
| Dame abrazo | Estampe pié | Toma _____ |
| Mueve las manos diciendo adiós | Vaya/Pare | |

Nota: A los niños les gusta recibir un abrazo cuando se levantan. Sin embargo los instructores no deben dejar que cuando el niño se pare automáticamente se convierta en un abrazo, de lo contrario el estudiante va a confundir el significado de "ponerse de pie".

**Fase 5:**    ### Pretenda Acciones

| | | |
|---|---|---|
| Dormir | Conducir | Volar Avión |
| Beber | Comer helado | Conversar por teléfono |

**Fase 6:**    ### Dirección Verbal Fuera de la Silla en el Mismo Cuarto.

Esto puede comenzarse cuando 5 de los objetos de la fase 4 han sido aprendidos.

| | | |
|---|---|---|
| Prenda la luz | Bote la basura | Golpee la puerta |
| Cierre la puerta | Corra | Marche |
| Ande y/o pare | Abra la puerta | Traiga _____ |
| Camine | Tráigame _____ | Póngalo sobre la repisa. |

**Fase 7:**     **Ir a otro Cuarto y Regresar.** Principie esto cuando el estudiante ha aprendido 5 de los objetos de la fase 6. También es necesario que primero haya aprendido el nombre de varios lugares en la casa. Por ejemplo: vaya a la cocina.

**Fase 8:**     **Vaya al otro cuarto, ejecute una acción y regrese.** Empiece esto cuando el alumno haya dominado la fase 7. Es necesario que haya aprendido primero los nombres de varios sitios de la casa. Ejemplo: "vaya a la cocina" y coja el vaso.

**Fase 9:**     **Decir Vs. hacer.** El estudiante discrimina entre directivas para hablar Vs. directivas para repetir una frase.

Estudiante 1: "Diga, Párese"
Respuesta 1: El estudiante repite la frase.

Estudiante 2: "Levántese"
Respuesta 2: El estudiante hace la acción de levantarse.

Estudiante 3: Rotación sin secuencia entre estudiante 1 Vs. estudiante 2.

**Fase 10:**     **Instrucción de dos pasos.** Empiece esto cuando el alumno haya dominado 20 acciones de fase 2, 4 o 6. Usted puede también empezar a encadenar respuestas de 2 pasos. Es más fácil si usted empieza con respuestas de manipulación de objetos usando ayudas contextuales y luego desvanece los contextos. Pase después a respuestas de acción corporal. Use solamente acciones que han sido enseñadas previamente como instrucciones de un paso. Diga al alumno que haga la primera parte de la respuesta y espere que responda y luego pregúntele por la segunda parte de la misma. Disminuya gradualmente el tiempo para que le dé la segunda parte de la respuesta hasta que usted pueda dar la orden completa de una vez y obtenga la respuesta correcta. Si se requiere ayudarle para obtener el segundo paso, utilice ayuda no específica tal como "siga haciéndolo o siga intentándolo".

**Fase 11:**  **Instrucciones de 3 pasos.** Una vez que el estudiante está ejecutando correctamente la fase 10 a un 90% déle las instrucciones de 3 pasos. Use el mismo procedimiento de la fase 10.

**Fase 12:**  **Instrucciones condicionales.** Esta es una tarea avanzada. Enseñe al alumno a escuchar una instrucción y decida si ese le atañe a él o no. Asegúrese que él entienda los conceptos y puede responder si/no, preguntas que atañen a los conceptos usados por ejemplo: "¿es usted un niño?".

### Instrucciones condiciónales;

Si su nombre es Juan, levante la mano

Los niños, vayan a sus mesas

Si usted tiene zapatos zapatee

Si usted lleva pantalones azules póngase de pie

Si usted tiene un libro, levante su mano

**Cruce de Referencias:**  Muchas de las respuestas iniciales a ser enseñadas en este programa deberían ser establecidas en Imitación No Verbal, instrucciones receptivas conducen a completar tareas y aprendizaje observacional. Hay también una sección de imaginación que atañe a la dirección verbal. El concepto de "no" (haga algo) se enseña en el programa de la negación.

## NOTAS DE TRABAJO

# Denominación Receptiva

**Objetivo:**

1. Aprender los nombres de los objetos, actividades y conceptos

2. Hacer frecuente el proceso de denominación expresiva

3. Desarrollar razonamientos abstractos (por ejemplo, razonamientos deductivos)

4. Facilitar habilidades de atención

**Procedimiento:** El estudiante se sienta en la mesa y el terapeuta se coloca al frente o a su lado. Se colocan dos o más objetos bien espaciados aparte el uno del otro en la mesa. Las instrucciones a emplear son: "Toca" (el objeto). Mueva los objetos alrededor después de cada prueba. Muchos estudiantes se envuelven más activamente cuando ellos le entregan el objeto al terapeuta, en este caso la instrucción se debe convertir en "Dame" (objeto). Tan pronto como sea posible usted deberá variar la instrucción (por ejemplo, "Toque....", "Dame...", "Señale...", "Muéstreme...", "Dónde es..."). Generalmente se puede omitir en el comando la palabra y simplemente se nombra el objeto deseado. Esto necesariamente hace más fácil para el estudiante concentrarse en la palabra esencial. Variando la forma como los materiales son presentados va a incrementarse el interés. Por ejemplo, el estudiante puede ir alrededor del cuarto para encontrar los objetos nombrados o seleccionar el objeto de un tablero de velcro.

**Seleccionar objetos funcionales para que el estudiante se sienta muy motivado a aprender.**

**Ayudas:** Se empleará como ayuda la Guía de posición, para apuntar o señalamiento físico; se puede apuntar con el dedo, la boca, e inclusive utilizando los ojos y la ayuda se reducirá gradualmente a medida que el estudiante, haga la tarea independientemente.

**Criterio de Entrada:**

Al comienzo de la tarea, el estudiante pueda que empareje correctamente los objetos (vea el programa de "Emparejamiento de objetos") o pueda que sólo se limite a imitar la acción ejecutada por el terapeuta. Estableciendo algunas instrucciones verbales simples se facilitará el progreso en este programa, pero no es un pre-requisito.

**Criterio de Dominio:**

Si el estudiante responde de 8 a 10 órdenes correctamente sin emplear ayuda, la tarea se considera superada. Esto debe repetirse con por lo menos un instructor adicional.

**Fase 1:**

**Haciendo pedidos:** Utilizar objetos o dibujos que representen objetos o actividades, a las cuales el estudiante quiere tener acceso, cosas como comidas, bebidas, juguetes y televisión, radio o mecerse en un columpio, etc. Se le pregunta al estudiante ¿qué deseas? o ¿qué quieres? cuando él apunte con el dedo o su mano, el objeto o dibujo sus deseos se cumplirán.

Los objetos de Auto estimulación: Serán incluidos como opción. El valor del objeto auto estimulatorio se disminuirá por el estudiante cuando escoja otros objetos (galletas) sobre objetos auto-estimulatorios.

**Fase 2:**

**Partes del Cuerpo:** (Nota. La fase 3 se puede empezar al mismo tiempo o antes de este paso). Principie con una parte del cuerpo. Dígale al estudiante "Toque su (objeto)" cuando el primer objeto es ejecutado correctamente sin ayuda en 3 pruebas consecutivas agregue un segundo objeto. Una vez el segundo objeto está correctamente ejecutado sin ayuda en 3 pruebas consecutivas, regrese y repase el primer objeto. Continúe revisando los dos objetos hasta que el estudiante pueda ejecutar con presentaciones aleatorias. Agregue objetos adicionales uno a tiempo y rótelos con objetos ya aprendidos. A medida que cada nuevo objeto es dominado agregue un objeto en cada entrenamiento.

**Etapas de desarrollo:**
a.  Boca, Ojo, Nariz, pies (B: 1-6)
b.  Cabello, Lengua, Cabeza, Oreja, Manos, Piernas, Dedos, Barriga, espalda, Dientes, Pies (B: 2-0)
c.  Barbilla, Pulgares, Dedos, Rodillas, Cuello, Uñas. (B: 3-0)
d.  Rodillas, Cuello, Uñas, Mandíbula, Pecho, Tobillo (B: 5-0)
e.  Muñecas (Manos), Hombros, Caderas, Codos (B: 5-0)
f.  Cintura (B: 6-0)

**Fase 3:**   **Objetos Tridimensionales:** Esta fase se puede comenzar a la par de la FASE 2. Usando objetos que sean familiares para el estudiante y que hayan sido usados anteriormente en la Fase 8 de "Emparejamiento". Seleccione dos objetos: Para comenzar coloque el primer objeto en la mesa ("ojo" no coloque objetos que distraigan al estudiante). La orden a decir es: "Dame" (el nombre del objeto); una vez que el estudiante responda correctamente cuatro veces de cinco intentos con un distractor presente y sin ningún tipo de ayuda, repetir con el segundo objeto y cuando esto esté superado, devuélvase y revise el primer objeto, realice otras tareas diferentes y retome preguntando por el segundo objeto. Finalmente coloque los dos objetos al mismo tiempo y comience tareas aleatorias. Cuando cada objeto haya sido dominado, seleccione un objeto adicional para entrenar.

### Denominación de Objetos

| Ropa | Juguetes | Animales |
|------|----------|----------|
| Comida | Objetos de la casa | Muebles |

**Fase 4:**   **Objetos de una foto:** El instructor le pregunta al estudiante que señale un objeto en la foto.

**Fase 5:**   **Fotos de acción:** El instructor muestra fotos que demuestran varias acciones y le pregunta al estudiante que señale el nombre de la acción en la foto.

**Fase 6:**   **Foto de Personas:** (Generalmente los niños pueden aprender esto más rápido en 2-D que en 3-D). El instructor muestra fotos de personas y le pregunta al estudiante que los señale por nombre, incluyéndose el mismo, familia, terapeuta y amigos.

**Fase 7:**   **Gente (3-D):** El instructor le pide al estudiante que señale al instructor, a él mismo o a otra persona presente.

**Fase 8:**   **Retirar dos artículos:** (Por ejemplo: "Dame el vaso y el zapato").

**Fase 9:**   **Tamaño:** (grande/pequeño) (B:2-0).

**Fase 10:**   **Color**
Asegúrese hacer esto lo más divertido posible. Debe usar objetos que son parecidos en todo, excepto en el color (por ejemplo, use tazas de colores y esconda un premio debajo del color que usted va a preguntar). Use bombillos de color y cuando es correcto él puede prender la luz.

**Niveles de Desarrollo**
a.  Rojo, Azul (B: 3-0)
b.  Verde, Amarillo, Naranja, Morado (B: 3-6)
c.  Café, Negro, Rosado, Gris (B: 4-0)
d.  Blanco (B: 5-0)

**Fase 11:**            **Formas**
                        **Niveles de Desarrollo**
a.  Círculos, Cuadrados, (B: 3-6)
b.  Triángulos, Rectángulos, (B: 4-6)
c.  Diamante, (B: 6-0)

**Fase 12:**            Combinación de colores/objetos.

**Fase 13:**            **Dos Atributos Abstractos Combinados:** (tamaño y forma).

**Fase 14:**            **Tres Atributos Combinados:** (color/tamaño/objeto o color/forma/tamaño).

**Fase 15:**            **Fotos de Lugares:** (Cuartos de la casa y en la comunidad). El instructor coloca las fotos de lugares, habitaciones, en la mesa y le pide al estudiante que señale a uno de ellos.

**Fase 16:**            **Emociones.**

**Fase 17:**            **Conceptos Cuantitativos.**

                        **Niveles de Desarrollo**
a.  Muchos/uno; pequeño/grande (B: 2-0)
b.  Vacío/lleno; liviano/pesado (B: 3-0)
c.  Bajo/alto; delgado/gordo; menos/más; corto/largo (B:3-6)
d.  Despacio/rápido; poco/muchos; delgado/grueso (B: 4-0)

e.  Angosto/ancho (B: 5-0)

**Próximos Programas:** Atributos, categorías, funciones, ayuda comunitaria, preposiciones.

# Comunicación Funcional

**Objetivos:**

1. Enseñar la fuerza de la comunicación a través de modalidades no verbales

2. Proveer formas para satisfacer las necesidades de niños sin comunicación verbal

3. Disminuir los comportamientos alterados causados por la frustración de no poder comunicarse

4. Proveer el fundamento para el desarrollo del habla

**Procedimiento:** Este programa es usado por estudiantes que no están preparados para usar lenguaje con el objeto de pedir cosas. Esto permite un medio no verbal de comunicación con otras personas. Use cosas reales o fotografías, dibujos de artículos para que el estudiante pueda expresar deseos o necesidades.

**Ayudas:** Use ayuda verbal, señalando o ayuda Física. Gradualmente disminuya las ayudas.

**Criterio de Entrada:** El estudiante puede agrupar objetos idénticos.

**Criterio de Dominio:** El estudiante desarrolla una respuesta 8 de 10 veces correctamente sin ayuda. Esto debe repetirse por lo menos con un instructor adicional.

**Fase 1:** **Alternativas.** Presente al estudiante dos o más objetos. Pregúntele "¿Qué quiere?". Dele al estudiante el objeto que él escoja y retírele todos los demás. Espere un poco antes de ofrecerle las alternativas nuevamente, de tal forma que pueda haber una consecuencia por haber escogido el artículo incorrecto. Si el estudiante se frustra por no haber obtenido el objeto deseado, dele una ayuda (señálele o dele en la mano el objeto que usted cree que él quiere).

**Fase 2:**

    **a) Emparejando imágenes con artículos.** Comience esto cuando el estudiante ha completado la Fase 1. Coloque dos o más artículos en la mesa en frenté de él. Pásele una imagen y dígale "Ponla con la misma". Si es necesario, ayúdele. Refuércelo con una pequeña cantidad del objeto que esta en la foto.

    **b) Emparejando artículos a imágenes.** Comience cuando el estudiante haya completado la Fase 1. Ponga dos o más imágenes en la mesa en frente de él. Pásele un artículo y dígale: "Ponla con la misma". Si necesita ayuda, hágalo. Refuerce con una pequeña cantidad del artículo.

**Fase 3:**

    **a) Señalando a la imagen de un objeto.** Coloque dos o más imágenes en la mesa en frente del estudiante. Muéstrele un objeto (y el instructor debe sostener el objeto y mantenerlo fuera del alcance del niño) y dígale: "señala al objeto".

    **b) Señale el objeto que se muestra en la imagen.** Ponga dos o más objetos en la mesa, frente al estudiante. Muéstrele el objeto (pero el instructor debe sostener la imagen y mantenerla fuera del alcance del niño) y dígale: "señala al objeto".

**Fase 4:**

    **Hágale alternativas de una imagen.** Comience con esto cuando el estudiante haya dominado por lo menos 5 objetos de la Fase 2 y 3. Deje al alcance imágenes con objetos muy deseados por el estudiante. Utilice ayudas físicas para que el estudiante escoja la imagen del objeto deseado y se lo pase al instructor. Inmediatamente dele un nombre a la imagen y cambie la imagen por el objeto deseado. Cualquiera que sea la imagen que él toque, dele el objeto correspondiente. Usted también deberá utilizar las imágenes para representar actividades alrededor de la casa y fuera de ella. Vaya al área inmediata en donde el objeto/actividad está localizado y conduzca la tarea allí. Luego haga inmediatamente que represente el objeto en la imagen, por ejemplo: cosa para comer o beber, ir al baño, ir a columpiarse. Inicialmente haga que el estudiante esté muy cerca del lugar en donde el objeto está localizado. Luego haga que él le pase la imagen al instructor para inmediatamente representar la actividad.

Una vez haya respondido consistentemente, usted puede incrementar el número de imágenes presentadas. Al principio usted puede utilizar un objeto individual no preferido como medio de distracción para asegurar el significado de las alternativas para escoger. Gradualmente incremente la distancia y el número de imágenes que son presentadas. Una vez que el estudiante señale correctamente la imagen, utilice imágenes como un medio para que el pueda expresar su escogencia o su necesidad, a través del día.

## Comunicación de la imagen (Muestra de objeto)

| | | |
|---|---|---|
| Baño | Cinta de Video | Caminar afuera |
| Música | Montar en carro | Beber |
| Computador | Capitán Crunch | |
| Mecerse | Chitos | |

**Fase 5:** Siguiendo instrucciones presentadas con una imagen. Tomar fotos del estudiante desarrollando varias acciones; como aquellas realizadas en el Programa de Instrucciones Receptivas. Muéstrele la foto y diga al estudiante: " Haga esto".

**Cruce de Referencia:** Sistema de Comunicación de Intercambio de Imágenes (PECS) por Bondy y Frost.

# Tentaciones para la Comunicación

**Objetivos :**

1. Aumentar en el alumno el deseo de comunicarse

2. Hacer divertida la comunicación

3. Establecer la fuerza de la comunicación

4. Incrementar el uso espontáneo del lenguaje

5. Traer el habla bajo el control del estímulo apropiado del medio

**Procedimiento:** Este programa está diseñado para niños que han logrado hacer palabras sencillas y que razonablemente, se aproximan a expresar deseos. La articulación no necesariamente necesita ser precisa pero quién escucha debe poder diferenciar las palabras que el niño está diciendo. Refiérase a los programas de escogencia y Comunicación Funcional, para niños cuya habla no está desarrollada a este nivel.

Organizar situaciones que faciliten al alumno a querer verbalizar sus deseos. Este procedimiento fue descrito por Wetherby & Prizant (1989). Algunas de las estrategias a continuación fueron descritas anteriormente por Margery Rappoport en: "Maurice et al" (1996). Si es necesario utilizar una ayuda, utilice comportamiento no verbal (por ejemplo: inclinarse exageradamente o mirando al niño o moviendo los hombros. Comunicándole con esto la falta de estar entendiendo). Como último recurso darle una ayuda verbal parcial, tal como: "yo quiero..." o evite hacerle preguntas directas tales como: "¿Qué es lo que usted quiere?". No le pregunte que es lo que el quiere. Disminuya haciendo que las reacciones sean más naturales, tales como: haciendo pausas, para que el estudiante pueda llenar los vacíos.

**Ayudas:**                        Empiece con ayudas verbales completas.  Disminúyalo a una ayuda verbal parcial, luego pase a ayudar con lenguaje corporal (Gestos).

### Ejemplos :

1.  Comer una comida que el alumno le gusta o jugar con un juguete favorito frente a él sin ofrecérselo.

    Plastilina                    Galleticas
    Figuras en acción             Tren.

    Cuando el alumno pida dele cantidades pequeñas, para facilitar de ésta forma que él vuelva a pedir.

2.  Ofrecerle algo que no le gusta, hacerle algo que no le agrada, (ponerle la mano en algo pegajoso) para estimularle una protesta verbal.

3.  Active un juguete de cuerda; deje que se acabe la cuerda y ofrézcaselo,  espere que él pida que le dé cuerda.

4.  Abrir un recipiente de jabón líquido, hacer unas burbujas en el aire; tapar el recipiente y dárselo, esperar que él le pida que se lo abran y le hagan  más burbujas.

5.  Decirle al alumno que " ya terminamos el trabajo, pero no deje que se levante, hasta que él diga: "Quiero irme".

6.  Empezar un juego social con el alumno (por ejemplo: hacerle cosquillas, columpiarlo, etc.) hasta que él muestre gozo, entonces detener el juego y esperar que él responda o pida más.

7.  Empezar un juego, pero dejar fuera una parte divertida, (por ejemplo: Juegos de mesa, jugar a las escondidas, etc.) y dígale: "vamos a jugar".

8.  Inflar un globo y después desinflarlo despacio, darle el globo desinflado o esperar con el globo cerca de su boca para que él comunique su deseo de que se lo vuelvan a inflar.

9.  Empezar un rompecabezas y cuando haya puesto unas cuantas piezas, darle una pieza que no cabe.

10. Escoger un objeto favorito o uno que no haga ruido y meterlo dentro de una bolsa; tener la bolsa y esperar a que el alumno la pida.

11. Organizar un área para pintar con temperas y sacar todos los materiales menos uno (por ejemplo: el pincel, la pintura, etc.) ahora dele un contenedor sin agua y espere a que él le pida el agua.

12. Decirle al alumno que puede salir a jugar, pero dejar la puerta con llave.

13. Cuando él hace gestos para que le den de tomar algo, darle el vaso vacío.

14. Servirle su comida pero no darle el tenedor.

15. Colóquelo en una tina del baño sin agua y sin elementos de juego.

16. Tener al revés algún libro que le va a leer.

17. Armar algún juguete en orden equivocado (poner una pierna en lugar del brazo, etc.)

18. Cantar una canción favorita dejando una palabra sin pronunciar y solamente continuar el canto si el niño dice esa palabra.

19. Si el estudiante quiere que lo cargue, extienda los brazos pero no lo levante hasta que él diga: "súbeme" o algo aproximado.

20. Colocarlo en un columpio y darle algunos empujoncitos, luego parar el columpio y esperar hasta que le diga "empújame" o algo parecido.

# Imitación Verbal

**Objetivo:**

1. Construir el fundamento para el lenguaje oral

2. Incrementar de vocalización

3. Configurar articulaciones

4. Reducir la ecolalia (por ejemplo, colocando el hablar bajo el control apropiado de estímulos)

5. Reducir el mecanismo monótono y mecánico del hablar

**Procedimiento:**

Este funciona mucho mejor si se hace de una manera informal. Dependiendo de la fase, tal vez no haya necesidad de darle dirección explícita al estudiante. Frecuentemente funciona mejor sin el uso de la palabra "diga", simplemente modelando el sonido/palabra. Es muy importante que ésta sea una actividad divertida y no que parezca ser un programa. Para algunos niños, tal vez sea necesario sentarse en una silla. Algunos niños tal vez se divierten haciendo esto como un ejercicio, pero muchos otros niños van a responder mejor sí se hace en un contexto de juego. Cuando usted está modelando la conversación con el estudiante, va tener que determinar si va a funcionar mejor con material visual o no. Al presentar material visual (por ejemplo: Láminas ilustradas), le da un contexto significativo a la conversación, pero para algunos niños el agregar ésta modalidad puede ofrecer una distracción. Para aquellos niños que no se benefician del material visual usted puede practicar tareas Físicas, usando palabras separadas del proceso de aprender el significado y más tarde puede combinar todas estas cosas.

El instructor debe dar refuerzos en una forma excepcional, si se hace una retroalimentación, debe darse en una forma recreativa. Sea juguetón en su forma de trabajar (por ejemplo: utilizando cosquillas, y diciendo cosas como "Vamos, tu puedes decirlo"). Debe estar dispuesto a dar refuerzos no condicionados para mantener el clima y la experiencia extremadamente positivos. Utilice un nivel bajo de refuerzos por comportamientos, como:

sentarse y poner atención, dejando los refuerzos más poderosos para la producción verbal.

Para facilitar el lenguaje realice lo siguiente:

1. Seleccione sonidos y palabras que son más frecuentemente utilizados y emitidos por el estudiante

2. Seleccione sonidos que son desarrollados con Técnicas apropiadas. (Por ejemplo: "m" en vez de "z")

3. Seleccione sonidos que sean motivantes y más funcionales (por ejemplo: sonidos que hacen los animales: "mu", "ba", "ss")

4. Seleccione palabras que puedan ser motivantes y funcionales para el estudiante (por ejemplo: galleta, jugo, T.V., abierto, ayuda, no, se acabó, uh-oh, arriba, ir, más, fuera, cosquillas, etc.)

5. Muéstrele una imagen o un objeto durante el desarrollo de una tarea (a menos que esto brinde distracción)

6. Las palabras pueden ser utilizadas haciendo énfasis en un sonido específico (por ejemplo: "Galleta")

7. Trabaje en una ambiente agradable (por ejemplo: en Mc.Donnals, mientras se columpian, la piscina, caja de arena, etc.)

8. Imite el sonido del estudiante

9. El canto o gestos pueden ser muy útiles, igual que las ayudas visuales para ser asociadas con la vocalización

**Ayudas:**        Utilice Guía Física o Demostración. Gradualmente disminuya las ayudas hasta que el estudiante se desempeñe independientemente

**Criterio de Entrada:**

El estudiante emite algunos sonidos espontáneamente y está desarrollando un contacto visual apropiado y se ha especializado por lo menos en tres respuestas de Imitación No Verbal.

**Criterio de dominio :**

El estudiante desarrolla una respuesta 8 de 10 veces correctamente sin ayuda. Esto debe ser repetido por lo menos con un instructor adicional.

**Fase 1:**

**Incremento de vocalizaciones.** Cada vez que el estudiante haga un intento por hablar o comunicarse utilizando lenguaje, estimúlelo y felicítelo. Trabaje en esto en ocasiones cuando el estudiante está de buen humor y cuando está entretenido en actividades preferidas por él (por ejemplo: balanceándose, saltando, nadando, le están haciendo cosquillas, comiendo, etc.).

Una buena forma de incrementar el deseo de vocalizar es repetirle cualquier sonido que él emita. Tenga en cuenta cualquier actividad que esté asociada con vocalizaciones espontáneas. También utilice música, cantos y objetos que se muevan o hagan ruido cuando el estudiante utilice su boca (trompeta, pito, burbujas, etc.). Aporte canciones con movimientos para mejorar la vocalización. Trate de hacer que el estudiante complete las frases que el instructor comenzó. Cante canciones conocidas como: La Iguana, Las Vocales, El Trencito, etc.

**Fase 2:**

**Imitación Oral - Motora.** Empiece cuando el estudiante ha dominado las Fases 2 y 4 de Imitación No Verbal. Seleccione máximo 3 objetos para comenzar y agregue un objeto cada vez que lo logra con uno. El instructor demuestra una acción y dice, "Haga esto".

**Imitación Oral Motora.**

| | |
|---|---|
| Tocar la lengua | Tirar besos |
| Rotar la cabeza | Sacar la lengua |
| Abrir la boca | Sonidos con los labios |
| Tocar los dientes | Cantar por un tubo |
| Sonreír | Hacer sonido de indio |
| Mover la nariz | Mover la cabeza en forma de sí |
| Morderse los labios | Tratar de mover la oreja |
| Soplar un fósforo | Respirar fuerte por la nariz |
| Hacer sonido click - click | Chuparse las mejillas |
| Toser | Fruncir el ceño |
| Bostezar. | |

Hacer boca como los pescados
Mover la cabeza indicando negación
Abrir y Cerrar los ojos rápidamente (Espabilar)
Empujar con la lengua en las mejillas hacia fuera
Llevar la lengua a la comisura de la boca
Juntar los labios en forma de beso

**Fase 3:**     **Manipulación de un objeto haciendo sonido.** El instructor dice: "Haga esto" y demuestra movimiento de un objeto y hace que el sonido esté asociado con el objeto.

| | |
|---|---|
| Mover un carrito | "vroom" |
| Culebra | "ssssss" |
| Jugar con un león | "roar" |
| Jugar con un gato | "miau" |
| Se cae un juguete | "oh - oh" |
| Empujar un Tren | "chuu - chuu" |
| Impresión (manos en las mejillas) | "oh - no" |
| Hacer cosquillas imitando sonido de abeja | "bzzz" |
| Levantar un teléfono | "alo" |
| Rebotar como conejo | "hop - hop" |
| Tocar el pito de un carrito de juguete | "beep - beep" |
| Tocar con la mano en forma de cosquillas | "tickle" |
| Rodar algo que baje en inclinación | "owee" |

**Fase 4:**     **Discriminación Temporal.** Empiece una vez que el estudiante frecuentemente esté haciendo una variedad de intentos de habla. Introduzca una situación divertida para él, pero mantenga una estructura informal y trate de mantener el estudiante concentrado. Pregúntele por sonidos que usted haya escuchado que él emite. Dígale "Habla {sonido/palabra}". Ayúdelo moldeando el sonido que usted escuche de él. Espere hasta cinco segundos por una respuesta. Si el estudiante emite cualquier sonido durante este tiempo, refuerce inmediatamente. En ésta fase no importa si el sonido es el que usted le pidió u otro, mientras que éste ocurra en los cinco siguientes segundos de lo solicitado.

**Fase 5:**     **Imitación de sonidos y palabras.** Comience esto cuando el estudiante esté haciendo discriminación temporal (Fase 4) 80% del tiempo. Comience con 5 sonidos o palabras fáciles y adicione algunos en la medida en que vaya dominando los anteriores. Si él tiene ecolalia o dice cosas espontáneamente, puede usted también preguntar por aquellas palabras que le ha escuchado decir. También escoja sonidos que son parte de palabras que son funcionales para él. Esto incluye comida favorita o juguetes y las cosas del uso diario con las cuales está familiarizado (por ejemplo: "zapatos"). Dígale al estudiante: "Diga {sonido/palabra}" o haga énfasis en el sonido o parte de la palabra que más rápidamente pueda decir. Tal vez sea de ayuda mostrarle el objeto, al tiempo que se dice la palabra, pero esto puede causar distracción en algunos niños. Los siguientes sonidos están listados en orden de dificultad según la edad.

**Vocales**

a, e, i, o, u

**Consonantes fáciles**

M, b, p, d

**Sonidos más difíciles**

w, t, n
Tetero, Nena,
Gato, Kiosko, Foca, Yoyo
g, k, f, v, y
r, l, ch, Rojo, Loma, Nena
s, z, j, ll, ñ, r, Zapato, Sapo, Jarra, Llave, Oño, Carro.

**Fase 6:**     **Mezclas.** Comience ésta cuando el estudiante está bien preparado en por lo menos cinco sonidos de la Fase 5. Utilice sílabas que consten de sonidos de consonantes y vocales que el estudiante ya ha aprendido. Dígale al estudiante que forme y diga la primera parte de una sílaba, espere su respuesta y luego pídale la segunda parte de la sílaba. Gradualmente disminuya la espera para la respuesta de la segunda sílaba, hasta que usted diga las 2 sílabas al tiempo y ver que responde el estudiante.
**Combinaciones:**
M + a, e, i, o, u,
M + _____
D + _____
P + a, e, i, o, u,
S + a, e, i, o, u,

**Fase 7:**     **Sonidos sin pistas visuales.** Inicie ésta cuando el estudiante está preparado en por lo menos 10 sonidos de la Fase 5. Dígale al estudiante que haga un sonido/palabra pero cubra su boca para que el no pueda ver como hace el sonido usted.

**Fase 8:**     **Imitar modulación.** Pídale al estudiante que diga una palabra/sonido. Sólo refuerce las respuestas que encajen con la forma en que usted hizo el sonido.
**Modulación**
Fuerte/suave          Inflexión
Tono                  Largo/corto

**Fase 9:**     **Cadenas.** Haga que el estudiante combine sílabas sencillas en palabras de 2 sílabas.
Homogéneas: Mamá, adiós, adiós poo, poo, etc.
Una Vs. dos discriminaciones de sílabas. Ma. Vs. Mamá, Pa. Vs. Papá, etc.
Heterogéneos: Me-sa, Lo-ma, La-píz, etc.

**Fase 10:**             **Imitación de palabras/articulación.** Haga que el estudiante imite palabras. Y ayúdele a conseguir una mejor articulación. Concéntrese en sonidos que son apropiados para su edad y que él algunas veces los dice correctamente, pero que todavía no los domina. De particular importancia son los errores de articulación que reducen la claridad del sonido. Use abundantes felicitaciones y reforzadores muy buenos por las mejores aproximaciones a los sonidos deseados. Intercambie sonidos que él pueda decir mejor para mantener su confianza. Tenga cuidado de no extenderse corrigiendo su forma de hablar. Usted debe aceptar del 75% al 90% de su productividad. Por una producción que es de calidad intermedia usted puede felicitarlo y mejorar su articulación, pero no le pida que repita. Solamente en los peores casos, del 10% al 25% de su pronunciación, usted debe hacer una corrección. Una retroalimentación correctiva es decir " Diga: G-A-L-L-E-T-A".

                               Para hacer que la práctica de Imitación Verbal sea más interesante usted puede incorporar otra actividad. Por ejemplo, con niños que solamente juegan con bloques de construcción usted puede hacer que digan una palabra y luego ellos reciben unas piezas de bloques para que las pongan juntas y las armen. Intente esto con láminas, usándolo como reforzador por decir la palabra y tomar la lámina y mirar la imagen. La Imitación puede ser realizada mientras observan un libro juntos. También puede hacer esto mientras juegan a atrapar la bola saltando en trampolín, nadando, deslizándose, etc.

**Fase 11:**             **Imitando Frases.** Haga que el estudiante imite de 2-5 frases de palabras con articulación clara. Es muy común que la calidad de la pronunciación disminuya en la medida que el tamaño de la frase aumenta. Usted debe practicar a medida que es gustosamente un poquito más de lo que el estudiante puede fácilmente imitar. Si eso es alrededor de tres palabras, entonces divida las tres frases más largas en pequeñas de 2-3 palabras. Trate de agrupar palabras en frases naturales para que el discurso del estudiante no sea entrecortado.

# DIFICULTADES EN LA ARTICULACION

Mucho de los niños con Autismo con los cuales usted va a trabajar, apenas están aprendiendo a hablar. Mantenga siempre en la mente el nivel de desarrollo del niño.

Cuando estamos intercambiando con un niño neurotípico de 12 meses de edad, instintivamente sabemos que no vamos a corregir errores de pronunciación, sino que más bien estaríamos fascinados con cualquier intento del niño por comunicarse verbalmente. Nosotros deberíamos hacer lo mismo con un niño Autista de 4 o 5 años el cual tiene una articulación al nivel de un bebe de 12 meses. Además, el lenguaje es un proceso de desarrollo al que hay que darle tiempo razonable para que florezca. Cuando hay fallas de progreso las siguientes estrategias pueden ser de utilidad:

1.  Cuando se trabaja en Imitación verbal es crítico hacer que la experiencia sea tan positiva como sea posible

2.  Si va a usar retroalimentación correctiva (si llega el caso), ésta debe hacerse con mucho apoyo

3.  Cuando los sonidos no son claramente pronunciados, acéptelos inicialmente y refuerce la respuesta

4.  Cuando el estudiante esté aprendiendo a hablar, pula la pronunciación (por ejemplo: solicite lentamente mejores aproximaciones)

5.  Inicialmente acepte la pobre pronunciación del estudiante y moldee una articulación clara (por ejemplo: "G-A-L-L-E-T-A" Buena)

6.  Eventualmente no acepte respuestas articuladas pobremente, sin embargo, hágalo tan divertido como sea posible (por ejemplo.: cuando el objeto deseado es actualmente una coca cola, "Oh, ¿quieres espinacas?")

7.  Identifique los sonidos en los cuales el estudiante tiene dificultades y haga que se concentre en programas de Imitación verbal

**Cruce de Referencias**:     Denominación Expresiva
Conversación
Tentaciones de Comunicación

## NOTAS DE TRABAJO

# Denominación Expresiva

**Objetivos**

1. Proveer fundamento para construir lenguaje

2. Proveer al estudiante con medios para que comunicar sus deseos

3. Proveer al estudiante con un método para interactuar

4. Incrementar la comprensión del estudiante y el reconocimiento del mundo alrededor de él

**Procedimientos:** El instructor se sienta exactamente frente al estudiante le muestra un objeto y le pregunta "¿Qué es esto?". Inicialmente el instructor ayudará en la respuesta haciendo primero que el estudiante señale el objeto como en denominación receptiva o dando ayuda verbal. La ayuda se desvanece lo más pronto posible

ES MUY CRITICO SELECCIONAR PALABRAS MOTIVARAN EL APRENDIZAJE (POR EJEMPLO, COMER, ABRIR, AYUDAR, NO, TELEVISION, ETC.) TAMBIEN ES IMPORTANTE UTILIZAR INSTRUCCIONES VARIADAS LO MAS RAPIDO POSIBLE (Por Ejemplo, "¿Díme lo qué ves?", "¿Qué esta ocurriendo aquí?", etc.)

**Ayudas:** Utilice el programa de denominación receptiva o de ayuda verbal. Desvanezca la ayuda reduciéndola a voz muy baja o sólo diciendo el sonido inicial de la Palabra.

**Criterio de Entrada:** El estudiante ha dominado los objetos en la Fase 1 y 2 de "emparejamiento" y el programa de la Denominación Receptiva ha sido intentada. Si la identificación receptiva no se ha denominado, intente Denominación Expresiva con ayuda verbal. No es necesario que siempre se espere el dominio de la Denominación receptiva antes de empezar la expresiva.

**Criterio de Dominio:** El estudiante realiza una respuesta de 8 a 10 tareas correctamente sin ninguna ayuda. Esto debe ser repetido con por lo menos un instructor adicional.

**Fase 1:** **Solicitudes**. Uso de objetos o dibujos que representen elementos o actividades a las que el estudiante quisiera tener acceso (ejemplo: comidas, bebidas, juegos, televisión, radio, mecerse, etc.). Haga que el estudiante diga lo que quiere para recibir lo que él quiere. Como parte de la escogencia deben incluir objetos auto-estimulatorios. El valor de los objetos auto-estimulatorios se va disminuyendo a medida que el estudiante va escogiendo otros objetos (por ejemplo, dulces sobre los objetos estimulatorios).

**Fase 2:** **Partes del cuerpo**

**Etapa del Desarrollo:**
a. Boca, ojos, nariz, pies (B: 2-0)
b. Cabello, lengua, cabeza, manos, piernas, brazos, dedos, barriga, espalda, dientes, dedos de los pies, (B: 2-6)
c. Barbilla, pulgares, rodillas, cuello, uñas (B: 3-6)
d. Muñeca, hombro, cadera, dedo (B: 5-6)
e. Cintura (B: 6-6)

**Fase 3:** **Objetos**. Juguetes, animales, ropa, comida, artículos de casa, muebles. Esta Fase se puede empezar al mismo tiempo con la Fase 2. Algunos alumnos encuentran más fácil esta fase que la fase de las partes del cuerpo.

**Fase 4:** **Fotografías de objetos**. El instructor muestra una foto de un objeto y pregunta: ¿Qué es esto?

**Fase 5:** **Fotografías de acciones**. El instructor muestra la foto y pregunta, ¿Qué está haciendo?

**Fase 6:** **Acciones en vivo**. El instructor pregunta, ¿Qué estoy haciendo?

**Fase 7:** **Fotos de personas**. Preguntarle, ¿Quién es?

**Fase 8:** **Personas en vivo**. El instructor apunta a alguien, el alumno u otra persona pregunta ¿Quién es?

**Fase 9:** **Tamaño:** (Grande/pequeño) (B: 2-6).

**Fase 10:**          **Color:** (¿Qué color es éste?)

                       **Etapas del Desarrollo:**
                       a.  Rojo, azul  (B: 3-6)
                       b.  Verde, amarillo, anaranjado, morado (B: 4-0)
                       c.  Café, negro, rosado, gris (B: 4-6)
                       d.  Blanco (B: 5-6)

**Fase 11:**          **Forma:**  (¿Qué forma es ésta?)

                       **Etapas del Desarrollo:**
                       a.  Círculo, cuadrado (B: 4-0)
                       b.  Triángulo, rectángulo (B: 5-0)
                       c.  Rombo (B: 6-6)

**Fase 12:**          **Fotos de lugares y/o habitaciones:**  El instructor muestra las fotos de lugares y pregunta al alumno ¿Qué lugar/habitación es éste?

**Fase 13:**          **Lugares en la casa y/o comunidad:**  (Lugares actuales)

**Fase 14:**          **Emociones**

**Fase 15:**          **Conceptos cuantitativos**

                       **Etapas del Desarrollo:**
                       a.  Muchos/uno (B: 3-6)
                       b.  Vacío/lleno, liviano/pesado (B: 3 - 6)
                       c.  Bajo/alto, delgado/gordo, más/menos, corto/largo (B 4-0)
                       d.  Despacio/rápido, pocos/mucho, espeso/aguado, (B: 4-6)
                       e.  Angosto/ancho (B: 5 -6)

**Próximos
Programas:**          Atributos, categorías, funciones, ayudas comunitarias, preposiciones.

**Cruce de
Referencia:**          Imitación Verbal es un pre-requisito.  Denominación expresiva con lleva a expansión del lenguaje #1 y conversación básica.

# Conversación – Básica

**Objetivos:**

1. Expandir el uso expresivo del lenguaje

2. Desarrollar formas para la interacción social

3. Aumentar las formas apropiadas de socializarse

4. Establecer el poder del lenguaje para controlar personas y conseguir lo deseado

**Procedimiento:**
El propósito para el estudiante es aprender a utilizar frases de conversación en situaciones cotidianas. Inicialmente él deberá aprender a dar respuestas rotativas y en situaciones forzadas. Las ayudas serán gradualmente disminuidas en la medida en que se espera que su lenguaje esté siendo usado en situaciones naturales.

ES CRITICO ENTENDER QUE SE LE ESTAN DANDO RESPUESTAS MECANIZADAS. SIN EMBARGO, DAR MILES DE LAS RESPUESTAS NO HARA QUE UNA PERSONA SE CONVIERTA EN ALGUIEN MAS CONVERSADOR. ES ESENCIAL AUMENTAR SUS HABILIDADES DE OBSERVACION, INTERACCION CON OTRAS PERSONAS Y HACER ENFASIS EN SU DESARROLLO DE SOCIALIZACION.

**Fase 1:**
**Saludos.** El estudiante debe responder recíprocamente cuando una persona le dice "Hola". Luego, esto incluye saludar a la persona por su nombre.

**Fase 2:**
**Dando ordenes (dirigiendo el comportamiento de otra Persona).**
1. "Ven, [nombre]" cuando se está buscando asistencia de otra persona
2. "Mueve, por favor"
3. "Dame [un objeto]"
4. "Suéltame"
5. "Ven a buscarme" cuando se juega a la búsqueda
6. "Silencio" cuando alguien está muy bullicioso

**Fase 3:**    **Afirmaciones de frases**

    a.  "Yo deseo..."
    b.  "Es un ...."
    c.  "Esto es ..."
    d.  "Yo veo..."
    e.  "Yo tengo..."

**Fase 4:**    **Comentando.** Estos son ejemplos de frases que estudiantes deben utilizar en variadas situaciones para mostrar interés o despertar interés de otra persona. El objetivo es que estos sucedan sin necesidad de refuerzos.

    a.  "Aquí, [nombre] (Cuando se le esté dando un objeto a una persona)
    b.  "Mira eso" y señale algo interesante
    c.  "Mira [nombre]" o "Mira lo que estoy haciendo"
    d.  "Allá va (Cuando un juguete va andando)
    e.  "Lo logré"
    f.  "Eso es divertido"
    g.  "Estas bien" (Cuando un niño está lastimado)
    h.  "Yo estoy/Nosotros [estamos haciendo algo]". Por ejemplo, "Nosotros estamos construyendo un GRAN castillo de arena

**Fase 5:**    **Respondiendo**

    a.  "Allá y señala (cuando se pregunta dónde está algo)
    b.  "¿Qué?" (cuando se es llamado por el nombre a cierta distancia.)
    c.  "Bueno" (cuando se le pide que haga algo)
    d.  "Oh", "de verdad", "wow" o "chevere" (cuando alguien le dice algo)
    e.  "Estoy lista"
    f.  "Aquí estoy" (cuando se le pregunta "¿Dónde está usted?")
    g.  "Este (cuando se es preguntado, "¿cuál de todos quieres?")
    h.  "Entra" (cuando se atiende una puerta)

# Auto-Afirmación

**Objetivos:**

1. Ayudar al estudiante a identificar y lograr sus deseos

2. Enseñar al estudiante a pensar en forma crítica y a no aceptar automáticamente lo que otra persona le dice

3. Incrementar la habilidad para que funcione independientemente y para que no dependa de adultos (u otros) para Guía permanente

4. Cuidarse de ser victimizado

5. Aumentar el sentido de darse cuenta de las cosas

6. Incrementar el lenguaje espontáneo

7. Estimular la participación del alumno

8. Mostrar al alumno que es normal el cometer errores y que el estudiante puede ser el terapeuta

9. Hacer que la integración del salón de clase tenga éxito

**Procedimiento:** Presentar eventos que son incorrectos y enseñarle al estudiante a comunicar el error en forma verbal.

**Ayudas:** Utilizar Guía Física, Demostración, verbal, gestos, cambios en el tono de voz o expresión facial. Gradualmente disminuir éstas ayudas hasta que el estudiante se comporte en forma independiente.

**Criterio de Entrada:** Se ha enseñado la fase 1 de este programa, la cual es "Haciendo escogencias".

**Criterio de Dominio:** El estudiante tiene 8 de 10 respuestas correctas sin necesidad de ayuda. Esto debe ser repetido por lo menos con un instructor adicional.

**Fase 1:**    **"Haciendo escogencias".**   Esto puede ocurrir dentro y fuera de la terapia, el estudiante puede escoger donde sentarse, en qué salón quiere trabajar, con qué juguetes va a jugar, etc. Fuera de la terapia puede escoger cosas relacionadas con selección de su ropa, libros para leer, comidas, música, videos, etc.

**Fase 2:**    **Juego terapeuta/instructor**

**Fase 3:**    **Expresando disgusto.**   Moléstelo y haga que exprese su enojo (por ejemplo: "Déjeme tranquilo", "para esto", "No", "Esto es mío", etc.).

**Fase 4:**    **Defender el derecho a lugar u objeto.** Cree un evento donde el estudiante necesita responder físicamente para auto-afirmarse. Tome algo de él abruptamente o póngase al frente de él mientras espera su turno. Enséñele a tener una respuesta auto-afirmante (por ejemplo, agarrar el objeto, tome su lugar en la línea, etc.).

**Fase 5:**    **Convicción.**   Hacer una afirmación incorrecta acerca de algo que el estudiante conozca. Por ejemplo, marque incorrectamente un objeto, una acción, un atributo etc. El debe rechazar la información incorrecta y hacerlo correctamente.

**Fase 6:**    **Cometiendo errores y haciendo que los identifique y/o los corrija.** (Por ejemplo, tirar su juguete en la basura).

**Fase 7:**    **Dígale al estudiante que haga algo inapropiado o imposible y enséñele a objetar.** (Por ejemplo: ponga un plato al frente de él con su ladrillo y dígale coma su espagueti). Inicialmente muestre lo inapropiado a través de su voz y después con situaciones obvias y desvanézcala a situaciones menos obvias.

**Fase 8:**    **Mostrando competitividad y entendimiento apropiados del concepto de ganar.** Tratar de ir rápido en una carrera, tratar de que no lo encuentre en un juego de escondidas, remover piezas de juego de otro jugador.

**Cruce de Referencia :**    Tentaciones de Comunicación

# Si/No

**Objetivos:**

1. Proveer el medio para comunicar preferencias

2. Establecer el proceso de hacer selección

3. Promover la auto-afirmación.

4. Expandir la compresión y uso de conceptos básicos.

5. Proveer la forma para responder a preguntas sencillas.

**Procedimiento:** El instructor presenta un punto específico y formula una pregunta.

**Ayudas:** Utilice las ayudas verbales, demostración, gestos, inflexión de la voz, y/o expresión facial para lograr que el estudiante indique si o no. Gradualmente desvanezca la ayuda hasta que el estudiante pueda responder correctamente sin ayuda.

**Criterio de entrada:** El estudiante puede atender a un estímulo relevante. El estudiante debe tener preferencias identificables y medios para comunicar "si" o "no" (Ejemplos: verbal, movimiento con la cabeza, o señalar, apuntar).

**Criterio de Dominio:** El estudiante ejecuta una respuesta 8 de 10 veces correctamente sin estímulo alguno. Esto debe repetirse por lo menos con un instructor adicional.

**Fase 1:** **Deseos.** Identificar un grupo pequeño de objetos que se está seguro el estudiante va a querer y otro grupo de objetos que el estudiante no quiere. Pregúntele por el objeto que él quiere y dígale: "Quieres esto?". Inmediatamente estimule la respuesta de "sí" al estudiante y entréguele el objeto. Después de varios ensayos satisfactorios enséñele el "no". Este procedimiento debe ser prolongado en la etapa de "sí" y luego en la de "no".

Tan pronto como diga que "no" se le debe retirar el objeto que tiene al frente de él. Después de varios ensayos satisfactorios, vuelva al objeto "si". Gradualmente disminuya los ensayos masificados y pase a ensayos aleatorios. El objetivo es pasar de lo aleatorio cambiando entre preguntas de "Si" y "No".

**Fase 2:**     **Respuestas de Si o No usadas como ayuda para responder una pregunta** (por ejemplo: ¿Usted quiere jugo? Si o No)

**Fase 3:**     **Identificación de objetos:** (¿Es esto un camión?)

**Fase 4:**     **Identificación de personas** ("¿Es ésta mami?")

**Fase 5:**     **Acciones** ("¿Esta papi parado?")

**Fase 6:**     **Atributos** ("¿Es esto rojo?")

**Fase 7:**     **Conceptos** ("¿Está en la esquina?")

**Fase 8:**     **Respuestas de si/no o verdadero/falso acerca de cosas que no son visibles** ("¿Los pájaros tienen alas?")

**Fase 9:**     **Respuestas de si/no a preguntas que son parcialmente correctas.** (Ejemplo: muestre un círculo verde y pregunte si es un cuadrado verde)

# Negación

**Objetivos:**

1. Aprender a seguir un tipo de instrucción

2. Incrementar la atención auditiva

3. Mejorar las habilidades de discriminación

**Fase 1:**     **No.** Muéstrele al estudiante un objeto que a él no le guste Pregúntele, "¿Quieres esto?"

**Fase 2:**     **No hagas esto.** Demuestre acción y diga, "No hagas esto". Refuerce para que no haya Imitación de la acción.

**Fase 3:**     **No_____.** Enseñe al estudiante a no ejecutar la acción cuando se está utilizando la palabra "No" (Ejemplo: "no te pares"). Refuerce inmediatamente después de haber dado la instrucción verbal, antes de que él tenga la oportunidad de ejecutar la acción. En caso de ser necesario, utilice mano sobre mano para prevenir la acción. Gradualmente ajuste la demora a unos cuantos segundos antes de dar refuerzo y disminuir la ayuda.

**Fase 4:**     **"Diga" Vs. "No diga". (SD por su siglas en ingles, "Stimulus Discriminatives).**

SD 1:  Diga "Avión"
R 1:   El estudiante repite la palabra.

SD 2:  No diga "Avión"
R 2:   El estudiante no dice nada.

SD 3:  Haga una rotación aleatoria entre SD 1 y SD 2

Una vez que el estudiante entienda esto, cambie SD a eco Vs. No haga eco. Esto le permitirá a usted utilizar la frase "No hagas eco". Para controlar este indeseado lenguaje de hacer eco.

**Fase 5:**     **No** _____.     Ponga 2 artículos (por ejemplo A y B). Dígale al estudiante "No tocar A".     El debe tocar el otro artículo.  Una vez él entienda el concepto, cambie las palabras a un  lenguaje más natural.  Tales como "Muéstrame el que no es un perro" o "¿Cuál no tiene plumas?"

a)  No [artículo]:     "No me  muestre la pelota"

b)  No [atributo]:     "No encuentre el rojo"

c)  No [acción]:     "Quién no está durmiendo"

d)  No [categoría]:     "Encuentre el que no es un animal"

# Atención Conjunta

**Objetivos:**

1. Incrementar la conciencia del estudiante acerca del ambiente y de las actividades de otras personas

2. Enseñarle cómo obtener la atención de otra persona

3. Incrementar su deseo de dirigir y obtener la atención de otros

**Ayudas:**
Utilice Guía Física, Demostración, verbal, apuntar o posicionar una ayuda. Gradualmente disminuya las ayudas hasta que el estudiante las ejecute de forma independiente.

**Criterio de Entrada:**
La Fase 1 puede ser comenzada tan pronto como el estudiante haya logrado un éxito total en la Imitación. No verbal.

**Criterio de Dominio:**
El estudiante ejecuta respuestas correctamente 9 de 10 veces sin ayudas y con dos opciones; 8 de 10 veces con tres o más opciones. Esto debe repetirse con por lo menos un instructor adicional.

**Procedimiento:**
Enséñele al estudiante a que se asegure si otra persona está atendiendo y cómo hacer para que otra persona atienda.

**Fase 1:**
**Pregúntele al estudiante, "¿Dónde está [objeto]?".** El responde "aquí" y señala en la dirección del objeto.

**Fase 2:**
**Diga al estudiante que le entregue el objeto a cierta persona.** Esa persona no debe atenderle o no debe aceptarle el objeto hasta que el alumno diga "Aquí, [nombre]". Haga esto también con el lanzamiento de una pelota. El debe decir "Atrape [nombre]"antes de que la persona intente atrapar su tiro.

**Fase 3:**
**Obteniendo la atención de una persona.** Haga que el estudiante le diga o le pregunte a una persona algo. Esa persona debe quedarse sin dar respuesta a su intento inicial de

comunicarse. El debe ser estimulado para repetir el nombre de la persona y tomar el brazo de la misma.

**Fase 4:** **Mostrando algo que él ha hecho.** Asegúrese de que otra persona pueda ver lo que hizo.

**Fase 5:** **Identificando donde una persona esta señalando.**

a. El instructor señala algo y dice "Estudiante, vaya para allá"

b. El instructor pregunta a un asistente "¿Dónde está la galleta?" El asistente señala y dice, "allá". El instructor le dice al estudiante que vaya por la galleta

c. El asistente señala algo. El instructor le pregunta al estudiante "¿Qué está señalando el asistente?"

**Fase 6:** **Identificando dónde está mirando una persona.** El asistente mira algo. Pregúntele al estudiante, "¿Qué está mirando el asistente?"

**Fase 7:** **Identificando la dirección del movimiento.** Ponga juguetes de animales en línea y que se encuentren de cara en cierta posición. Pregúntele al estudiante a donde van. El debe señalar en la dirección correcta.

**Fase 8:** **Identificando cuando una persona puede oírlo.** Haga que el estudiante diga algo al asistente, el cual está o bien cerca o en otra parte de la casa. Pregúntele al estudiante si el asistente puede escucharle. El puede juzgar esto basado no solamente en la distancia, sino también si el asistente responde o no.

**Fase 9:** **Identificando cuando una persona puede verlo.** Pregúntele al estudiante acerca de algo que sea visible para el. Haga que el asistente esté bien cerca o en otro lugar de la casa. Pregúntele al estudiante si el asistente puede verle. El podrá juzgar esto basado en si el asistente está cerca y está mirando en la dirección correcta.

**Fase 10:** **Identificando de si una persona posee alguna información.** Enuncie un evento mientras que el asistente está cerca o en otra parte de la casa. Pregúntele al estudiante si el asistente puede saber qué pasó. El podrá juzgar esto basado en que el asistente lo haya visto o haya escuchado lo que dijo.

**Fase 11:**  **Haga cosas poco usuales para hacer que el estudiante comente.** Algunos de estos procedimientos fueron descritos por Margery Rappoport en Maurice et al. (1996).

a.  Utilice una peluca

b.  Utilice gafas al revés

c.  "Accidentalmente" derrame algo sobre la mesa. Diga "uh-oh"

d.  Deje caer materiales de la mesa. Diga "se cayeron"

e.  Intente poner su zapato en su mano

f.  Ponga un martillo en el cajón de los cubiertos

g.  Ponga un poco de apio en las gavetas de ropa

h.  Arregle los muebles o quite algo obvio del ambiente

i.  Cada uno debe tomar turnos en una rutina de turnos y luego hacer algo inesperado

**Cruce de**
**Referencia:**

Conversación Básica
Tentación de Comunicación
Expansión del Lenguaje I
Describir
Auto-afirmación

Emociones

# Emociones

**Objetivos :**

1. Identificar los estados emocionales

2. Desarrollar empatía

3. Facilitar la interacción social

4. Identificar las formas potenciales para cambiar estados emocionales

5. Desarrollar el entendimiento de la causa y efecto

**Procedimiento:** Preséntele diferentes emociones al estudiante a través de juegos de representación de las emociones o a través de fotografías o dibujos, enséñele la identificación de las emociones, posibles causas y cómo alterar la situación.

Ensamble una variedad de láminas con imágenes que claramente muestren emociones básicas.

| **Emociones Iniciales** | **Emociones Avanzadas** |
|---|---|
| Felicidad | Frustrado |
| Tristeza | Nervioso |
| Enojo | Excitado |
| | Preocupado |
| **Intermedias:** | Asustado |
| Miedo | Celoso |
| Sorpresa | Confundido |
| Cansancio | Aburrido |
| *Hambriento/Sediento | Orgulloso |
| Enfermo | Apenado |
| Cómico | |

*Nota que estos sentimientos están determinados dependiendo de la situación o del comportamiento, en vez de por expresiones faciales.

ASEGÚRESE DE QUE LAS EMOCIONES SON ADECUADAS PARA LA EDAD (POR EJEMPLO, UN NIÑO DE 4 AÑOS NO ENTENDERA LO QUE ES ESTAR ABURRIDO).

**Fase 1:**    **Emparejando emociones en imágenes que no son idénticas.** Coloque sobre la mesa láminas con imágenes mostrando dos o más emociones diferentes. Muestre al estudiante una foto de un modelo distinto, pero mostrando la misma emoción y dígale " Póngalo con la igual".

**Fase 2:**    **Denominación receptiva de las emociones en Imágenes.**
Escoja una emoción para comenzar a entrenar y utilice las otras como distractores. Ponga la imagen de la emoción uno y una imagen de una emoción que se usa de distractor. Diga al estudiante  " toca la (emoción)"y ayúdele si es necesario. Una vez el estudiante ha concluido con la emoción uno, entrénelo para la emoción dos. Luego haga ejercicios aleatorios entre las dos emociones. Realice adiciones de láminas cada vez que haya dominado una.

**Fase 3:**    **Denominación expresiva de las emociones en las imágenes.** Muéstrele al  estudiante una imagen y pregúntele "¿Cómo se siente él/ella?"

**Fase 4:**    **Demostración de emociones.** Utilice la imitación para enseñar al estudiante a demostrar varias emociones.

**Fase 5:**    **Reconocimiento de emociones de otros visualizados en vivo.** Demuestre una expresión facial y pregúntele al estudiante, "¿Cómo me siento?".

**Fase 6:**    **Denominar sus propias emociones.** Inventar una situación en donde el estudiante experimente una determinada emoción. Esto puede hacerse a través del rol de juego o de la Imitación No Verbal. Pregúntele "¿Cómo se siente?".

**Fase 7:**    **Identificar las causas de las emociones.** Use imágenes que representen causa y efecto o represente algo con viñeta. Pregúntele al estudiante por qué él se siente de cierta manera o forma o por qué otra persona se siente de cierta manera.

Utilice un ambiente natural, buscando las oportunidades de situaciones que ocurren de manera natural para revisar emociones.

Instructor:    ¿Cómo se siente su hermana?
Estudiante:    Ella está triste

| Instructor: | ¿Por qué está triste? |
|---|---|
| Estudiante: | Porque no puede tener el juguete |
| Instructor: | ¿Cómo se siente en este momento? |
| Estudiante: | Feliz |
| Instructor: | ¿Por qué? |
| Estudiante: | Porque usted me está haciendo cosquillas |

**Fase 8:**     **Haciendo que alguien sienta cierta emoción.** Organice una situación en donde haya una persona que se está sintiendo en cierta forma. Instruya al estudiante para "Hacer [persona] sentir [emoción]" (por ejemplo, hacer que alguien se sienta feliz dándole un abrazo).

**Fase 9:**     **Generalice en situaciones de ocurrencia natural.** Haga que el estudiante describa cómo se está sintiendo o cómo otra persona se esta sintiendo.

**Fase 10:**     **Empatía.** Demostrar el conocimiento de cómo responder a cierta situación.

Ejemplos: Alguien dice y/o actúa

| Frío | Miedo |
|---|---|
| Hambre | Tristeza |
| Herida | Rabia |

El estudiante debe explicar qué haría él o debe demostrar una respuesta apropiada.

**Cruce de Referencia:**     Emparejamiento
Denominación Receptiva
Denominación Expresiva

# Gestos (Pragmáticos)

**Objetivos:**

1. Desarrollar una comprensión de una comunicación no verbal muy utilizada

2. Incrementar conciencia ambiental

3. Incrementar su habilidad para leer pistas sociales

4. Mejorar el funcionamiento del salón de clases y del grupo

5. Desarrollar medios adicionales de comunicación

**Ayudas:** Utilice guía física, demostración verbal, señalar o posicionar una ayuda. Gradualmente disminuya las ayudas hasta que el estudiante la ejecute de forma independiente

**Criterio de Entrada:** El estudiante ejecuta respuestas correctas en 9 de 10 veces. Esto puede repetirse por lo menos con un instructor adicional.

**Fase 1:** **El estudiante imita gestos**

| Gestos | Significado |
|---|---|
| Extiende el brazo; mueve la palma hacia arriba | Levantarse |
| Atraer la atención con el dedo o la mano | Ven acá |
| Brazo encogido, palma parada | Parar |
| El dedo índice parado | Espere un minuto |
| Mueva el brazo de adelante hacia atrás | Muévase |
| Mueve el dedo de un lado para otro | No lo haga |
| Encoger los hombros | Yo no sé |
| Dedo sobre los labios | Quedarse en silencio |
| Aplaudir/pulgar arriba | Buen trabajo!! |
| Dos dedos pulgares arriba | Trabajo fantástico |
| Señal de OK | OK |
| Golpecitos en la barriga | Delicioso |
| Aghh, lengua afuera | Mal Sabor |
| Pinchar la nariz | Mal olor |
| Mano en la barbilla | Aburrido |

| | |
|---|---|
| Mover los pies/mirar la hora | me quiero ir |
| Moverse hacia adelante | interesado |
| Mover los ojos | Eso es ridículo |
| Bostezar | Cansado |
| Cruzar los brazos | frustrado |
| Restregarse la barbilla/ frente entre | pensando |
| El pulgar y los dedos | se me olvidó/no lo logré |
| Golpear la frente con la muñeca | pensando |

**Fase 2:** **El estudiante ejecuta un gesto porque alguien se lo solicitó.**
El instructor le dice "Utilice gestos , para decirme...".

**Fase 3:** **El instructor le demuestra un gesto y le pregunta, "¿Qué quiere decir esto?".**

**Fase 4:** **El estudiante demuestra la respuesta en el contexto apropiado.**

a. Indicando en dónde, alguien o algo está localizado mediante señalamiento. Puede estar acompañado con frases narrativas incluyendo "Ese está allá" o "sobre la repisa"

b. Indicar cuando algo sabe a bueno mediante el frotamiento de su barriga

c. Indicando si él sabe la respuesta o desea un artículo o un turno. Por ejemplo, en respuesta a la pregunta "¿Quién quiere helado?" él levanta su mano y dice "Yo quiero" o sin respuesta verbal

d. Mover la cabeza "no" y moviendo "si" cuando sea lo apropiado

e. Actuando aburrido mediante la colocación de su mano en su barbilla

f. Expresa emoción. Ejemplo: el cruza sus brazos para comunicar frustración

g. Moviendo el torso hacia atrás y haciendo caras cuando se le presenten artículos desagradables y feos. Ejemplo: "Feo; sopa de insectos"

**Fase 5:** **El estudiante lee la pista no verbal y ajusta el comportamiento de forma acorde.**

a. El estudiante camina hacia adelante y voltea cuando el instructor le señala con el dedo

b.  El estudiante retrocede en respuesta a una señal de mano ejecutada por el instructor

c.  Leyendo un movimiento de cabeza de forma precisa.  El instructor puede organizar una situación en donde una persona pruebe una comida y se le pregunta si le gustó

d.  Leyendo gestos que indican en donde están localizados los artículos deseados, o en donde debe sentarse el estudiante o pararse durante una actividad

e.  Utilizar dos modelos (o fotos) indicando cual persona esta escuchando (inclinándose hacia adelante, observando a la otra persona, tal vez haciendo afirmaciones con la cabeza) y cual no esta prestando atención (mirando a otra dirección, mirando sus uñas, leyendo un libro)

**Cruce de Referencia:**  Atención Conjunta
Emociones
Imaginar y pretender acciones

# Atributos

**Objetivos:**

1. Expansión del lenguaje

2. Incrementar la comprensión de conceptos

3. Incrementar la conciencia del ambiente

**Procedimiento:** Siga las prácticas del entrenamiento discriminatorio. Utilice objetos concretos para presentar cada atributo. Seleccione objetos lo más similar posible entre sí y que la variación sea solamente en el atributo que usted va enseñar. Cada concepto puede enseñarse primero igual con igual, luego como discriminación receptiva y luego como denominación expresiva. Los estudiantes pueden aprender mejor primero usando objetos y luego imágenes. Sin embargo, ellos pueden aprender yendo directamente a imágenes. En cualquiera de los casos el concepto necesita ser generalizado usando una gama amplia de material.

**Ayudas:** Utilice ayudas verbales, gestos o de posición. Gradualmente disminuya las ayudas hasta que el estudiante realice todo independientemente.

**Criterio de Entrada:** Comience con atributos concretos y muévase a lo abstracto. Refiérase a las normas de desarrollo para el lenguaje de la edad apropiada.

**Criterio de Dominio:** El estudiante desarrolla respuestas correctas en 9 de 10 veces sin necesidad de ayuda con dos opciones, 8 de 10 veces con tres o más opciones. Esto debe repetirse por lo menos con un instructor adicional.

**Fase 1:** **Color**

**Fase 2:** **Tamaño**

**Fase 3:** **Atributos Físicos.** "Tocar [Caliente] Vs. Tocar [frío]"

     a. Caliente/frío
     b. Mojado/seco
     c. Aspero/liso
     d. Duro/suave
     e. Cortante/sin filo
     f. Liviano/pesado
     g. Dulce/amargo
     h. Oscuro/claro
     i. Limpio/sucio
     j. Viejo/nuevo
     k. Derecho/torcido

**Fase 4:** **Género.** Use una foto de niños y niñas.

     a. "Igual con igual: Ponga niños con niños Vs. Ponga niñas con niñas"
     b. Receptivo: Toca al muchacho. Vs. toca a la muchacha

**Fase 5:** **Composición.** Receptiva; " Toca [plástico]". Expresiva "de que está hecho esto"

     a. Plástico
     b. Madera
     c. Papel
     d. Tela
     e. Metal
     f. Cuero
     g. Vidrio

**Fase 6:** **Temporal**

     a. Primero/último
     b. Antes/después

**Fase 7:** **Espacial.** "Muéstrame [cerca] Vs. [lejos].

     a. Arriba/Abajo
     b. Alrededor
     c. Cerca/Lejos
     d. En el medio

**Fase 8:**     **Cuantitativo.** "Tire la bola [rápido] Vs. tire la bola [lento]".

    a.  Rápido/Lento
    b.  Largo/Corto
    c.  Alto/Bajo
    d.  Angosto/Ancho
    e.  Parte/Medio/Todo
    f.  Todo/Alguno/Ninguno
    g.  Pocos/Muchos
    h.  Vacío/Lleno
    i.  Liviano/Pesado

**Fase 9:**     **Otros Opuestos**

    a.  Noche/Día.
    b.  Abierto/Cerrado.
    c.  Joven/Viejo.
    d.  Prendido/Apagado (luz).
    e.  Ponerse/quitarse (zapatos, vestidos).

**Fase 10:**     **Conectores lógicos**

    a.  o:  "Dame la blusa azul o la roja"
    b.  y:  "Dame una azul y una roja"
    c.  No:  "Dame uno que no sea azul"

# Funciones

**Objetivos:**

1. Incrementar el entendimiento del diario vivir en el mundo

2. Expandir el lenguaje

3. Mejorar la memoria y las habilidades de razonamiento

**Procedimiento:** Los objetos son presentados al estudiante y se le pide que explique la función o viceversa.

**Ayudas:** Utilice Guía Física, Demostración verbal, señalar o posicionar la ayuda. Gradualmente disminuya las ayudas hasta que el estudiante logre ejecutarlo de forma independiente.

**Criterio de Entrada :** Denominación expresiva. Acciones Expresivas.

**Criterio de Dominio:** El estudiante ejecuta respuestas correctas en nueve de diez veces. Esto debe repetirse por lo menos con un instructor adicional.

**Fase 1:** **No verbal (en vivo)**
a. Muestre un objeto al estudiante. Pregúntele, "¿Qué haces tú con esto?". El estudiante debe demostrar una acción apropiada.

b. Ponga varios objetos en la mesa. El instructor representa una acción y pregunta, "¿Qué utilizas para esto?" El estudiante debe escoger el objeto apropiado.

**Fase 2:** **Coloque un número de objetos de 3-D en la mesa.**

a. (Imágenes SD) Muéstrele al estudiante una imagen de movimiento y pregúntele, "¿Qué necesitaría para esto?". El escoge un objeto de la mesa. (Esto puede hacerse como un emparejamiento de tarea por pregunta. "¿Dónde va esto?" y permitiéndole colocar la imagen de acción con el objeto correspondiente).

b. (SD Verbal) Pregúntele al estudiante qué quiere usar: cepillar los dientes, lavar su cara, beber el jugo, etc. El escoge un objeto de la mesa.

**Fase 3:**     **Muéstrele al estudiante un objeto de 3-D y pregúntele "¿Para qué es esto?"**

a. (Respuesta no verbal). El estudiante escoge la imagen con la acción correcta de las alternativas que tiene en la mesa.

b. (Respuesta verbal). El estudiante dice para qué es utilizado el objeto.

**Fase 4:**     **Coloque varias imágenes de 2-D sobre le mesa**

a. (Imágenes SD) Muéstrele al estudiante una imagen que denote acción y pregúntele, "¿Qué necesitará para esto?". El escoge un objeto de la mesa. (Esto puede hacerse como una forma de asociación de tareas mediante la formulación de preguntas como "¿Dónde va esto?" y permitiéndole colocar la imagen que denote acción con el objeto correspondiente).

b. (SD Verbal) Pregúntele al estudiante qué necesitará utilizar para: cepillar sus dientes, lavar su cara, beber el jugo, etc. El escoge la imagen apropiada de la mesa.

**Fase 5:**     **Muestre al estudiante una imagen de 2-D y pregúntele "¿Para qué es esto?"**

a. Una respuesta no verbal: El estudiante simula la acción que puede ser ejecutada.

b. Escogencia múltiple no verbal: El estudiante escoge la imagen correcta que denote la acción de las imágenes que están sobre la mesa.

c. Respuesta verbal: El estudiante dice para qué es utilizado el artículo.

**Fase 6:**     **Intra-Verbal 1 (No se utilizan claves visuales).** Pregúntele al estudiante que usaría para: cepillarse los dientes, lavar su cara, beber su jugo, etc. El estudiante brinda una respuesta verbal.

**Fase 7:**                 **Intra-verbal 2 (No se utilizan claves visuales).**
Pregúntele al estudiante para qué se utiliza: [cepillo de dientes,
jabón, taza, etc.]. El estudiante suministra una respuesta verbal.

    a.  Sillas, carros, camas (B: 2-0)
    b.  Casas, lápices, platos (B: 2-6)
    c.  Libros, teléfonos, tijeras (B: 3-0)

**Fase 8:**                 **Funciones de las partes del cuerpo**

    a.  "¿Qué se hace con los ojos?"
    b.  "¿Con qué ves?"

**Fase 9:**                 **Funciones de las habitaciones**

    a.  "¿Qué haces en tu cuarto?"
    b.  "¿En dónde [acción]?"

**Cruce de
Referencia:**               Conocimiento General y Razonamiento
Categorías

# Categorías

**Objetivos:**

1. Hacer la asociación de cosas que están relacionadas

2. Expandir la comunicación

3. Desarrollar el razonamiento abstracto

**Procedimiento:** Seleccionar un grupo de objetos que se relacionen. Comenzar por categorías simples como animales, comida, ropa. Usualmente puede servir utilizar dibujos de artículos. Algunos niños tal vez pueden necesitar tener esto presentado en artículos de tres dimensiones.

**Ejemplos:**
Animales, comida, ropa, muebles, transporte/vehículos, juguetes, cuartos, herramientas, formas, letras, números, frutas, bebidas, objetos en el cielo, plantas, objetos en el océano, partes del cuerpo, gente, instrumentos, cosas en la cocina, cosas en el garaje, etc.

**Ayudas:** Utilice Guía Física, Demostración, ayudas verbales, señalamiento o una combinación. Gradualmente disminuya las ayudas hasta que el estudiante logre ejecutarlas de forma independiente.

**Criterio de Entrada:** El estudiante ha completado la asimilación de objetos no idénticos y asimilación de objetos a fotos.

**Criterio de Dominio:** El estudiante desarrolla respuestas correctamente en ocho de diez veces sin ayuda. Esto debe repetirse por lo menos con un instructor adicional.

**Fase 1:** **Emparejamiento**. El estudiante organiza objetos en pilas. Saque una figura por cada categoría que se va a escoger y marca la categoría en el dibujo. Luego dele imágenes adicionales una por una y dígale "Póngala con {el animal}".
Una vez que él está actuando en una forma consistente. Esto se

puede convertir en una tarea de escogencia dándole a él un montón de fotos mezcladas y pidiéndole que las coja y las organice.

**Fase 2:**        **Receptividad.** Sacar uno o más dibujos, cada uno representando una categoría diferente. Dígale "Dame él [animal]"

**Fase 3:**        **Expresividad.** Muéstrele un dibujo y pregúntele "¿Qué es esto?". El estudiante debe responder nombrando el artículo (por ejemplo, una vaca). Luego pregúntele "¿Qué es una vaca?" y el debe nombrar la categoría (por ejemplo, animal).

**Fase 4:**        **Nombramiento.** Dígale que nombre algo de la categoría (por ejemplo, "Nombra un animal"). Después de que él nombre un artículo, anímelo y dígale que nombre otro artículo (por ejemplo, "Nombre OTRO animal"). Si es necesario ayúdelo, coloque imágenes de diferentes categorías en la mesa, incluyendo la categoría solicitada.

**Fase 5:**        **Categorías Complejas.** Pregúntele por algo que necesita dos o más requerimientos. Ejemplo: "Nombre un animal que vive en el Océano". Nombre un tipo de comida que va a comer al desayuno; nombre un vehículo que no va en la carretera".

# Conocimiento General y Razonamiento I

**Objetivos:**

1. Enseñar al estudiante información general funcional y apropiada para su edad

2. Desarrollar razonamiento abstracto

3. Aumentar la conciencia del medio

4. Proporcionar una forma de expandir el lenguaje

5. Aumentar la capacidad para responder preguntas

**Procedimientos:** Hacerle preguntas al estudiante acerca de información general. Darle la información si él no sabe la respuesta.

ES CRITICO ENTENDER QUE ES PROBABLE QUE LA COMPRENSION NO SE VA A DESARROLLAR SUMINISTRANDOLE NUMEROSOS PEDACITOS DE INFORMACION NO RELACIONADA.
LA COMPRENSION SE DESARROLLA A TRAVES DE LA ENSEÑANZA DE EJEMPLOS RELACIONADOS CON UN CONCEPTO HASTA QUE EL ESTUDIANTE ESTA CAPACITADO PARA GENERAR NUEVOS EJEMPLOS POR SI MISMO.

A. Asociaciones.
   1. Asociación de objetos en tres dimensiones (objetos que van juntos). Presente un objeto y pregúntele al estudiante "¿Qué va con esto?". El alumno selecciona un objeto o foto entre varios, colocados en la mesa.
   2. Asociación de fotos en dos dimensiones.

## Asociaciones

| | |
|---|---|
| Lápiz/papel | Pala/balde |
| Media/zapato | Cuchara/taza |
| Almohada/cama | Cepillo de dientes/dentífrico |

| | |
|---|---|
| Servilleta/plato | Abrigo/sombrero |
| Vestido de baño/toalla | Lonchera/emparedado |
| Tiza/tablero | Tijeras/papel |
| Flores/florero | Caset/grabadora |
| Video caset/VHS | Camisa/pantalones |
| Guante/mano | Media/pie |
| Bola/bate | Velas/torta de cumpleaños |
| Pinturas/brocha | Bicicleta/casco |
| Baloncesto/aro | Escoba/sacudidor |
| Jarro/taza | Cepillo/secador de cabello |
| Jabón/trapo de lavar | Tren/carrilera |
| Bebé/tetero | Crayola/libro de colorear |
| Tuerca/tornillo | Martillo/clavo |
| Cortadora de césped/ césped | Aspiradora/ tapete |

B.  Discriminación auditiva-sonido en vivo. Coloque sobre la mesa objetos que emitan sonido. Ejemplos: muñecos de apretar, maracas, campana, carro de policía con sirena.
Presente un sonido y diga: "encuentra el mismo". Para ayudar, haga sonar el objeto delante del estudiante. El imitará la acción haciendo el mismo sonido. Disminuya la ayuda haciendo el sonido con el objeto fuera de la vista del estudiante.

1.  Escoge entre varios objetos
2.  Escoge entre fotos
3.  Da una respuesta sin opciones visibles

C.  Discriminación Auditiva-sonido grabado

1.  Escoge entre objetos
2.  Escoge entre fotos
3.  Da una respuesta sin opciones visuales

D.  Asociación con persona, personaje o animal
1.  ¿Qué dice una persona, personaje o animal? (la vaca dice muu)
2.  ¿Qué come una persona, personaje o animal? (Winnie Poo come miel)
3.  ¿Qué hace una persona, personaje o animal? (los piratas buscan tesoros enterrados)
4.  ¿Quién dice [sonido]?
5.  ¿Quién come [comida]?
6.  ¿Quién [realiza acción]?

E.    Identifique lugares

    1.    Habitaciones en su casa

        a.  Foto de identificación receptiva
        b.  Denominación expresiva de fotos
        c.  Va a la habitación nombrada/lugar
        d.  Nombra la habitación/lugar donde está
    2.    Habitaciones genéricas (de revistas, libros, etc.)
    3.    Sitios en la comunidad (parques, oficina de correos, Mc.Donnald´s, etc.)

F.    Ocupación/Colaboradores de la Comunidad/Caracteres

    1.    Identificación receptiva de una persona
    2.    "¿Quién [cumple un papel]?"- apunta a la foto
    3.    Denominación expresiva de una persona
    4.    "¿Quién [cumple papel]?" - respuesta verbal
    5.    "¿Qué hace una [persona]?"
    6.    "¿Dónde podrías ver una [persona]?" - señala la foto
    7.    "¿Dónde podrías ver una [persona]?" - respuesta verbal
    8.    "¿Qué usa una [persona]?" - señala la foto
    9.    "¿Qué usa una [persona]?" - respuesta verbal

G.    Opuestos
    1.  Colocar objetos juntos.
    2.  Receptivo: El instructor coloca dos o más fotos sobre la mesa y pregunta: "¿Cuál es el opuesto de ...?". El estudiante señala la foto correcta.
    3.  Expresivo: El instructor pregunta: "¿Cuál es el opuesto de...?". El alumno responde. No se da ayuda visual.

H.    Composición: "¿De qué está hecho?" (madera, papel, vidrio, metal, etc.)

    1.  Emparejamiento. Reúne los objetos hechos del mismo material.
    2.  Receptivamente identifica el objeto hecho del material.
        SD:        "Señala la madera"
        Respuesta:    Señala un objeto hecho de madera

    3.  Nombrar el material del que está hecho el objeto.
        SD:        Muestra la camisa. Preguntar al estudiante: "¿De qué está hecho esto?"
        Respuesta:    "De tela"

# Conocimiento General y Razonamiento II

**Objetivos:**

1. Enseña al estudiante la información general y funcional apropiada para la edad

2. Desarrolla más razonamiento abstracto

**Procedimiento:**     Haga preguntas al estudiante sobre información general. Suminístrele la información si él no conoce las respuestas.

ES CRITICO ENTENDER QUE ES PROBABLE QUE LA COMPRENSION NO SE VA A DESARROLLAR SUMINISTRANDOLE NUMEROSOS PEDACITOS DE INFORMACION NO RELACIONADA.
LA COMPRENSION SE DESARROLLA A TRAVES DE LA ENSEÑANZA DE EJEMPLOS RELACIONADOS CON UN CONCEPTO HASTA QUE EL ESTUDIANTE ESTA CAPACITADO PARA GENERAR NUEVOS EJEMPLOS POR SI MISMO.

A.  Identificación/descripción.  Para este programa usted debe desarrollar cinco o más ejemplos como respuesta para cada objeto.  Pida al alumno que le dé cierta cantidad de respuestas; que empiecen por dos aumentándolo gradualmente, sin pedir más de lo razonable para su nivel de desarrollo.  Cuando lo esté apoyando, debe desordenar aleatoriamente las respuestas para que no sean memorizadas.  Asegúrese de reforzar grandemente cualquier variación que sea generada por el alumno.

1. Describa una persona u objeto (persona u objeto no presente)

2. Identifique la persona o el objeto con ciertas características (persona u objeto no presente)

3. ¿En qué _____ (cocinas, manejas, etc.)?

4. ¿Dónde encontrarías una _____ (cama, estufa, timón, nube, etc.)?

5. ¿Qué verías en una _____ (cocina, biblioteca, consultorio médico, etc.)?

B.   Asociaciones  II

1. Pregunta verbal - respuesta verbal
   SD:       "¿Qué va con zapato?"
   Respuesta: "media"

2. ¿Por qué van juntos?
   SD:        "¿Por qué un zapato y una media van juntos?"
   Respuesta: "uso medias en mis pies"

C.   Razonamiento:  Explicar por qué realizamos cierta acción

1. ¿Por qué nos bañamos?  ¿Por qué vas al doctor?

D.   Saber que hacer en diferentes situaciones ("¿Qué haces cuando estás _____?")

1. Somnoliento, con frío, cansado,  hambriento, tienes un dedo cortado, enfermo, (B: 3-0)

2. Ves que un zapato tiene el cordón suelto, tienes sed, quieres salir y está lloviendo (B: 4-0)

E.   Sabe a dónde ir para varias cosas

1. ¿A dónde vamos para enviar una carta?

F.   Tareas imposibles

1. ¿Puedes tocar el techo?  ¿Por qué no?

G.   Irregularidades/Absurdos.  Presente los siguientes artículos que tienen algo mal o presente fotos

1. Identificación: El estudiante señala el objeto que esta mal

2. Explicación: El estudiante dice cuál es el problema
   Ejemplo:  El carro tiene tres llantas

      3. Corrigiendo: El estudiante organiza o describe lo que se podría hacer. Ejemplo: El niño arma la cabeza del "Sr. Cabeza de Papa" apropiadamente

H.      Identificar el objeto que falta en una foto

I.      Adivinanza

J.      Analogías (Un elefante es grande; un ratón es _____)

K.      Extendiendo los patrones: ABCABCAB...... ¿Qué sigue?

L.      Codificando: Al estudiante se le presenta una leyenda (Corazón = A; Estrella = B; Circulo = C; etc.). Luego se le da una cuadrícula que tiene parte del código y espacio para colocar la traducción

# Igual Vs. Diferente

**Objetivos:**

    1.      Incrementar el razonamiento abstracto

    2.      Incrementar la conciencia y la atención detallada de objetos en el ambiente

**Procedimiento:** Presentar los artículos que se parecen en cierta dimensión y un artículo adicional que sea diferente en esa dimensión. Comience con características obvias y avance hacia atributos más abstractos y finalmente detalle las diferencias.

**Ayudas:** Utilice Demostración, Verbal, Señalamiento y ayudas de posicionamiento. Gradualmente disminuya los ayudas hasta que el estudiante pueda ejecutarlo de forma independiente.

**Criterio de Entrada:** El Emparejamiento es un pre-requisito

**Criterio de Dominio:** El estudiante ejecuta respuestas correctas y sin ayuda en 8 de 10 veces, durante dos sesiones consecutivas. Esto deberá ser repetido por lo menos con un instructor adicional.

**Fase 1:** **Tenga un grupo de objetos que sean idénticos (por Ejemplo: todos del mismo color) y coloque un objeto en el grupo que difiera en esa dimensión.**
Pida al estudiante que le entregue el objeto que es diferente. Una vez que él entienda, gradualmente reduzca el campo hasta que haya dos objetos que sean iguales y uno que sea diferente. Entonces, en cada ensayo después de que él le ha entregado el objeto diferente (tendrán que quedar dos objetos idénticos en la mesa), dígale que le entregue el "igual". Podría ser necesario ayudarlo para que recoja ambos objetos y se los entregue. Gradualmente puede comenzar a pedirle los artículos iguales o distintos de forma aleatoria.

**Fase 2:** **Encontrar el mismo/encontrar el distinto.** Ponga dos artículos sobre la mesa (por Ejemplo: una manzana y un zapato). Muéstrele un zapato y pídale que encuentre el que es igual/diferente.

**Fase 3:**          **Expresividad**. Ponga dos artículos. Pregúntele al estudiante: "¿Son estos iguales o diferentes?"

Generalice hacia un ambiente más natural (Por Ejemplo: durante juegos, tareas caseras, juego con plastilina, etc.) Ejemplos: "Tráeme el mismo plato". "Escoge uno diferente". "Colorea el tuyo igual al mío". "Haz el tuyo diferente".

**Fase 4:**          **Siga el siguiente procedimiento y luego pregunte al estudiante "¿Por qué son estos diferentes?" o "¿Por qué son estos iguales?"** El responde: "Debido a que ambos son zapatos" (igual) o "debido a que este es un zapato y esto es una manzana" (diferente).

**Fase 5:**          **Utilice artículos que sean iguales en un aspecto, pero diferentes en alguna otra manera.** El estudiante necesita responder ambos. "¿En qué forma son iguales?" y "¿En qué forma son diferentes?". Ejemplos: un bloque rojo y un bloque verde, dos animales, una crayola y un lápiz, etc.

Atributo
Categoría
Función

**Cruce de Referencia:**          Emparejamiento

# Preposiciones

**Objetivos:**

1. Enseñar al estudiante la relación entre los objetos y el ambiente

2. Enseñarle a construir un bloque de lenguaje

3. Suministrarle los medios para encontrar o posicionar los objetos en el medio ambiente

4. Enseñarle el concepto "dónde"

**Procedimiento:**

Este es un programa que los niños con frecuencia encuentran difícil y pueden rechazarlo. Si no obtiene un éxito pronto, tal vez sea bueno dejarlo por un tiempo y retomarlo después.

Es muy importante hacer de esto un asunto muy divertido. Sea creativo en el uso de objetos y el método de presentarlo. Por ejemplo, convierta esto en un juego de zoológico y utilice una caja para poner a los animales dentro, encima, al lado, etc. Otros ejemplos:

Juego de jardín de una finca con animales y tractores
Castillo con figuras
Escena de océano
Casa de muñecas
Bus de colegio

Seleccione un artículo tal como una caja, vaso o balde (refiérase a éste como el objeto estacionario). El objeto debe tener al menos dos preposiciones diferentes que puedan ser utilizadas con él. Por ejemplo, al lado correcto de posición, un vaso puede usarse para dentro y al lado. En la posición boca abajo, puede usarse para encima, debajo y al lado. Utilice un artículo movible tal como un bloque o un juguete pequeño para ponerlo en varias localizaciones tal como, encima, debajo, etc. El artículo debe ser variado con frecuencia mientras se hacen los ensayos. Esto también puede hacerse, logrando que el estudiante coloque el artículo movible en referencia hacia una silla o mesa (por ejemplo: ponga a Elmo debajo de la mesa).

Una vez que lo haya dominado en la mesa, generalice los conceptos para ver libros, situaciones alrededor de la casa y en los exteriores.

**Fase 1:**          **Emparejando imágenes.** Utilice imágenes que puedan mostrar varios conceptos posicionales (por ejemplo: un niño encima Vs. debajo de la mesa). Ponga dos imágenes en donde se vea la misma persona en diferentes lugares. Dele al estudiante una imagen de una persona diferente en uno de los lugares y diga: "ponla con [encima]".

**Fase 2:**          **a) [OPCIONAL] Como un primer paso, puede ser de gran ayuda enseñar el concepto de encima Vs. El lado de un objeto.** Ponga el objeto estacionario en frente del estudiante y pídale que lo toque encima y luego al lado. Utilice el paradigma de entrenamiento básico de discriminación. Ayúdele utilizando un gesto de palmadas dramático para modelar y estimular a que se divierta con la actividad.

**b) Enseñe al estudiante a poner un objeto móvil, encima - al lado, del objeto estacionario.** Utilice figuras interesantes como los objetos móviles y utilice un objeto diferente cada cierto número de ensayos. Se deben introducir algunas preposiciones receptivas una vez que "encima" y "al lado" se hayan dominado totalmente.

### Preposiciones Receptivas Nivel de Principiante

| | |
|---|---|
| Encima | Al lado |
| Dentro | Debajo |

### Preposiciones Receptivas Nivel avanzado

| | |
|---|---|
| Detrás | En frente de |
| Próxima a | Entre (En el medio de) |

Una forma de hacer esto interesante para él, es utilizar su personaje favorito. Haga que el personaje le pida las direcciones de lugares en cuya referencia hay un objeto estacionario (por ejemplo: "Discúlpeme, me podría mostrar como llegar bajo la silla?"). El estudiante puede hacer o ver el personaje "caminar" hacia el lugar.

Otra idea es el uso de formas y de colores. Diga al estudiante que ponga un objeto en cierto lugar. (Por ejemplo: ponga a Batman en el Bati-móvil, ponga a Mickey bajo la mesa).

Juego de Preposiciones: Utilice una silla u otro objeto que tenga áreas claras (por ejemplo: encima, bajo, al lado, etc.) Luego, ponga vasos invertidos en éstas posiciones y esconda un dulce debajo de uno de ellos. Diga al estudiante que mire al lado/encima/debajo de la silla. Si él va al sitio correcto, obtendrá el dulce que está escondido.

Para "enfrente de" y "detrás de", asegúrese de utilizar los objetos que tengan un frente y una parte de atrás absoluta. Una silla esta bien, una caja no. Esto también puede hacerse con dos animales alineados de cabeza y cola; pida al estudiante que señale cuál está enfrente y cual está detrás.

Para generalizar, usted puede hacer que el estudiante vaya en busca de un tesoro que son dulces escondidos en varios lugares: encima, debajo, dentro, etc.

**Fase 3:** **Haga que el estudiante se ponga en varios lugares con referencia a los objetos estacionarios.** Ejemplos: "Vaya debajo de la mesa", "Párese encima de la silla", "Métase dentro de la canasta de lavandería", "Vaya detrás de su mamá".

**Fase 4:** **Discriminación receptiva de preposiciones en imágenes.**

**Fase 5:** **Objetos Expresivos en 3-D.** Utilizando objetos estacionarios y objetos móviles, muestre las diferentes preposiciones y pregúntele al estudiante: "¿Dónde está el [objeto móvil]?"

**Fase 6:** **Objetos Expresivos en 2-D:** Utilice imágenes para presentar los conceptos. Los libros de **"Curious George"** son buenos en este paso.

# Pronombres

**Objetivos:**

1. Enseñarle la relación entre él y el ambiente

2. Enseñarle a construir un bloque de lenguaje

3. Promover el lenguaje para que suene más apropiado (por ejemplo: eliminar el pronombre reflexivo)

4. Enseñarle el concepto "Quién"

**Procedimiento:** Inicialmente al estudiante se le enseñará a responder receptivamente a los pronombres. El instructor indicará al estudiante sus propias partes del cuerpo o las del instructor (por ejemplo, "Toca tu nariz"). La ayuda consiste en que el instructor utiliza el nombre del alumno, para dar la instrucción y lentamente disminuye el uso del nombre, hasta dejar solamente el pronombre. Por ejemplo, "Toca la nariz del INSTRUCTOR" o "toca la mano del ESTUDIANTE". Al principio del entrenamiento, usted debe variar la parte del cuerpo con frecuencia. En la medida en que él avance con los pronombres, usted podrá variar la parte del cuerpo con más frecuencia. Una vez que él haya alcanzado la perfección, continue utilizando pronombres expresivos.

Puede ser de gran ayuda utilizar objetos no animados, tales como un animal de peluche o personajes (por ejemplo, la nariz de Mickey Mouse Vs. La nariz del instructor). Los compañeros o muñecos pueden ser utilizados para enseñar los pronombres en tercera persona tales como suya o suyo.

Los programas de expresión y recepción para primera y segunda persona (por ejemplo, Yo, Tú), no deben ser combinados hasta que cada elemento sea dominado de forma independiente. Esto es con el objetivo de reducir la confusión sobre los pronombres reflexivos.

**Criterio de
Entrada:**

El estudiante ha dominado las partes del cuerpo y el programa Expansión del Lenguaje I, utilizando por lo menos frases de dos palabras. (La descripción de Expansión del Lenguaje I está en la sección siguiente). Para un estudiante que no utiliza verbos, él deberá haber dominado la discriminación receptiva de la combinación objetos/atributos.

**Criterio de
Dominio:**

El estudiante ejecuta respuestas correctas en 9 de 10 veces. Esto debe repetirse por lo menos con un instructor adicional.

**Fase 1:**

**Pronombres Receptivos - Posesivos ("Señale a____
nariz")**

a.   El (instructor) de John Vs. El del estudiante

b.   Mío Vs. Suyo

c.   De él Vs. De ella (Personas)

d.   De él Vs. De ella (Imágenes)

e.   Suyo/Nuestro/De ellos (Plural) (Personas)

f.   Suyo/Nuestro/De ellos (Plural) (Imágenes)

g.   Esto/Eso/Estos/Esos

Para éste paso, usted puede utilizar objetos además de las partes del cuerpo. Por ejemplo: ponga dulces encima de la mesa. Uno es "mí dulce" y el otro es "tú dulce". El instructor puede decir "Come MI dulce". Si el estudiante está en lo correcto, entonces efectivamente se comerá el dulce.

**Fase 2:**

**Pronombres Receptivos Objetos.**
a.   Mí Vs. Tú ("Señálame a mí")

b.   A él Vs. A ella ("Dale el [objeto] a ella")

**Fase 3:**

**Pronombres Expresivos.** El instructor tocará alguna parte del cuerpo o pieza de ropa del estudiante o de alguien del equipo docente, y preguntará "¿De quién es [parte del cuerpo]?"

a.   Posesivo: Mío Vs. Suyo

    Instructor:    ¿La nariz de quién?
    Estudiante:    Mi nariz.

b.   Posesivo:  De él Vs. De ella

        Instructor:      ¿El zapato de quién?
        Estudiante:     El zapato de ella.


c.   Posesivo: Suyo Vs. Nuestro (con equipos)

        Instructor:      ¿La bola de quién?
        Estudiante:     El zapato de ella.

d.   Nominativo:  El Vs. Ella

        Instructor:      ¿Qué  está sucediendo?
        Estudiante:     El está_____

e.   Nominativo:  Yo Vs. Usted

        Instructor:      ¿Quién tiene la bola?
        Estudiante:     Yo la tengo.

f.   Nominativo:  Ellos Vs. Nosotros

g.  Nominativo:   Combinaciones    Nominativas    Posesivas
      ("Usted está tocando mi nariz")

h.   Esto/Eso/Estos/Esos

# Expandiendo el Lenguaje

**Objetivos:**

1.  Facilitar el lenguaje que no es dirigido por el instructor – comienzo del habla espontánea

2.  Facilitar las habilidades de conversación

3.  Aumentar la fluidez, la claridad y la duración de la producción verbal

4.  Aumentar la conciencia y atención

**Procedimiento:** Inicialmente, los artículos serán en 3-D y serán presentados como artículos discriminados. Utilice artículos de Denominación Expresiva. El instructor presenta un artículo y convida al estudiante a que le describa lo que ve. Inicialmente, el instructor podrá formular una pregunta como: "¿Qué es lo que ves?" pero es preferible enseñarle a comentar sin necesidad de formularle preguntas. Al principio, solamente haga que le mencione el artículo. Luego, el programa se deberá expandir mediante la presentación de dos o más artículos y también moviendo la presentación a 2-D. La respuesta deseada es una descripción de lo que la persona está haciendo o qué es lo que está pasando en la imagen. Se sigue con la utilización de libros e imágenes complejas con múltiples conceptos. Finalmente, los objetos serán señalados en el ambiente. Para aumentar sistemáticamente la habilidad del estudiante para comentar las escenas complejas, usted podrá tomar imágenes comenzando con objetos discriminados individuales y gradualmente aumentar el número de estos incluidos en la escena. La grabación con video puede ser usada como un medio adicional para presentar estímulo físico.

El objetivo eventual es que el estudiante suministre una descripción detallada (por ejemplo, descriptores múltiples), con una mínima ayuda posible del instructor. Disminuya de las ayudas verbales a las comunicaciones no verbales (por ejemplo, inclinándose y moviéndose con la mano para ayudar más a la verbalización). Esto acelera la generalización en un ambiente natural e incrementa las habilidades de atención interpersonal.

**Criterio de
Entrada:**                El estudiante ha dominado los objetos de la Fase 3 de
                          Denominación Expresiva.

**Criterio de
Dominio:**                El estudiante ejecuta respuestas correctas en 9 de 10 veces sin
                          ayuda.   Esto debe repetirse por lo menos con un instructor
                          adicional.

**Fase 1:**               **"¿Qué  es esto?"**
                          a.  Una respuesta de una sola palabra.  Muéstrele el objeto al
                              estudiante y formúlele una pregunta.
                              SD:          "¿Qué  es esto?"
                              R:           "[nombre del objeto]"

                          b.  El estudiante contesta en una frase
                              SD:          "¿Qué  es esto?"
                              R:           "Es un [nombre del objeto]"

**Fase 2:**               **¿Qué  es lo que ves?"**
                          a.  Tres objetos de 3-D sobre la mesa
                              SD:          " ¿Qué  es lo que ves?"
                              R:           "Yo veo [objeto]"

                          b.  Múltiples objetos en 3-D sobre la mesa
                              SD:          "¿Qué  es lo que ves?"
                              R:           "Yo veo [objeto] y [objeto]"

                          c.  Un objeto único en 3-D alrededor del cuarto, observando
                              fuera de la ventana, o parándose afuera.
                              SD:          "¿Qué  es lo que ves?" (puede ir acompañado
                                           por un gesto de señalar, el cual debe ser
                                           disminuido posteriormente en caso de ser
                                           necesario)
                              R:           "Yo veo [objeto]"

                          d.  Múltiples objetos en 3-D alrededor del cuarto, observando
                              fuera de la ventana, o parándose afuera
                              SD:          "¿Qué  es lo que ves?
                              R:            "Yo veo [objeto] y [objeto]"

                          e.  Imágenes  individuales  en 2-D  en el  tablero ("Yo  veo
                              [objeto]")

f. Imágenes múltiples en 2-D en el tablero ("Yo veo [objeto] y [objeto]...")

g. Nombrar los objetos individuales en una imagen compleja, como la que se obtiene de una escena de un libro de historias ("yo veo [objeto]")

h. Nombrar los artículos múltiples en una imagen compleja, como la que se obtiene de una escena de un libro de historias ("yo veo [objeto] y [objeto]")

**Fase 3:**    **Verbos (Respuestas de una sola palabra).** Usted podrá hacer que el estudiante responda con las terminaciones "ando-endo" finalizando en caso de que se haga más fácil para él, pero todo el equipo docente debe ser consistente de la respuesta que aceptan.

SD:        "¿Qué está [la persona] haciendo?"

R:        "Durmiendo", "Comiendo", "Corriendo", etc.

**Fase 4:**    **Verbo/Combinación de objetos "¿Qué está haciendo [la persona]?"**

Ejemplos: Montando bicicleta, pateando la bola.

**Fase 5:**    **Sujeto/Combinación de verbos**

a. El sustantivo como el sujeto

SD:        "¿Qué está haciendo Mamá?

R:            Mamá está parada

b. Pronombre como el sujeto

SD:        "¿Qué está haciendo él?"

R:        "El está durmiendo"

c. El estudiante suministra el pronombre

SD:        "¿Qué está sucediendo (en la imagen)?"

R:        "El está durmiendo"

**Fase 6:**    **Objeto/Adjetivo - Responde en una frase**

SD:        "¿Qué es eso?"

R:        "Camión Amarillo"

**Fase 7:**    **Objeto/Adjetivo/Adjetivo - Responde en frase**

SD:        "¿Qué es eso?"

R:        "Bola roja grande"

**Fase 8:**                    **Sujeto/Verbo/Combinación de objetos**

      a.  Sustantivo como sujeto
         SD:          "¿Qué está (la) niña haciendo?
         R:            "(la) niña está besando (al) bebé"

      b.  El estudiante suministra un sustantivo
         SD:          "¿Qué está pasando (en la imagen)?"
         R:            "(la) niña está besando (el) bebé"

      c.  Pronombre como sujeto
         SD:          "¿Qué está haciendo ella?"
         R:            "Ella está pateando (la) bola"

      d.  El estudiante suministra el pronombre
         SD:          "¿Qué está pasando en (la imagen)?"
         R:            "Ella está pateando (la) bola"

**Fase 9:**                    **Objeto/Adjetivo - Respuesta en una frase**

      a.  "¿Qué es eso?" ("Eso es un camión amarillo")
      b.  "¿Qué es lo que ves?" ("Yo veo una bola grande")
      c.  "¿Qué es lo que tienes?" ("Yo tengo un caballo café")

**Fase 10:**                   **Objeto/Adjetivo/Adjetivo/Respuesta en una frase**

      a.  " ¿Qué es eso?" ("Eso es un camión amarillo pequeño")
      b.  " ¿Qué es lo que ves?" ("Yo veo una bola roja grande")
      c.  " ¿Qué es lo que tienes?" ("Yo tengo un caballo grande de color café")

**Fase 11:**                   **Objeto/Adjetivo/Preposición/Objeto**
                        Ejemplo: camión azul sobre la mesa

**Fase 12:**                   **Sujeto/Verbo/Objeto/Combinaciones descriptivas**

**Fase 13:**                   **Generalizar el lenguaje a situaciones del diario vivir**

**Cruce de**
**Referencia:**
               Tentaciones de Comunicación
               Conversación Básica
               Denominación Expresiva

# Tiempos de los Verbos

**Objetivos:**

1. Suministrar al estudiante lenguaje descriptivo para eventos del pasado y para anticiparse a eventos que ocurrirán en el futuro

2. Aumentar la conciencia de la relación temporal de los eventos

**Procedimiento:** Pregunte al estudiante acerca de las acciones en varios tiempos. Utilice la acción viva o imágenes.

**Ayudas:** Utilice Guía Física, Demostración verbal, señalamiento o ayudas de posicionamiento. Gradualmente disminuya las ayudas hasta que el estudiante pueda ejecutarlos de forma independiente.

**Criterio de Entrada:** El estudiante ha dominado todos los objetivos de los verbos expresivos.

**Criterio de dominio:** El estudiante ejecuta respuestas correctas en 9 de 10 veces sin ayuda. Esto debe repetirse por lo menos con un instructor adicional.

**Fase 1:** **Tiempo Presente**

SD 1: "[persona] está _____ ando/endo"

SD 2: Muestre una imagen en acción. "¿Qué está sucediendo?"

R2: "[persona] está _____ ando/endo"

SD 3: Demostrar una acción. "¿Qué estoy haciendo?"

R3: "Usted está_____ ando/endo"

SD 4a: Demostrar una acción. "Haga esto"

R4a: "Imita la acción"

| SD 4b | El instructor detiene la acción tan pronto como el estudiante comienza; haga que él continúe la ejecución de la acción. "¿Qué está haciendo?" |
| R4b: | "Yo estoy_____ ando/endo" |

**Fase 2:**  **Tiempo Pasado.** "Comience con verbos regulares, luego enséñele verbos irregulares"

| SD 1a: | Demostrar una acción. "Haga esto" |
| R1a: | "Imita la acción" |

| SD 1b: | El instructor detiene la acción tan pronto como el estudiante comience; haga que él continúe ejecutando la acción. "¿Qué está haciendo?" |
| R1b: | "Yo estoy _____ ando/endo" |

| SD 1c: | Haga que el estudiante detenga la acción. Pausa. "¿Qué es lo que HICISTE?". (Haga énfasis en la ayuda para ser disminuida cuando el estudiante aprenda el concepto) |
| R1c: | "Yo _____ [tiempo pasado]" |

| SD 2: | Rotación aleatoria de preguntas en tiempo pasado Vs. presente con el estudiante ejecutando acciones |
| R2: | El estudiante contesta utilizando los tiempos de los verbos correctos |

| SD 3a: | Utilice un muñeco de peluche, muñeca u otro personaje. Haga que el personaje ejecute una acción. "¿Qué está [el personaje] haciendo?" |
| R3a: | "El [personaje] está _____ (ando/endo) pasado)" |

| SD 3b: | Haga que el personaje detenga la acción. Pausa. "¿Qué fue lo que [el personaje] hizo?" |
| R3b: | "[El personaje] _____(tiempo pasado)" |

| SD 4: | Rotación aleatoria de preguntas en tiempo Pasado Vs. Presente con los personajes ejecutando las acciones |
| R4: | El estudiante responde utilizando el tiempo de verbo correcto |
| SD 5a: | Muéstrele una imagen de una acción. "¿Qué está [la persona] haciendo?" |

R5a:                "[La persona] está _____ando/endo"

SD 5b:           Colóquele la imagen del cuadro boca a bajo. Pausa. "¿Qué fue lo que [la persona] hizo?"

R5b:               "[La persona] _____(tiempo pasado)"

SD 6:            "Rotación aleatoria de preguntas en tiempo pasado Vs. presente con personajes ejecutando la acción"

R6:                "El estudiante responde utilizando el tiempo correcto de los verbos"

**Fase 3:**       **Tiempo Futuro.** Utilice la forma "está yendo a..." para comenzar. Luego usted podrá enseñar la forma "será." (esto se utiliza con menos frecuencia en el lenguaje diario).

Para el SD 1 y el SD 2 utilice el juego de tarjetas que muestre tres diferentes fases de acción. Por ejemplo: 1) La persona mirando un banano; 2) La persona pelando un banano; 3) La cáscara del banano sobre la mesa en frente de la persona.

SD 1a:           Señale a la imagen uno. "¿Qué es lo que la [persona] va a hacer?"

R1a:              "La [Persona] va a......."

SD 1b:           Señale la imagen dos. "¿Qué está haciendo [la persona]?"

R1b:              "[La persona] está _____ando/endo"

SD 1c:           Señale la imagen dos. "¿Qué hizo [la persona]?"

R1c:              "[La persona] _____(tiempo pasado)"

SD 2:            Rotación aleatoria de los tiempos pasado, presente y futuro. Muestre la tarjeta. "Dígame acerca de la imagen"

R2:                El estudiante responde con una frase en el tiempo verbal correcto

SD 3a:           Diga al estudiante que ejecute la acción. Retarde el comienzo de la acción. "¿Qué es lo que va a hacer?"

R3a:              "Yo voy a ....."

SD 3b:           Permita que el estudiante ejecute la acción. Cuando está ejecutando la acción, pregúntele "¿Qué está haciendo?"

| | |
|---|---|
| R3b: | "Yo estoy _____ando/endo" |
| SD 3c: | Haga una pausa después de que la acción se haya completado. "¿Qué hizo?" |
| R3c: | "Yo _____(tiempo pasado)" |
| SD 4: | Rotación aleatoria de tiempos pasado, presente y futuro con el estudiante ejecutando la acción. Esto es hecho mediante la omisión aleatoria de preguntas para el paso a) y/o b) con los SD 3 descritos antes, así que el orden de preguntas no se puede predecir |
| R4: | El estudiante responde una frase con el tiempo correcto del verbo |
| SD 5a: | Haga que el estudiante diga un personaje para que ejecute la acción. ("Diga a Abelardo que salte"). Demore la ejecución de la acción por parte del personaje. "¿Qué va a hacer él [personaje]?" |
| R5a: | "[Personaje] va a ..." |
| SD 5b: | Haga que el personaje ejecute la acción. Cuando esté ejecutando la acción, pregunte "¿Qué está haciendo [personaje]?" |
| R5b: | "[Personaje] está _____ando/endo" |
| SD 5c: | Pausa después de que la acción se haya terminado. "¿Qué hizo [personaje]?" |
| R5c: | "[Personaje] _____(tiempo pasado)" |
| SD 6: | Rotación aleatoria de los tiempos presente, pasado y futuro con el personaje ejecutando una acción. Esto es realizado mediante la omisión aleatoria de preguntas para el paso a) y/o b) con los SD 5 descritos antes, de tal forma que el orden de las preguntas no es predecible. |
| R6: | El estudiante responde una frase con el tiempo correcto del verbo |

**Cruce de Referencia:**

Recordar

Expandiendo el Lenguaje I

# Plurales

**Objetivos:**

1. Aumentar el uso correcto de la gramática

2. Establecer la conciencia de cantidad

**Procedimiento:** Al estudiante se le presentará un grupo de objetos para que haga las asociaciones adecuadas de singular Vs. plural con el lenguaje correspondiente.

**Ayudas:** Utilice Guía Física, Demostración Verbal, señalamiento o posición del estímulo. Gradualmente disminuya las ayudas hasta que el estudiante pueda ejecutarlas de forma independiente.

**Criterio de Entrada:** Completar el concepto de grande Vs. pequeño y más Vs. menos.

**Criterio de dominio:** El estudiante ejecuta respuestas correctas 9 de 10 veces sin ayuda. Esto debe repetirse por lo menos con un instructor adicional.

**Fase 1:** **Discriminación receptiva.** Presente dos pilas de un mismo objeto (por ejemplo: bloques). Una pila tiene un bloque individual. El otro tiene dos o más bloques. Diga al estudiante que "toque el bloque" Vs. "toque los bloques". Esto debe hacerse con varios objetos en 3-D así como con imágenes.

**Fase 2:** **Denominación Expresiva.** Muestre al estudiante la pila que tenga uno o más objetos en ella (por ejemplo: carros). Pregunte, "¿Qué es eso?". El deberá responder "carro" o "carros"

**Fase 3:** **Verbos Expresivos.** Muestre al estudiante las imágenes de una acción y formule una pregunta que requiera utilizar la forma correcta del verbo. Suministre el sustantivo correcto en la pregunta.

¿Qué es lo que Papi come en el desayuno?
¿Qué están haciendo los muchachos?
¿Dónde viven los niños?

**Fase 4:**          **Expandiendo la gramática:** Una vez el estudiante tiene la idea básica del singular Vs. plural, enséñele cómo decir frases completas utilizando una gran variedad de frases.

¿Qué es esto? Es un carro
¿Qué son estos? Estos son carros
¿Qué es lo que ves?    Yo veo un carro
¿Qué es lo que ves?    Yo veo algunos carros

**Fase 5:**          **Enseñe al estudiante a utilizar la forma verbal con el sujeto singular o plural.**
Muéstrele imágenes de personas llevando a cabo una acción y pregúntele: "¿Qué está pasando?"

El niño está nadando
Los niños están nadando
Mamá está despidiéndose
Mami y Papi están despidiéndose

**Fase 6:**          **Escribiendo.** El estudiante llena los espacios en blanco que hay en las frases, utilizando el singular o el plural para sustantivos y verbos.

**Cruce de Referencia:**

Describiendo
Tiempos de los verbos

# "Yo no Sé"

**Objetivos:**

1. Suministrar medios para contestar preguntas cuando el estudiante no conoce la Respuesta

2. "Yo no sé" se convertirá en el precursor para la búsqueda de información (por ejemplo: "¿Qué es esto?")

3. Reducir la ecolalia (la ecolalia con frecuencia se exhibe cuando no se conoce la respuesta)

4. Suministrar al instructor un método para identificar déficits en el conocimiento

5. Reducir el adivinar

**Procedimiento:**

El objetivo es que el estudiante diga "Yo no sé" cuando se le pregunte un nombre o una función de un objeto desconocido. Pregúntele la identificación de una variedad de objetos que él conoce así como de objetos que él no conoce. Ayúdelo para que diga: "Yo no Se" cuando se le indique que nombre objetos desconocidos. Eventualmente, a él se le debe enseñar el nombre del objeto (por ejemplo: "¿Qué es esto?").

**Fase 1:**

**Al estudiante se le indica que identifique una variedad de objetos que él conozca así como objetos que él no conozca.** Al estudiante entonces se le deberá ayudar para que responda "Yo no sé", cuando se le diga que nombre objetos desconocidos. Sí él intenta responder con un nombre que no es correcto, dígale "no adivine". Cuando "Yo no sé" se ha establecido, realice ensayos aleatorios con objetos conocidos. Es importante suministrar el refuerzo para que pueda hacer la denominación de objetos conocidos así como decir, "Yo no sé". De otra manera, él podría nombrar objetos conocidos diciendo "Yo no sé".

a. SD: ¿Qué es esto?      R: Yo no sé

b. SD: ¿Quién es?      R: Yo no sé

c. SD: ¿Dónde está?      R: Yo no sé

**Fase 2:**          **Al estudiante se le debe enseñar que pregunte a alguien el nombre del objeto, inquiriendo.** Muéstrele una serie de objetos. Haga que él nombre aquellos que le son conocidos. Para aquellos que él no conoce, deberá formular la pregunta adecuada:

a.       ¿Qué es eso?

b.       ¿Quién es?

c.       ¿Dónde está?

**Fase 3:**          **Formúlele al estudiante preguntas informativas a las cuales él no conozca la respuesta.**
(Por ejemplo, "¿Qué vas a cenar?"). Inicialmente las preguntas deben ser relevantes para él. Eventualmente, se le deben formular preguntas con información más general.
ES IMPORTANTE QUE LA INFORMACION SEA FUNCIONAL, MOTIVANTE Y APROPIADA A SU EDAD.

**Fase 4:**          **Varíe el lenguaje utilizado.** Formúlele al estudiante una pregunta que no tenga ningún sentido y enséñele a responder "Yo no entiendo"; "¿Qué fue lo que dijo?"; "¿Podría repetir de nuevo?" u otras frases comúnmente utilizadas.

**Cruce de
Referencia:**
                     Auto-Afirmación
                     Denominación expresiva
                     Aprendizaje por medio de la observación

# Conversación - Intermedia

**Objetivos:**

1.  Desarrollar formas de interacción social

2.  Expandir los niveles de expresión

3.  Enseñar estrategias de conversación

4.  Aumentar la aceptación por parte de los compañeros

5.  Enseñar al estudiante a atender y responder verbalmente los contactos verbales de otros

**Procedimientos:** El objetivo es que el estudiante aprenda habilidades de conversación. Inicialmente él aprenderá a responder preguntas simples. Las preguntas requerirán gradualmente mayor lenguaje y progresarán para dar paso a habilidades conversacionales más complejas.

Las preguntas deben ser apropiadas para la edad y el tipo de preguntas que los compañeritos le puedan hacer, por lo tanto las respuestas deben ser apropiadas para la edad. En respuesta a la pregunta "¿Cómo estas?" en vez de responder "Bien Gracias" una respuesta mas típica sería "Bien". Por lo tanto es esencial observar los compañeros del estudiante para identificar los objetivos conversacionales.

**Fase 1:** **Respondiendo Preguntas abiertas**

a.  ¿Cómo te llamas? (B: 2-0)
b.  ¿Cuántos años tienes? (B: 3-0)
c.  ¿A quién ama usted/quién lo ama/cuánto?
d.  ¿A qué colegio vas?
e.  ¿Quién es tú instructor?
f.  ¿Cuántos niños hay en tú clase?
g.  ¿Dónde vives? (B: 4-0)
h.  ¿Cuál es tú número telefónico?
i.  ¿De qué color es tú casa?
j.  ¿Cómo se llama tú gato?
k.  ¿Dónde vive tu abuela?
l.  ¿De qué color son tus ojos?

**Fase 2:**          **Respondiendo Preguntas Subjetivas**

    a.  ¿Qué quieres comer?
    b.  ¿Qué quieres tomar?
    c.  ¿Cuál es tu programa favorito de TV?
    d.  ¿Qué quieres hacer en la escuela?
    e.  ¿Cuál es tu color preferido?
    f.  ¿Qué te gusta hacer después de la escuela?

**Fase 3:**          **Respondiendo preguntas Si/No**

    a.  ¿Tú tienes un hermano?
    b.  ¿Tú tienes una hermana?
    c.  ¿Te gustan las mascotas?
    d.  ¿Te gustan los Power Rangers?
    e.  ¿Te gusta jugar fútbol?
    f.  ¿Eres niño/niña?
    g.  ¿Usas gafas?
    h.  ¿Mami tiene un carro azul/blanco/etc.?
    i.  ¿Te gusta la pizza?
    j.  ¿Tienes bicicleta?

**Fase 4:**          **Preguntas Conversacionales** (las respuestas pueden variar).

    a.  ¿Dónde está fulano?
    b.  ¿Qué comiste al desayuno?
    c.  ¿Qué estás haciendo?
    d.  ¿Cómo está el clima?

**Fase 5:**          **Respondiendo Preguntas de Opción Múltiple**

    a.  ¿Quieres un helado de fresa o de chocolate?
    b.  ¿Ese perro es grande o chico?

**Fase 6:**          **Haciendo preguntas Recíprocas**

    a.  ¿Cómo estás? ("Bien", ¿Cómo estas tú?)
    b.  ¿Cómo te llamas? ( Ariella, ¿Cómo te llamas tú?)
    c.  ¿Cuántos años  tienes? (cinco, ¿Cuántos años  tienes tú?)
    d.  ¿Qué cenaste anoche? (Espagueti y ensalada. ¿Qué cenaste tú?)

**Fase 7:**  **Declaración/Declaración**

a. Estoy usando una blusa azul ("Yo estoy usando una roja")
b. Estoy cogiendo un lápiz ("Yo estoy cogiendo un borrador")
c. Mi nombre es Ron ("Mi nombre es Ariella")
d. Yo quiero jugar béisbol ("yo quiero jugar fútbol")


**Fase 8:**  **Declaración/Pregunta**

a. Fuí a cine ("¿Qué película vistes?")
b. Tengo un perro ("¿Cómo se llama?")
c. Tuve un fin de semana divertido ("¿Qué hiciste?")
d. El baloncesto es mi deporte favorito ("¿Cuál es tú equipo favorito?")


**Fase 9:**  **Declaración/Declaración Negativa**

a. Me gustan las hamburguesas. ("A mi no me gustan las hamburguesas. Me gustan más los perros calientes")
b. Me gusta nadar en el océano. ("A mi no me gusta el océano. Las olas son muy grandes")


**Fase 10:**  **Declaración/Declaración/Pregunta**

a. Me gusta el helado ("A mí me encanta el helado y la torta, ¿A ti también te gusta la torta?")
b. Odio lavar la ropa. ("Yo odio sacar la basura. ¿Y tú?")
c. Me gusta la serie de televisión Guardianes de la Bahía. ("A mi me gustan LOS SIMPSONS. ¿Tú ves ese programa?")
d. Yo voy a ir a cine. ("Yo también, ¿Qué películas vas a ver?")
e. Para historias familiares, películas, etc.
Pregunte: "¿Te gusta la parte dónde.....?"

## NOTAS DE TRABAJO

# Formulando Preguntas

**Objetivos:**

1. Aumentar la conciencia del estudiante con respecto al ambiente y las acciones que la gente ejecuta

2. Suministrar un medio para obtener información

**Procedimiento:** Se crea una situación para inducir al estudiante a formular una pregunta. Habrá algún tipo de premio por hacer las preguntas. El objetivo es hacer que él realice las preguntas en respuesta a eventos ocurridos en la vida cotidiana.

**Ayudas:** Utilice ayudas verbales o físicas. Gradualmente disminuya las ayudas hasta que el estudiante pueda desempeñarlas de forma independiente.

**Criterio de Dominio:** El estudiante formula preguntas apropiadas en 4 de 5 veces sin ayudas. Esto debe repetirse por lo menos con un instructor adicional.

**Fase 1:** **a) ¿Qué es?/¿Qué es eso?.** Organice algunos objetos no familiares para ser exhibidos en algún lugar obvio. Inicialmente, haga que sea en un lugar específico y en cada ensayo usted deberá pasar por ese lugar. Ayude al estudiante a formular una pregunta adecuada. Realice ensayos repetitivos sí es necesario. Después de que él lo logre, empiece a variar el lugar y espacie los ensayos.

**b) Saque algunos objetos (algunos conocidos, algunos desconocidos) y pregunte, "¿Qué es lo que ve?"** El estudiante nombra los artículos y pregunta "¿Qué es eso?" cuando llega a algún objeto desconocido.

**Fase 2:** **¿Quién es?** Preséntele fotos de personas, algunas son conocidas y otras desconocidas. Comience preguntando "¿Quién es?" pero disminuya la pregunta y convierta eso en un comentario. Por ejemplo, cuando presente la foto diga, "Oh, mira" Si es alguien no familiar, el estudiante deberá decir, "¿Quién es?".

**Fase 3:**

**a) ¿Dónde está?.** Esconda un artículo favorito de él en el cuarto. Diga al estudiante "Hay un [objeto] en el cuarto." Cuando él pregunte dónde, muéstrele o dele direcciones verbales para que lo pueda encontrar. Otra variación es decir "Mamá sabe" y hacer que él vaya donde la mamá y le pregunte (o a otra persona)

**b) Organice al estudiante para que realice una actividad.** (Por ejemplo, pintar), pero deje una parte importante (por ejemplo, la brocha). El estudiante deberá preguntar, "¿Dónde está la [brocha]?"

**c) Ponga algunos objetos sobre la mesa.** Pida al estudiante que le traiga un objeto. Si el objeto solicitado está sobre la mesa, él deberá traerlo. Si no, él deberá preguntar, "¿Dónde está el [objeto]?"

**Fase 4:**

**¿Qué está haciendo?.** Con un gran drama, el instructor se retira del estudiante, observándolo por encima del hombro. Al estudiante se le ayuda para que le pregunte al instructor "¿Qué está haciendo?":
Soplando una bomba
Haciendo un dibujo
Dándole cuerda a un juguete
Haciendo un rompecabezas
Preparándome para hacerte cosquillas

**Fase 5:**

**¿Qué hay ahí adentro?.** El instructor pone algo en una caja y lo revuelve en frente del estudiante. Generalice esto mediante la postura de un contenedor a la vista en el área y dele indicaciones de que hay algo adentro.

**Fase 6:**

**¿A dónde vas a ir?.** El instructor se levanta y se sale del cuarto. Haga esto de una manera que atrape la atención del estudiante. Estimúlelo a que pregunte "¿A dónde vas a ir?" El instructor brinda una respuesta interesante y lo invita para que vaya con él a:
La cocina (a beber algo)
Obtener burbujas
Comer algo
Balancearse afuera, saltar en un trampolín, etc.

**Fase 7:**

**¿Quién lo tiene?** Diga al estudiante "Alguien tiene el [objeto]"

**Fase 8:**      **¿Qué pasa?** El instructor se sienta al lado del estudiante y llora fuertemente.

Se me rompió el lápiz

No hay nadie para que juegue conmigo (entonces lo agarra y empieza a jugar con él)

Necesito ayuda

Te extraño (dame un gran abrazo)

Mi perrito se durmió (haga que lo despierte)

**Preguntas adicionales:**

¿Dónde está la caja?

¿Dónde está mi mamá?

¿Qué hora es?

¿Puedo hacer eso?/¿Puedo jugar?/¿Puedo tener un turno?

¿Quién está aquí? (alguien golpea la puerta, sube escaleras, etc.)

¿Cómo hiciste eso?

¿Qué debo hacer?

¿Cómo debo hacerlo?

**Cruce de Referencia:**

Yo no sé

Expandiendo el Lenguaje I

Conversación

# Secuencia

**Objetivos:**

1. Incrementar la familiaridad con el orden de eventos en el diario vivir
2. Desarrollar razonamiento abstracto y habilidades para resolver problemas
3. Establecer el entendimiento de la causa y el efecto
4. Incrementar la conciencia social y ambiental
5. Expandir el uso del lenguaje expresivo
6. Desarrollar las habilidades para contar historias

**Procedimiento:** Utilice tarjetas con imágenes o escenas, o utilice tarjetas rápidas de números y letras. Comience la secuencia que tiene tres escenas. Seleccione imágenes que muestren claramente la progresión de la actividad. Escriba una frase descriptiva de la escena en la parte de atrás de la tarjeta. Esto es para referencia de todos los instructores. La frase deberá ser diferente para cada tarjeta y deberá capturar lo que es único de cada escena. El objetivo es que el estudiante ponga las tarjetas en orden. Utilice el posicionamiento de izquierda a derecha en frente de él. Después de que las tarjetas están en orden, haga que el estudiante le cuente la historia. El propósito de esto es introducirlo al proceso de contar historias simples utilizando imágenes como una ayuda.

Secuencias interesantes mantendrán la motivación. Usted podrá inventarse sus propias tarjetas tomando fotos de una historia o haciendo de las fotos del estudiante y su familia una historia. Eso promocionará la generalización y hará la habilidad mucho más funcional.

**Criterio de Entrada:** Es un pre-requisito saber organizar.

**Criterio de dominio:** El estudiante presenta correctamente 4 respuestas de 5 sin ayuda, esto debe repetirse por lo menos con otro terapeuta adicional.

**Fase 1:**     **Secuencia de tres tarjetas.** Presente al estudiante la tarjeta 1 y ayúdelo para que describa la imagen. Dígale que es la primera tarjeta y muéstrele donde deberá colocarla en la mesa y pídale que ponga la tarjeta sobre la mesa. Presente la tarjeta 2 y haga lo mismo, diciéndole que ésta será la próxima tarjeta. Repita lo mismo para la tercera tarjeta y dígale que es la última. Revise la secuencia tantas veces como sea necesario hasta que el estudiante describa correctamente la escena y ponga la tarjeta sobre la mesa sin ninguna ayuda.

En este momento, comience con un procedimiento a la inversa. Preséntele la primera tarjeta, haga que el estudiante la describa y dígale "Ponga esto en orden". Haga que el estudiante ponga la tarjeta al lado izquierdo de la mesa. Presente las dos tarjetas restantes de una forma aleatoria y lejos de la primera. Pregúntele: "¿Qué viene luego?". Guíelo si es necesario para que seleccione la segunda tarjeta y la ponga al lado derecho de la primera tarjeta. Luego, haga que ponga la tercera tarjeta al final de la línea. Finalmente dígale "Cuéntame la historia".

Una vez que el estudiante ha puesto correctamente la segunda y tercera tarjeta, comience dándole tres tarjetas al tiempo en forma desordenada. Dígale "ponga estas en orden".

NOTA: Las Fases 2 y 3 pueden ser más fáciles de aprender primero para algunos estudiantes.

**Fase 2:**     **Ordenando tres tarjetas del alfabeto**
(Por ejemplo, A - B - C)

**Fase 3:**     **Ordenando tres tarjetas numéricas**
(por ejemplo, 1 - 2 - 3 )

**Fase 4:**     **Secuencia de cuatro tarjetas.** Utilice el procedimiento anterior para enseñar el ordenamiento de cuatro tarjetas utilizando el encadenamiento hacia atrás. El paso 1 es ordenar las tarjetas 3 y 4, después que las tarjetas 1 y 2 están sobre la mesa. El paso 2 es ordenar las tarjetas 2, 3, y 4. El paso 3 es ordenar las cuatro.

**Fase 5:**     **¿Qué pasa después?** Una vez que el estudiante se familiariza con la descripción de la secuencia, señale el puesto vacío a la derecha de la última tarjeta y pregúntele "¿Qué pasa ahora?". Brinde ayuda verbal para obtener una respuesta aceptable.

**Fase 6:**          **Secuencia de cinco y seis tarjetas.**

**Fase 7:**          **Ordenar de cuatro a seis tarjetas alfabéticas.**

**Fase 8:**          **Ordenar de cuatro a seis tarjetas de números**.


**Cruce de
Referencia:**          Habilidades cuantitativas
                      Causa y Efecto

# Primero/Último

**Objetivos:**

1. Incorporar secuencias en el uso del lenguaje del estudiante

2. Incrementar la atención temporal a la relación entre eventos

3. Mejorar la capacidad de recordar

**Procedimiento:** El estudiante es instruido para dar respuestas. Después se le "examina" acerca de lo qué pasó primero y lo qué pasó después.

**Ayudas:** Utilice Guías Físicas, Demostración verbal, señalamiento o ayudas temporales. Gradualmente disminuya las ayudas hasta que el estudiante las desempeñe independientemente.

**Criterio de Entrada:** El estudiante debe ser capaz de organizar objetos en secuencias simples y debe dominar pasos múltiples (por lo menos dos), instrucciones receptivas.

**Criterio de Dominio:** El estudiante responde correctamente en 9 de 10 veces con dos alternativas, sin ayuda 8 de 10 veces, con tres o más opciones. Esto debe repetirse por lo menos con un instructor adicional.

**Fase 1:** **Haga que el estudiante organice 3 o más secuencias de tarjetas que él ha aprendido en correcto orden.**

SD 1: "Toca la primera"

R 1: El estudiante toca la tarjeta que está de primera en la secuencia (siempre en su izquierda)

SD 2: "Toca la última"

R 2: El estudiante toca la tarjeta que está de última en la secuencia

SD 3: Rotación aleatoria de el estudiante 1 y el estudiante 2

Esto también puede ser realizado con números y letras.

**Fase 2:**      **Organice un Número de Animales (u otras cosas, personas, etc.) todas en línea de cara en una sola dirección.**

Por ejemplo: alineados para subirse a un bus

SD 1:          "¿Quién va primero?"

R 1:           El estudiante señala la figura que está de primera en la línea

SD 2:          "¿Quién va de último?"

R 2:           El estudiante debe señalar la figura que está de último en la secuencia

SD 3:          Rotación aleatoria de SD 1 y el SD 2

SD 4:          Haga que la línea varíe de direcciones para que el estudiante no dependa de la localización izquierda y derecha

**Fase 3a:**     **Ponga dos objetos. Dígale "Tóquelo [Objeto #1] Primero".** Después que la toque, dígale "toque [Objeto #2] de último". El juego de objetos debe variarse en cada ejercicio. Utilizando las palabras "primero" y "último" en la instrucción, la ayuda debe disminuirse.

Por favor note que previamente usted, le enseñó al estudiante a completar 2 o 3 pasos en correcto orden en el programa Instrucciones Receptivas. En el programa inclusive si usted incluye las palabras "primero" y "último" en las instrucciones, esto no será suficiente para enseñar el concepto de primero y último. La razón es porque el orden de primero y último nunca es aleatorio en el programa de Instrucciones Receptivas. En el programa Primero y Ultimo, el énfasis se hace para que el estudiante RECUERDE el orden en el cual se hicieron varias acciones y por esto primero y último pueden ser aleatorias.

SD 1:          "¿Qué fue lo que tocaste de último?"

R 1:           El estudiante nombra el artículo que toco de último

**Fase 3b:** SD 2a: ¿Qué fue lo que tocaste de último?

R 2a: El estudiante nombra el artículo que tocó de último

SD 2b: "¿Qué tocaste de primero?"

R 2b: El estudiante nombra el artículo que tocó de primero

**Fase 3c:** SD 3: "¿Qué fue lo que tocaste de primero?"

R 3: El estudiante nombra el artículo que tocó de primero

**Fase 3d:** Rotación aleatoria de primero y último.

**Fase 3e:** Deseche las palabras "primero" y "último" cuando usted está diciéndole que toque los objetos en la presentación. Una vez que desempeñe bien el SD 5 con 2 objetos entonces ponga tres objetos. Dándole una instrucción a la vez, haga que toque cada uno de los tres artículos

**Fase 3f:** Rotación aleatoria de "¿Qué fue lo que tocaste de primero?" y "¿Qué fue lo que tocaste de último?" en un campo de tres.

**Fase 4a:** **Acciones en ambiente.** Dígale al estudiante que desempeñe [acción # 1]. Después que haga eso, dígale que realice [acción # 2]. El grupo de acciones debe variarse en cada prueba. Si es necesario, las palabras "primero" y "último" pueden ser utilizadas en la instrucción y disminuirlas después.

SD 1: "¿Qué fue lo que hiciste de último?"

R 1: El estudiante nombra la acción que hizo de último

**Fase 4b:** SD 2a: "¿Qué fue lo que hizo de último?"

R 2a: El estudiante nombra la acción que hizo de último

SD 2b: "¿Qué fue lo que hizo de primero?"

R 2b: El estudiante nombra la acción que hizo de primero

| **Fase 4c:** | SD 3: | "¿Qué fue lo que hizo de primero?" |
|---|---|---|
| | R 3: | El estudiante nombra la acción que hizo de primero |

**Fase 4d:**      Rotación aleatoria de primero y último.

**Fase 4e:**      Una vez que se desempeñe bien en la fase 4e con dos acciones entonces haga que desarrolle con tres acciones dándole una instrucción a la vez. Rotación aleatoria de "¿Qué fue lo que hiciste de primero?" y "¿Qué fue lo que hiciste de último?" en un campo de tres.

**Cruce de Referencia:**

Secuencias
Antes/Después
Instrucciones receptivas
Recordar
Tiempo del verbo

# Antes/Después

**Objetivos:**

1. Incorporar la secuencia en el lenguaje del estudiante

2. Incrementar la atención temporal a la relación entre dos eventos

3. Mejorar la memoria

4. Establecer la habilidad para llevar a cabo instrucciones complejas

**Ayudas:** Use Guía Física, demostración verbal, señalización o ayuda posicional. Gradualmente disminuya las ayudas hasta que el estudiante se desempeñe independientemente.

**Criterio de Entrada :** El estudiante debe capacitarse en Primero/Ultimo y en la Secuencia. La mayoría de los niños que están listos para éste programa también han empezado a utilizar verbos correctamente en una frase.

**Criterio de dominio :** El estudiante realiza respuestas correctamente 9 de 10 veces sin ayuda y con 2 opciones. Esto debe ser repetido por lo menos con un instructor adicional.

**Fase 1:** **Identificar cuál objeto viene antes o después de un punto específico en series.**

    a) Números. Haga que el estudiante ponga varios números en orden (por ejemplo 1-5). El debe alinearlos en una fila en la mesa de menor a mayor. Dígale que señale un número de secuencia [por ejemplo, 3]. Ponga una marca en ese número. Luego pregúntele cuáles números van antes o después del número en referencia (por ejemplo, ¿Qué viene después del 3?).

b)      Letras del alfabeto.  Siga el procedimiento igual que en la primera excepto que, ahora utilice letras del alfabeto.

c)      Días de la semana.  Utilice una Guía con los días de la semana en orden.  Siga el mismo procedimiento como en la primera.

d)      Secuencia de dibujo.  Haga que el estudiante alinee escenas en una fila sobre la mesa.  Hágale preguntas sobre lo que pasó antes o después de cierto evento en la secuencia, por ejemplo, P: ¿Qué  fue lo que hizo antes de comerse el banano?: R: El  lo peló. P: ¿Qué  hizo después de comérselo? R: El tiró la cáscara a la basura.

**Fase 2:**          **El estudiante lleva a cabo una serie de respuestas y preguntas acerca de lo que hizo antes o después de una de esas respuestas.**  El instructor debe hacer que el niño responda 3 preguntas.  El objeto en referencia debe ser algo diferente al primero o último paso.  Si ésta es una cadena de 3 pasos pregunte acerca de la respuesta antes o después del paso intermedio.  Por  Ejemplo:

I:   "Cierre la puerta"
E:   Cierra la puerta
I:   "Aplauda con sus manos"
E:   Aplaude con sus manos
I:   "Patee la pelota"
E:   Patea la pelota
I:   "¿Qué hiciste antes de aplaudir?"
E:   Yo cerré la puerta
I:   "¿Qué hiciste después de aplaudir?"
E:   Yo patee la pelota

**Fase 3:**          **El estudiante maneja instrucciones que incluyen  las palabras antes o después.**

**Cruce de Referencia:**

Recordar
Primero – Ultimo
Secuencia

# Historias

**Objetivos:**

1. Exponer al estudiante a libros, los cuales son una fuente importante de aprendizaje futuro

2. Expandir su rango de experiencia

3. Proveer material de estimulación para el desarrollo del lenguaje

4. Establecer actividades adicionales

5. Establecer refuerzos adicionales

**Procedimientos:** Haga que el estudiante escuche historias que usted le lea. Utilice libros (por ejemplo, de insectos, dinosaurios, Plaza Sesamo, etc.) que le puedan gustar a él y que tengan buenas imágenes. Al principio, trate de utilizar libros que tengan solapas para abrir o con botones que hagan sonidos. Usted debe monitorear el comportamiento del estudiante muy de cerca para asegurarse de que él está escuchando la historia. Manténgalo altamente involucrado en la actividad mediante la señalización de los objetos en las imágenes, respondiendo a sus preguntas y volteando las páginas. No permita que él voltee la página antes del tiempo adecuado. Trate de hacerle una pregunta en cada página o después de 2-4 frases. Incorpore conceptos que usted trabaja en otros Programas (por ejemplo, nombre los objetos, colores, preposiciones, causa & efecto, emociones, funciones).

**Fase 1:** **Incremente la cantidad de tiempo que el estudiante gasta en escuchar una historia.** Use reforzamientos generosos para mantener un nivel alto de interés.

**Fase 2:** **Haga que él identifique receptivamente los conceptos que han sido enseñados en otros programas.**

**Fase 3:** **Haga que él expresivamente denomine conceptos que se le han enseñado en otros programas.**

**Fase 4:**            **Adivine qué va a suceder adelante.**

**Fase 5:**            **Explique el por qué de algo que ocurrió.**

**Fase 6:**            **Aliéntelo a utilizar libros como una actividad independiente.**

**Fase 7:**            **Haga que el estudiante realice un resumen de la historia que le acabó de leer.** Incluya lista de personajes, diciéndole los puntos más importantes, cómo terminó y qué tanto le gustó la historia.

**Fase 8:**            **Haga que el estudiante cree su propia historia, dibuje las ilustraciones y haga un libro.** Esto puede ser realizado en una hoja cada día durante el transcurso de varios días.

**Fase 9:**            **Entretejiendo Historias.** El estudiante y el instructor toman sus turnos para agregar frases a la historia que comienza. "Había una vez...o ayúdelo dándole una frase parcial para que él la termine (Por ejemplo: "Había una vez un niño llamado...o "El vivía...", "Un día" ...).

**Fase 10:**           **Diciendo una historia completa.** Haga que el estudiante se invente una historia completa. Al comienzo, ayúdelo para incluir tres componentes, el principio, la parte central y el final. Gradualmente aumente la complejidad de las historias que él siga. Para que se acostumbre al proceso, usted puede comenzar mediante el recuento de historias familiares que él ha escuchado muchas veces.

# Causa & Efecto

**Objetivos:**

1. Aprender relaciones temporales

2. Aprender secuencia de eventos

3. Predecir lo que ocurre después de los eventos

4. Identificar las consecuencias de los comportamientos

5. Aprender a hacer inferencias de eventos

6. Desarrollar razonamiento abstracto

7. Aprender qué hacer en situaciones (por ejemplo, habilidad para solucionar problemas)

**Procedimiento:** Inicialmente el estudiante deberá observar los eventos que ocurren y será cuestionado acerca de la causa y el efecto. Después se le mostrarán una serie de eventos en imágenes. Al estudiante se le enseñará a identificar el orden de los eventos. Eventualmente él va hacer inferencias sobre los eventos.

**Fase 1:** **Demostrar un rol de juego en acción con los resultados obvios.** Indicarle al estudiante que explique por qué el resultado fue de una u otra forma.

| **SIMPLE** | **Causa** | **Efecto** |
|---|---|---|
| | Apagar la luz | El cuarto está oscuro |
| | Quitar un juguete | La persona llora |
| | El objeto se cae | El objeto está en el suelo |
| | Hacer cosquillas a una persona | La persona se ríe |
| | "Tengo hambre" | Coma |
| | "Tengo sed" | Beba |
| | "Estoy cansada" | Dormir |
| | Me lastimé | Llora |
| | Dar algo | Persona feliz/sonrisa |
| | Rasguño rodilla | Sangrar |
| | Toalla en agua | Toalla mojada |

| | |
|---|---|
| Soltar un huevo | Huevo roto |
| Beber | Vaso vacío |
| Comer | La comida se acabó |
| Ir a nadar | Toda mojada |
| Tomar una ducha | Cabello mojado |
| Viento fuerte | El juguete se mueve |
| Prender el radio | Música sonando |
| Prender un VCR | El video funciona |
| Prender el horno microondas | Caliente – caliente |
| Soltar la cisterna del baño | Adiós desechos y papel |
| Jugar en barro | Manos sucias |
| Lavar con jabón | Manos limpias |
| Cortar con cuchillo | La fruta se parte |
| Golpear una puerta | El perro ladra |
| El teléfono timbra | Un adulto contesta el teléfono |

**AVANZADO**

| Causa | Efecto |
|---|---|
| Insulto deliberado | Persona llora |
| Un niño le pega a un compañero | Tiempo fuera de la silla |
| Niño enfermo (con vomito) | Ir a la oficina de la enfermera |
| Dejar un helado fuera | Derretido |
| El juguete del tren no funciona | Se salió de los rieles |
| Tener la cremallera abierta | El niño se ríe |
| Limpiar el plato | Obtener postre |
| Desobedecer a mamá | Mamá enojada |
| Tirar bola en la casa | Lámpara quebrada |

Generalice este concepto en los eventos diarios en la medida en que van ocurriendo.

**Ejemplo:**

Instructor:     ¿Por qué sus crayolas se derritieron?

Estudiante:     Porque las dejé en el sol

Instructor:     ¿Por qué el sol derritió las crayolas?

Estudiante:     Porque el sol es caliente

**Fase 2:     Muéstrele al estudiante una secuencia en tarjetas con un orden, dejando una tarjeta por fuera y deje que él describa el evento que está haciendo falta.**

**Fase 3:**     **Muéstrele al estudiante las tarjetas en orden y haga que le diga qué sucedió antes de la secuencia.**

**Fase 4:**     **Muéstrele al estudiante las tarjetas en orden y haga que le diga que es probable que pase después de la última imagen.**

**Fase 5:**     **Muéstrele al estudiante una imagen y hágale una pregunta que requiera una inferencia** (por ejemplo, "¿Por qué está la niña llorando?", "¿Por qué está el niño comiendo?", "¿Por qué está la señora empacando su maleta?", etc.).

**Fase 6:**     **Haga preguntas según lo descrito anteriormente mientras lee las historias.** Disminuya el apoyo en imágenes como pista visual.

**Fase 7:**     **Intra – verbal.** Pregunte "el por qué" esto va a producir información de conocimiento general e información que el estudiante ha aprendido. (por ejemplo, ¿Por qué nosotros comemos?; ¿Por qué los pájaros tienen alas?).

**Cruce de Referencia:**     Secuencia
¿Qué hace falta?

Interacción con otros niños

Interacción con otros Niños

Interacción con otros niños

# Comprensión I

**Objetivos :**

1. Establecer discriminación entre preguntas básicas

2. Aumentar la atención ante la información visual

3. Mejorar la comprensión de la información recibida por vía auditiva o a través de la lectura

**Procedimiento :** Hágale una pregunta al estudiante que requiera la utilización de información que él acaba de recibir (leyó o escuchó) o que puede contestar mirando alrededor del ambiente o la imagen

**Ayudas:** Utilice Guía Física, Demostración verbal, señalar, ayuda de posicionamiento. Gradualmente disminuya las ayudas hasta que el estudiante pueda realizar las actividades independientemente.

**Criterio de dominio:** El estudiante desarrolla respuestas correctas en 9 de 10 veces. Esto debe ser repetido por lo menos con un instructor adicional.

**Fase 1:** **¿Qué?**

**Fase 2:** **¿De qué color?**

**Fase 3:** **¿Qué? Vs. ¿De qué color?**

**Fase 4:** **¿Quién?**

**Fase 5:** **¿Quién vs. Qué?**

**Fase 6:** **¿(Qué) estás haciendo?**

**Fase 7:** **¿Quién? Vs. ¿Qué? Vs. ¿Qué estás haciendo?**

**Fase 8:** **¿Dónde?**

**Fase 9:** **¿Quién? Vs. ¿Qué? Vs. (Qué) Haciendo Vs. ¿Dónde?**

**Fase 10:**          **¿Cuál?**

**Fase 11:**          **¿Quién? Vs. ¿Qué? Vs. ¿(Qué) estás haciendo? Vs. ¿Dónde? Vs. ¿Cuál?**

**Fase 12:**          **¿Cómo?**

**Fase 13:**          **¿Quién? Vs. ¿Qué? Vs. ¿(Qué) está haciendo? Vs. ¿Dónde? Vs. ¿Cuál? Vs. ¿Cómo?**

# Comprensión II

**Objetivos:**

1. Habilitar al estudiante para contestar preguntas comunes acerca de información que ha obtenido

2. Aumentar su atención hacia un auditorio y la información visual y auditiva

3. Establecer discriminación de las preguntas básicas

**Procedimiento :** Hágale una pregunta al estudiante que requiera información que ha sido proporcionada previamente.

**Ayudas:** Utilice Guía Física, demostración verbal, señalamiento, ayuda de posicionamiento. Gradualmente disminuya las ayudas hasta que el estudiante pueda realizar las actividades independientemente.

**Criterio de Dominio:** El estudiante desarrolla respuestas correctas en 9 de 10 veces. Esto debe ser repetido por lo menos con un instructor adicional.

**Fase 1:** ¿Quién?

**Fase 2:** ¿Quién? Vs. ¿(Qué) está haciendo?

**Fase 3:** ¿Quién? Vs. ¿(Qué) está haciendo? Vs. ¿Qué? Vs. ¿Qué color?

**Fase 4:** ¿Quién? Vs. ¿(Qué) está haciendo? Vs. ¿Qué? Vs. ¿Qué color? Vs. ¿Dónde?

**Fase 5:** ¿Quién? Vs. ¿(Qué) está haciendo? Vs. ¿Qué? Vs. ¿Qué color? Vs. ¿Dónde? Vs. ¿Cuándo?

**Fase 6:** ¿Quién? Vs. ¿(Qué) está haciendo? Vs. ¿Qué? Vs. ¿Qué color? Vs. ¿Dónde? Vs. ¿Cuándo? Vs. ¿Cuál?

**Fase 7:** ¿Quién? Vs. ¿(Qué) está haciendo? Vs. ¿Qué? Vs. ¿Qué color? Vs. ¿Dónde? Vs. ¿Cuándo? Vs. ¿Cuál? Vs. ¿Por qué?

**Fase 8:** ¿Quién? Vs. ¿(Qué) está haciendo? Vs. ¿Qué? Vs. ¿Qué color? Vs. ¿Dónde? Vs. ¿Cuándo? Vs. ¿Cuál? Vs. ¿Por qué? Vs. ¿Cómo?

# Interacción con otros niños

**Objetivos:**

1. Establecer e incrementar receptividad a la comunicación, juego y actividades cooperativas con compañeritos

2. Establecer e incrementar la iniciación de estas actividades con compañeritos

3. Facilitar el lenguaje – el lenguaje de los niños muchas veces se mejora como resultado de la observación y relación con compañeritos

4. Mejorar las habilidades de observación

5. Servir como un estándar de comparación para lo social, lenguaje y capacidad de juego del estudiante

**Procedimiento:**

Estas son actividades que son apropiadas para enseñanza y promoción para la interacción con compañeritos.

En preparación para la sesión con los compañeritos, los juegos de habilidades deben identificarse apropiadamente y enseñarlos de uno a uno en sesiones de tareas discriminadas. La selección de habilidades del juego, deberán estar basadas en el hecho que faciliten la interacción social, como también qué juego le gustará más al estudiante. El juego debe ser para la edad apropiada del niño.

Cuando el estudiante ha aprendido algunas habilidades de juego, comience la interacción con el compañerito en sesiones cortas. Por ejemplo, organícelas por períodos de 30 minutos. El primer par de sesiones debe estar dirigido para hacer la experiencia altamente reforzadora para ambos niños. Esto puede significar que no habrá enseñanza formal hasta que los dos niños estén enganchados en los reforzadores (por ejemplo, haciendo galleticas de chocolate, haciendo jugos, jugando con un juguete excepcional, nadando en la piscina, etc.). En particular, el compañerito debe irse pensando en volver lo más pronto posible a la próxima visita.

La segunda fase consiste en la implementación de no más de 3 tareas de más o menos de 3 minutos de duración cada una. Sin embargo, el compañerito no debe saber que usted está haciendo "terapia". La tarea del adulto debe ser tan informal como sea posible. No estructure demasiado la actividad, pero mantenga en la mente un guión al cual usted puede retornar si el juego se para o se va en dirección equivocada. Realmente el guión es una línea a seguir para que el terapeuta pueda ayudar si es necesario. Seleccione actividades que son mutuamente interactivas y divertidas. Durante cada prueba, haga una actividad diferente. Cada actividad deberá ser una, con la cual el estudiante ya está familiarizado en entrenamientos previos. Por cada actividad debe desarrollar objetivos específicos para comportamientos que usted quiere que ocurran; por ejemplo, uso del lenguaje, contacto visual, tomar turnos, dónde estar, qué hacer.

Naturalmente, los instructores deben entender la conversación apropiada para la edad, interacciones y comportamientos que faciliten la interacción para la edad apropiada. Algunas veces las opiniones de los instructores están vistas con un ojo de adulto y por lo tanto crean comportamientos de juego para adulto.

Asegúrese de reforzar al compañerito por su comportamiento cooperativo. Ayúdelo si necesita hacer preguntas y dar direcciones al estudiante. Asegúrese que el estudiante le responda al compañerito. No deje que él haga cosas por el estudiante, si el estudiante le quita un juguete al compañerito, haga que se lo devuelva. Si el compañerito hace una pregunta al adulto, haga que se la realice al estudiante. El adulto no debe convertirse en el foco de las interacciones con el compañerito.

En medio de dos pruebas, deje que los niños hagan lo que ellos quieran, inclusive que jueguen separadamente. Sea flexible con las instrucciones de tiempo. Usted debe tener la habilidad de ajustarlos rápidamente – comportamientos espontáneos deben tener prioridad sobre el guión. Nunca interrumpa algo positivo que esté ocurriendo. No se apresure en dar direcciones y ayudas para que haya amplia oportunidad, para que los comportamientos espontáneos puedan ocurrir.

Gradualmente alargue la duración de las pruebas y alargue la sesión de juego en su totalidad.

**Factores para selección de compañeritos:** Los compañeritos que poseen habilidades sociales, de juego y comunicación bien desarrolladas son los ideales. Además el compañerito debe ser alguien que es persistente o inclusive mandón, pero que recibe instrucciones de los adultos. Al principio es probable que funcionará mejor si el compañerito es un poquito de más edad.

**Ayudas:** Use Guía Física, demostración verbal o ayuda gesticular. Gradualmente desvanezca las ayudas hasta que el estudiante lo realice independientemente.

**Criterio de Entrada:** Los comportamientos alterados deben reducirse al mínimo en forma tal que no molesten al compañerito.

**Criterio de Dominio:** El estudiante debe mantenerse en la tarea el 80% del tiempo y debe aprovechar las oportunidades de interacción también en un 80%.

**Ejemplos:**

### Actividades Altamente Estructuradas en un Aula o Casa:
- Mover carrito de cuerda o batería para atrás y adelante
- Juegos de mesa
- Juegos de alcánzame
- Edificar cosas en cooperación
- Armar rompecabezas juntos
- Carritos, trenes, juguetes de otros tipos

### Tareas de Cooperación: (Denominación; Expandiendo el Lenguaje I; Describiendo; Solicitando; Tomando turnos; Ayudándose cada uno).
- Preparación de la comida
- Construcción de algo

### Actividades Creativas:
- Hacer algo con plastilina (cada persona hace una parte para contribuir con el producto final)
- Trabajar en proyectos paralelamente y mostrarse entre sí el producto final (por ejemplo, arte). El estudiante necesita preguntar por cosas y responder los requisitos del compañero. (por ejemplo, las crayolas)

### AL Aire Libre:

- Montar en un columpio
- Tomar turnos para bajar por un rodadero
- Rodar una pelota hacia otra persona
- Tomar turnos montando y empujando una carreta
- Jugar en la arena

### Basadas en Lenguaje:

- Hacer que el compañerito sea el instructor para el programa de enseñanza (por ejemplo, Imitación No Verbal)
- Hacer que el estudiante sea el instructor para el compañerito (por ejemplo, Imitación No Verbal)
- Programas del Lenguaje: Declaración – Declaración; preguntas recíprocas
- Conversación
- Tiempo para historias

### Juegos de Movimientos:

- Seguimiento del líder
- Juego alrededor de un círculo
- Escondidas
- La Lleva
- Búsqueda de insectos
- Policías y ladrones
- Los indios y los cow-boys

### Juegos Imaginativos con Muñecos:

- Actuar guiones
- Construir un fuerte o tienda
- Jugar con set pre-fabricados
- Jugar al Doctor
- Vestirse
- Empujando sillas, cubos, pretendiendo que está manejando
- Pretender estar en una tienda, comprando, en una heladería, etc.

# Conversación Avanzada

**Objetivos:**

1. Proveer una base y estructura para las conversaciones

2. Lograr que se vuelva más consciente de los compañeritos

3. Proveer medios para la interacción social haciendo y sosteniendo relaciones amistosas

4. Relacionarse mejor en la escuela, trabajo y situaciones de descanso

5. Aprender información acerca de los intereses de los compañeritos

6. Expandir los horizontes del estudiante para que incluya una forma más amplia y de más experiencia en la diversión

**Procedimiento:** El programa involucra inicialmente el proceso de proveer al estudiante con habilidades para que desarrolle sus conversaciones y que estas lleguen eventualmente, de forma más natural.

Identificar las áreas que puedan ser de interés para el niño. Más importante tal vez, es el identificar los temas que puedan facilitar que el compañerito despierte interés en conversar con él.

### Ejemplos de Temas

1. Juguetes
2. Intereses
3. Colegio
4. ¿Qué ocurrió el fin de semana pasado?
5. ¿Qué pasará con el próximo fin de semana?
6. Describir lo que está ocurriendo ahora
7. Hechos significativos
8. Espectáculos de T.V.
9. Películas y Videos
10. Música

11. Juegos de Computadora
12. Deportes
13. Actividades Extra-colegiales
14. Vacaciones
15. Actualidades
16. Lugares a donde ir
17. Lugares para ir de compras
18. Celebridades
19. Amigos
20. Sexo Opuesto

# TOPICOS BASADOS EN LA EDAD, NIVEL DE DESARROLLO, LENGUAJE E INTERESES.

**Fase 1:** **Decir Vs. Preguntar:** Siga el procedimiento básico discriminatorio. Enseñe al estudiante a responder correctamente a dos instrucciones. Por ejemplo: "Dígale a Mami acerca del almuerzo" Vs. "Pregúntele a Mami acerca del almuerzo".

**Fase 2:** **Habilidades Apropiadas de Conversación No Verbal:** (Por ejemplo, proximidad, contacto visual, sonriendo, moviendo la cabeza, etc.). Envuélvase en conversación con el estudiante y refuércelo por mostrar un comportamiento no verbal apropiado. Ayúdelo como sea necesario.

**Fase 3:** **Maneras de Conversación:** (Por ejemplo, escuchando, esperando para intervenir, como mantenerse en el tópico, como hacer transiciones, etc.). Envolverse en conversaciones con el estudiante y reforzarlo por demostrar maneras conversacionales apropiadas, comportamiento apropiado no verbal. Ayúdelo si es necesario.

**Fase 4:** **Tópicos de Conversación:** Genere una lista de tópicos que sean apropiados para incluir en la conversación del estudiante con compañeritos y familiares adultos. Para cada tópico haga que tenga una lista que él puede mencionar en la conversación acerca del tópico.

**Fase 5:** **Enseñe al estudiante a responder preguntas sencillas a un tópico selectivo:** (Por ejemplo, Qué, Dónde, Cuándo, etc.).

**Fase 6:**     **Enseñe al estudiante frases recíprocas de acuerdo al tópico seleccionado:** Refiérase a la fase 7 de conversación intermedia.

**Fase 7:**     **Enseñe al estudiante a hacer preguntas:** Inicie esto cuando el estudiante es capaz de discriminar entre las preguntas básicas. Para ayudar en esto, dígale que le haga una pregunta al compañerito y luego muéstrele una tarjeta con una de las preguntas básicas escritas (por ejemplo, el estudiante puede empezar con ¿Qué hizo usted anoche?). Entonces cuando él reciba la respuesta, ayúdelo para que continúe (Quién). El debería preguntar algo como: ¿Quién fué con usted?.

**Fase 8:**     **Enseñe como introducir información apropiada:** "¿Usted sabe que hice yo hoy?" "Adivina que....".

**Fase 9:**     **Enseñe como identificar el interés en otras personas:** Inicie chequeando varias personas y que haga una lista de cosas que él encuentra interesantes Vs. aburridoras. Más tarde, preséntele varios tópicos y haga que discrimine entre los tópicos que una persona podría encontrar o no interesantes.

**Fase 10:**    **Haga que inicie una conversación con alguien contándoles a ellos algo interesante:** El debería iniciar con una frase como "adivina que..." "Hola Joe..." o "Quieres saber...". Los tópicos pueden incluir un evento corriente o algo que hizo recientemente.

**Fase 11:**    **Enséñele cómo identificar cuando sus compañeros se vuelven desinteresados en la conversación:** Use representaciones y videos con muestras para que él practique esta habilidad. Luego organice ejemplos de la vida real. Refuércelo por leer correctamente las señales de la otra persona. Por ejemplo, sonriendo y contacto visual indica interés. Alejando la vista y moviéndose o mirando el reloj, indica desinterés.

**Fase 12:**    **Enseñe como recordar previas conversaciones con conversaciones corrientes:** Esto requiere llevar una conversación acerca de un tópico memorable y luego probar al estudiante en un tiempo subsecuente para ver qué recuerda acerca de esa conversación. Inicialmente, la demora entre la actuación y el recordatorio debe ser corto. Para ayudar a recordar, usted también puede usar referencias: a la localización donde la conversación tuvo lugar.

# Conversación

# Hoja de Calificación

Marque de 1 a 5 (cinco es el mejor)

_____  Mantiene la distancia apropiada (no muy cerca, no muy lejos)

_____  Mantiene un contacto visual adecuado

_____  No se producen aproximaciones inapropiadas para tocarse

_____  Reconoce declaraciones en otras personas (Movimientos de la cabeza, sonrisas, etc.)

_____  No interrumpe o corta a alguien

_____  Escucha lo que otra persona dice

_____  Se mantiene en un tema

_____  No cambia de tema arbitrariamente (No salta alrededor de los tópicos)

_____  Introduce temas a la conversación en forma agradable

_____  Deja el tema anterior atrás cuando la conversación cambia de tema

_____  Es afín a lo que otras personas encuentran interesantes

_____  No hace comentarios rudos acerca de la apariencia y comportamiento de otras personas

_____  Permite el turno de hablar a otras personas

_____  No habla nunca cuando alguien más lo está haciendo

_____  Termina una conversación elegantemente y con gracia

_____  Volumen apropiado

# Conciencia Social

A.  Aprendiendo de ayudas modeladas

1.  Verbal

2.  Visual

B.  Saludos

1.  Responde

2.  Inicia

C.  Compartiendo y Cooperando

1.  Tomando turnos

2.  Perdiendo graciosamente

D.  Identificar cual persona en un grupo:

1.  Sostiene un objeto en particular

2.  Tiene cierto atributo (color del cabello, saco azul, etc.)

3.  Está desempeñando una acción específica

4.  Dijo una frase en particular

5.  Otra información (Por ejemplo: lo que le gusta o lo que le disgusta)

E.  Responde y atiende a solicitudes realizadas en ambiente de grupo

1.  Permanece quieto en su lugar durante una actividad de grupo

2.  Desarrolla acciones en compañía con el grupo

3.  Canta canciones en compañía con el grupo

4.  Mira hacia el orador

5. Responde a las preguntas del grupo

6. Sigue las instrucciones del grupo

7. Alguien dice "Yo veo X, Y, Z". El instructor pregunta "¿Qué ve [la persona]?"

8. Alguien dice algo con respecto a lo que hicieron; el instructor entonces pregunta, "¿Qué fue lo que esa persona hizo?" o "¿Quién [hizo la acción]?"

9. Alguien dice, "A mi me gusta X, Y, Z"; El instructor entonces pregunta: "¿Qué es lo que a [persona] le gusta hacer?"

**F.** Suministrándole información al grupo/juegos en círculo

1. Cuéntame de ti mismo: "Yo tengo ojos azules"

2. Describe otra persona

3. Enunciado/Enunciado

4. Nombrar la categoría a la que pertenece el objeto

**G.** Buscar información

1. Facilitar al estudiante hacer preguntas a un miembro del grupo. Pregúntele algo que él no sabe acerca de la persona. Ayúdelo a decir "Yo no Sé"; luego ayúdelo a que le haga la pregunta la persona , desvanezca la ayuda.

2. Cuando él está haciendo preguntas confiablemente, cambie la instrucción a: "Haga [persona] una pregunta". En este momento él tiene que hacer una pregunta por su cuenta.

# Aprendizaje por Medio de la Observación

**Objetivos:**

1. Que el estudiante aprenda a atender sin haberle dado instrucciones directas

2. Adquisición de conceptos o información por medio de escuchar y observar a otros

3. Aprender por medio de un método más natural de instrucción; por consiguiente se facilita la inclusión a un ambiente educativo más natural

4. Desarrollar habilidades sociales

5. Desarrollar la conciencia y las habilidades de atención

6. Desarrollar la retención

7. Aprender a esperar su turno

8. Desarrollar comportamientos sociales apropiados con su edad. (Por ejemplo: volverse consciente de los estilos de peinados, ropa, bolsos, porta meriendas, intereses, etc.)

**Procedimiento:** El formato involucra el formular preguntas a un compañero (Idealmente a un compañerito pero tal vez inicialmente es mejor a un adulto). Subsecuentemente, formule al estudiante la misma pregunta, y suministre refuerzo para que responda correctamente. Intente demorar la formulación de la pregunta de tal manera que se le facilite la atención. Para aumentar la dificultad, formule a dos o más personas preguntas con diferentes respuestas, antes de darle al estudiante el turno para responder. Luego, él deberá sortear a través de una mayor cantidad de información, para finalmente responder a la pregunta con la respuesta correcta.

Gradualmente, las instrucciones y preguntas deben ser más complejas. TENGA CUIDADO DE NO EXCEDERSE CON LAS PISTAS PARA QUE PRESTE ATENCION. USTED DEBE DISMINUIR CUALQUIER AYUDA DE ATENCION TAN RAPIDO COMO LE SEA POSIBLE.

**Ayudas:**     Utilice modelos como el principal tipo de Ayuda. Si se necesita una ayuda más fuerte, utilice ayudas verbales o guía física. Gradualmente disminuya la ayuda hacia un pequeño toque y luego hacia un gesto casi imperceptible.

**Fase 1:**     **Obtener información acerca de un comportamiento deseado a partir de un modelo.** Cuando hay una respuesta motora (por ejemplo, instrucciones receptivas) necesita ser reforzada, permita que el estudiante vea a una tercera persona modelar la acción (Alguien diferente al instructor). Por ejemplo, el instructor le dice al estudiante: "Toca tú nariz". El estudiante responde de una forma incorrecta. El instructor brinda retroalimentación al estudiante e inmediatamente voltea hacia Sussie (ella sabe hacerlo bien) y le pide que lo haga. Al principio, puede ser necesario específicamente decirle al estudiante que observe a Sussie, pero el objetivo es que él aprenda que necesita observar a Sussie sin que se le indique. Cuando se tiene a otra persona diferente al instructor, que demuestre las respuestas correctas, el estudiante aprende la importancia de observar lo que la gente hace.

a. **Inmediato**: Al estudiante se le da una oportunidad inmediata para dar la respuesta deseada.

   **Ejemplo:**
   Instructor (hacia Johnny):   "Toca tu nariz"
   Johnny:                       Respuesta Incorrecta
   Instructor:                   "Uh-uh"
   Instructor (hacia Sussie):    "Sussie, toca tu nariz"
   Sussie:                       Responde correctamente
   Instructor (hacia Sussie):    "Buen trabajo"
   Instructor (hacia Johnny):    "Toca tu nariz"

b. **Demorado**: Al estudiante se le suministra una información adicional o se le distrae con una breve actividad antes de tener la oportunidad de dar la respuesta previamente modelada para él.

**Ejemplo:**

| | |
|---|---|
| Instructor (hacia Johnny): | "Toca tu nariz" |
| Johnny: | Respuesta Incorrecta |
| Instructor: | "Uh-uh" |
| Instructor (hacia Sussie): | "Sussie, toca tu nariz" |
| Sussie: | Responde correctamente |
| Instructor (hacia Sussie): | "Buen trabajo" |
| Instructor (hacia Mary): | "Zapatea tus pies" |
| Mary: | Responde correctamente |
| Instructor (hacia Mary): | "Buen trabajo" |
| Instructor (hacia Johnny): | "Toca tu nariz" |

**Fase 2:**          **Obtiene información verbal a partir de un modelo**
(Por ejemplo, denominación expresiva).

    a.  Inmediata: Al estudiante se le brinda la oportunidad inmediata de responder de la manera deseada

    b.  Demorado: Al estudiante se le brinda información adicional o es distraído con una breve actividad antes de tener la oportunidad de dar la respuesta que previamente fue  modelada para él

**Fase 3:**          **Imitación No Verbal en Tareas.**
El estudiante ejecuta respuestas de imitación no verbal en grupo.

**Fase 4:**          **Haga eso.** El instructor señala a otra persona y le dice al estudiante que imite a esa persona.

**Fase 5:**          **Juego de observación de Objetos escondidos.** El estudiante observa que un objeto es colocado debajo de un contenedor.  Luego el contenedor es movido alrededor del área. A él se le pide que encuentre el objeto escondido.

**Fase 6:**          **Respuesta verbal en grupo.** El estudiante desarrolla una respuesta verbal (Por ejemplo, cantando)  en unión con el grupo.

**Fase 7:**          **Yo lo Hice/No, Yo no lo Hice.** En un juego de círculo, formule preguntas que requieran que el estudiante  tenga que contestar "Yo sí" contra "Yo no" junto con sus compañeros. Ayude para que se den las respuestas apropiadas: "Yo sí" o "Yo no". ¡De ninguna manera!, ¡Nunca!.

a.     ¿Quién quiere...?

¿Quién quiere una cosquilla?

¿Quién quiere un limón?

¿Quién quiere un abrazo?

¿Quién quiere que lo pinche?

¿Quién quiere un chocolate?

¿Quién quiere una merienda?

¿Quién quiere una cebolla?

b.     ¿Quién tiene [objeto]?

**Fase 8:**     **En un ambiente de grupo (por ejemplo: 2 o más) formule al estudiante preguntas que requieran de la observación a los miembros del grupo para su respuesta.** ("¿Quién tiene un sombrero en su cabeza?", "¿Quién tiene una pelota?", "¿Quién utiliza Jeans?", etc.) Gradualmente, las preguntas requieren que se tenga una observación más precisa para poder responderlas. El debe identificar qué persona en el grupo:

a. Mantiene un objeto en particular: responde mediante señalamiento

b. Sostiene un objeto en particular: responde diciendo el nombre de la persona

c. Tiene cierto atributo: (color de pelo, saco azul, etc.)

d. Está ejecutando una acción determinada

**Fase 9:**     **Cada miembro del grupo hace un enunciado acerca de sí mismo.** "A mí me gusta la pizza", "A mí no me gusta limpiar mi cuarto", "a mí me gusta [nombre] equipo de fútbol", etc.).  Entonces, se le pregunta al estudiante algo acerca del enunciado (Por ejemplo, "¿A Quién le gusta la pizza?" o "¿Qué es lo que [persona] le gusta?").

a.  ¿Quién tiene (está sosteniendo)?

b.  ¿A Quién le gusta...?

c.  ¿Quién [hizo la acción]?

d.  ¿Quién fue?

**Fase 10:**          **Adquisición de información verbal.** Haga que el estudiante se siente en un círculo con otras personas. El objetivo es que el estudiante aprenda a escuchar mientras que suceden ensayos con otras personas y él espera su turno. El

instructor le formula preguntas al estudiante sobre otros compañeros y ellos están autorizados a responder. No guíe al estudiante para responder, ya que el objetivo es que él sea capaz de observar los eventos sin que sea ayudado para hacerlo. El instructor entonces formula preguntas al estudiante acerca de lo que se dijo.

El instructor debe involucrar a más personas en conversación de tipo general. En varios momentos después de que la persona ha dicho algo, el instructor debe volver al estudiante y preguntar qué fue lo que esa persona acabó de decir.

a. Inmediato:

### Ejemplo 1

| | |
|---|---|
| Instructor (hacia el compañero): | "Bobby, ¿Qué hora es?" |
| Bobby: | "Tres de la tarde" |
| Instructor (hacia el estudiante): | "Estudiante, ¿Qué hora es?" |
| Estudiante: | Responde la pregunta formulada por el instructor |

### Ejemplo 2

| | |
|---|---|
| Instructor (hacia el compañero): | "Heather, ¿Qué desayunaste hoy?" |
| Heather: | "Cereal" |
| Instructor (hacia el estudiante): | "Estudiante, ¿Qué desayunó Heather?" |
| Estudiante: | Responde la pregunta formulada por el instructor |

b. Demorado: Al estudiante se le brinda información adicional o es distraído con una breve actividad, antes de tener la oportunidad de dar la respuesta que previamente fue modelada para él.

**Fase 11:** **Escucha información de forma accidental.** Por ejemplo, alguien le dice a otra persona: "Oye, traje algunas galletas de chocolate para el estudiante. El puede comerlas cuando quiera".

**Fase 12:** **Adquisición de información - Observación de una actividad.** La actividad está diseñada para que suceda de forma natural. No guíe al estudiante para que atienda, ya que el objetivo es que él pueda observar los eventos sin necesidad de ayudarlo. Formule una pregunta al estudiante acerca de lo que ocurrió. ("¿Qué hizo Ron?", "¿Quién jugó con la bola?").

**Fase 13:** **Detecta incorrecta información o respuesta.** Ocasionalmente alguien da una respuesta incorrecta y el estudiante debe darse cuenta y corregir el error.

**Fase 14:** **Muéstrele al compañero una foto, sin que el estudiante pueda ver la foto.** Haga que el compañero describa lo que hay en la foto.

a. Pídale al estudiante que describa lo que el compañero vio. El estudiante debe responder de forma verbal.

b. Muéstrele dos fotos al estudiante y pídale que le diga cuál de las dos fue la que el compañero vio. El estudiante señala la foto correcta. Eventualmente las fotos mostradas deben ser muy similares y la dimensión en que el compañero describe debe ser muy sutil (un niño montando bicicleta con medias azules Vs. un niño montando bicicleta con medias verdes).

**Fase 15:** **Instrucciones de grupo**

a. Dirigidas a todo el grupo

b. Condicional (por ejemplo, "Todos los que tengan cabello rojo, levántense", "Los que quieran una gaseosa, levanten la mano", "Si su nombre comienza por H, diga adiós", etc.)

**Fase 16.** **Razonamiento deductivo - Juego de Objetos escondidos.** El estudiante observa a otra persona hacer una deducción incorrecta acerca del lugar en donde está escondido un objeto. El debe utilizar está información para disminuir las alternativas que tiene.

**Fase 17:**　　　　**Realizando Inferencias - Verbales**

**Ejemplo 1:**

Instructor:　　"Diana, ¿Qué hiciste este fin de semana?"

Diana:　　"Fuí a un carnaval"

Instructor:　　"Estudiante, cree usted que Diana se divirtió este fin de semana?"

**Ejemplo 2:**

Persona 1:　　"A mi me gusta la pizza"

Persona 2:　　"A mi me gusta el helado"

Instructor:　　"Estudiante, ¿A quién le gustaría ir a almorzar a Pizza Hut?"

**Fase 18:**　　　　**Realizando Inferencias de Observación de una actividad.** Haga que las personas demuestren reacciones a ciertas actividades o artículos. Formule al estudiante preguntas acerca de estas cosas. (Por ejemplo, "¿Te gustaría intentar esto?", " ¿Le gustó esto a Marlene?", "¿Tú crees que Rick haría esto otra vez?").

**Fase 19:**　　　　**Pídale al estudiante que describa los intereses de los compañeros.**

**Cruce de Referencia:**

Instrucciones Receptivas
Yo no sé
Auto-afirmación
Denominación Expresiva

Habilidades de Socialización

# Habilidades de Socialización

**Objetivos:**

1. Desarrollar habilidades para facilitar la interacción social

2. Reducir la disparidad entre el estudiante y los compañeritos

**Procedimiento:** Inicialmente al estudiante se le enseñan pre-requisitos de habilidades sociales en una situación tan natural como sea posible. Sin embargo, puede ser necesario comenzar en un ambiente educativo más estructurado. Además de reducir las posibles distracciones, puede ayudar, a reducir el riesgo de que se le estigmatice debido a un comportamiento social no adecuado. Los procedimientos de instrucciones incluirán demostración, papel que juegan los individuos involucrados y práctica. Una vez que las habilidades críticas son aprendidas, él practicará y continuará desarrollando habilidades en el ambiente más natural posible.

ES CRITICO QUE LAS HABILIDADES SOCIALES SEAN APROPIADAS PARA SU EDAD. POR CONSIGUIENTE ES ACONSEJABLE OBSERVAR A LOS COMPAÑEROS CON EL OBJETO DE IDENTIFICAR SUS HABILIDADES SOCIALES.

## Estrategia General:

1. Seleccionar un objetivo para aplicar la habilidad de socialización

2. Dividir la habilidad en partes que se puedan enseñar más dócilmente

3. Demostrar la habilidad específica para el estudiante

4. El estudiante debe practicar la habilidad hasta que esta sea exhibida independientemente

5. Organizar una situación en donde él pueda practicar la habilidad con compañeros que lo acepten

6. Disminuir la supervisión mientras se le da apoyo y refuerza por una adecuada socialización

## Etapas del Desarrollo Social:

1.     Envolverse en juegos simples con otros, tal como tirarse una bola de un lado a otro (B: 1-0)

2.     Imitar acciones de otro niño (B: 1-6)

3.     Observar otros niños jugar, e intentar unírseles brevemente (B: 2-0)
Doscientos cuatrocientos

4.     Jugar solo, en presencia de otros niños (B: 2-0)

5.     Observar a otros jugar y jugar cerca de ellos (B: 2-6)

6.     Jugar juegos de grupo simples (Por ejemplo, La Rueda - Rueda) (B: 2-6)

7.     Comienza a jugar con otros niños con una supervisión de adultos (B: 2-0)

8.     Comienza a tomar turnos (B: 3-0)

9.     Toma turnos con asistencia (B: 3-6)

10.     Forma una atadura temporal a un compañero de juego (B: 3-6)

11.     Puede usualmente jugar y cooperar, pero puede necesitar asistencia. (B: 3-6)

12.     Toma turnos y comparte, sin supervisión. (B: 4-6)

13.     Juega cooperativamente hasta con 2 niños, por lo menos durante 15 minutos. (B: 5-0)

14.     Tiene varios amigos, pero un amigo en especial (B: 5-0)

15.     Juega cooperativamente en grandes grupos (B: 5-6)

## Ejemplos:

Decir chistes
Búsqueda/Pidiendo atención de forma apropiada
Cómo comportarse como una persona nueva en un grupo
Refrenarse de comportamientos (Por ejemplo, voz extraña)
¿Qué hacer en una fiesta de cumpleaños?
Dando cumplidos
¿Qué hacer cuando ves a un amigo en el parque?

## Lugares interesantes a donde ir:

Club de Boy Scouts

Equipo Deportivo

Tiendas/Centros Comerciales

Parques Ecológicos

Bibliotecas

## Redireccionando Comportamientos no apropiados:

Eso no tiene sentido

Eso suena ridículo

Ser tranquilo/Eso no está bien

La gente pensará que eso es extraño

Yo no entiendo

Yo no quiero hablar de eso

Eso es aburrido

Redirección Física. (Por ejemplo: haga que ponga sus manos en sus bolsillos para eliminar el movimiento inapropiado de las mismas)

## NOTAS DE TRABAJO

# ¿Qué hace falta?

**Objetivos:**

1. Desarrollar conciencia del ambiente
2. Desarrollar memoria
3. Familiarización con juegos que con frecuencia involucran conceptos sobre: "¿Qué hace falta?"

**Procedimiento:** Una serie de objetos son colocados en frente del estudiante y éste debe escudriñarlos. Luego se le dice que cierre sus ojos y uno o más objetos son removidos. El estudiante abre sus ojos y el instructor le pregunta "¿Qué hace falta?".

**Fases**

1. **Objetos en frente del estudiante.**
   a. El instructor marca los objetos, luego el estudiante cierra sus ojos y el objeto es removido. Usted puede ayudar en esto, tapando el objeto en vez de removerlo. El instructor pregunta: "¿Qué está haciendo falta?"; Comience con tres objetos.
   b. El estudiante nombra los objetos en vez del instructor
   c. El estudiante escudriña el área, en vez de nombrar los objetos

   LENTAMENTE AUMENTE EL NUMERO DE OBJETOS, EVENTUALMENTE REMUEVA LOS OBJETOS MULTIPLES.

2. **Fotos.** Ponga un número de fotos en frente del estudiante. Quite una y haga que él le diga cuál está faltando. Esto también puede hacerse dibujando imágenes en un tablero de fácil borrado. El instructor o el estudiante dibujan varios objetos. Luego el cierra sus ojos y uno o más objetos borrados.

3. **Objetos en el ambiente** (Por ejemplo: silla, planta, foto).

4. **¿Qué es diferente?** En vez de remover objetos, solamente cámbielos (Por ejemplo, voltee una mesa) y pregúntele ("¿Qué hay de diferente?").

5. **Cosas absurdas,** (una nariz que está haciendo falta en una imagen).

# Recordar

**Objetivos:**

1. Incrementar las habilidades de memoria y atención

2. Proveer medios para que él pueda discutir actividades y eventos anteriores

3. Enseñar el uso del tiempo pasado

**Procedimiento:** Crear una situación que destaca una acción o actividad y luego preguntarle al estudiante qué sucedió. Inicialmente se le debe preguntar inmediatamente. Gradualmente, la demora entre la acción y la pregunta se debe aumentar.

Al principio es de mucha ayuda, hacer que él describa qué es lo que está haciendo, mientras desarrolla la acción. También marcar el tiempo y lugar facilitarán el recordar.

**Fase 1:** **El instructor o el estudiante deben desarrollar alguna acción. Hacer que él describa la acción mientras está siendo desarrollada.** Hacer que él se detenga, espere unos momentos y luego pregunte: "¿Qué hiciste?". Eso también enseñará tiempo pasado.

Este puede ser ayudado mostrándole inicialmente un dibujo de la acción que él va a desarrollar. Cuando haya completado la acción, haga que seleccione la imagen correcta en respuesta a la pregunta.

**Fase 2:** **Viajes.** Envíe al estudiante fuera del cuarto para que haga algo. Inicialmente la acción debe ser significativa, interesante y memorable. Haga que regrese y pregúntele: "¿Qué hiciste?".

Gradualmente aumente el tiempo entre el evento y la pregunta, "¿Qué pasó?". Puede ser necesario suministrar ayudas haciendo preguntas como: "¿Qué fue lo que hicimos en la sala?", "¿Qué fue lo que hicimos en el centro comercial?", etc.

| | |
|---|---|
| **Fase 3:** | **Pregúntele al estudiante qué ocurrió temprano en la mañana**. Será necesario saber lo que ocurrió, para evitar que él simplemente le de respuestas memorizadas y cortas así usted podrá verificar lo que él dijo. |

Aquí hay algunos lugares interesantes para ir y que le proveerá temas para recordar y conversar:

Almacén/Supermercados

Tienda de Animales

La Playa

El Parque

La Librería

Para prepararlo asegúrese que él describa qué está haciendo en el momento en que lo hace, a él se le deberá preguntar qué hizo inmediatamente después y otra vez de tiempo en tiempo para que lo retenga en la memoria.

| | |
|---|---|
| **Fase 4:** | **Pregúntele al estudiante que ocurrió ayer.** Cuando ha pasado largo tiempo, puede ser útil ayudar a su respuesta, mostrándole dibujos, incluyendo alguno en donde se observe lo que realizó y que él seleccione "¿Qué hizo ayer?". |
| **Fase 5:** | **Enseñe al estudiante a preguntarle a otras personas qué sucedió en sus días.** |
| **Cruce de Referencia:** | Acciones de Denominación expresiva<br>Expansión del Lenguaje I<br>Conversación: Básica, Intermedia, Avanzada |

# Conceptos Cuantitativos

**Objetivos:**

1. Desarrollar habilidades académicas

2. Incrementar las habilidades de razonamiento cuantitativo

3. Suministrar los medios para solucionar problemas cuantitativos en el diario vivir

4. Suministrar una base para el entendimiento de conceptos de dinero

5. Expandir el uso expresivo del lenguaje con conceptos relacionados a cantidad y medidas

A. **Apilando anillos y Encajando Vasos.** SD: "Póngaselo" o "Póngalo encima" R: El estudiante los pone juntos en el orden correcto.

B. **Organice Hasta Cinco Objetos por Tamaño:** "Ponga estos en orden".

C. **Cuente de 1-10 (de izquierda a derecha, correspondiente de uno a uno).** SD: presente objetos y diga "Cuente" R: El estudiante toca cada artículo y dice el número.

D. **Rote el conteo de 1-10**. SD: "Cuente hasta [10]". R: El estudiante recita los números en orden. No hay objetos presentes para esto.

E. **Haga que sea igual (1-5) con Objetos Tridimensionales.** Presente dos tarjetas al estudiante. Una tiene una cantidad definida de objetos en ella. Señale la otra tarjeta (la que no tiene objetos sobre ella) y dígale que la haga igual.

F. **Hacer que las cantidades sean iguales en varias Configuraciones, con Varios Objetos.** Utilice tarjetas de índice con variación de estickers con objetos o números sobre ellas. SD: "Ponga con [uno]" Vs. "Ponga con [tres]". R: El estudiante empareja la tarjeta uno [corazón rojo] Vs. una tarjeta con una [estrella amarilla] Vs. emparejando una tarjeta con tres [corazones rojos] con una tarjeta con tres [estrellas amarillas].

G. **Cantidad Receptiva (sin contar) - Señale a (1,2,3,4,5).** Ponga pilas con una gran variedad en números de objetos. SD: "Señale a [tres]" R: El estudiante señala la pila que tiene tres objetos.

1. Objetos tridimensionales

2. Imágenes bidimensionales

H. **Cantidad Expresiva (sin contar) - ¿Cuántas? (1,2,3,4,5)**. Ponga una pila con 1-5 objetos. El instructor señala la pila y pregunta, "¿Cuantas?". El estudiante responde con un número correcto sin contar.

1. Objetos tridimensionales

2. Imágenes bidimensionales

I. **Símbolos (numerales)**

1. Identificación receptiva "Señale a [tres]"

2. "Denominación Expresiva" "¿Qué número?"

3. Cuadrar un símbolo con la cantidad: "Ponga con el mismo"

4. Cuadrar el nombre del número con su símbolo y cantidad: "Ponga con el mismo". (Por ejemplo, [cinco] , [.⁵..] )

J. **Haga que _____ (1-5).** Ponga una tarjeta blanca y una bandeja con un gran número de objetos. Señale la tarjeta en blanco y diga, "Haga que sea [tres]". El estudiante debe poner [tres] artículos sobre la tarjeta.

K. **Mas Vs. Menos**. Ponga dos pilas de objetos. SD: "Señale a más". R: El estudiante señala la pila correcta.

1. Con objetos

a. Más:   5 Vs. 1

b. Más:   4 Vs. 1

c. Más:   3 Vs. 1

d. Menos: 5 Vs. 1

e. Menos: 5 Vs. 2

f. (1 o 2) Vs. (3, 4 o 5)  más y menos

2. Con imágenes bidimensionales

3. Haga que sea más/menos

4. El Más/El Menos

L.  **Secuencias: "Ponga esto en orden".**

1.  Ponga números consecutivos de tarjetas en orden

2.  Ponga números no consecutivo de tarjetas en orden

3.  ¿Qué viene Antes/Después [número]? (visibles)

4.  ¿Qué viene Antes/Después [número]? (no visibles)

M.  **Primero/Último**

1.  Principio y final de una secuencia pictórica

2.  Principio y final de una secuencia numérica o alfabética

3.  Señala los objetos.

4.  Ejecución de acciones

N.  **Cuenta de a 10, 2 y 5. SD:** "Cuenta por [dos]". R: "[2, 4, 6, 8,...]"

O.  **Tareas para Sumar**

P.  **Tareas para Restar**

Q.  **Adición Vs. Substracción**

R.  **Igual/Desigual**

S.  **Números Ordinales**

T.  **Problemas Aritméticos**

# Leyendo

**Objetivos:**

1.  Desarrollar habilidades académicas

2.  Incrementar las formas de comunicación

3.  Proveer actividades de relajamiento

**Procedimiento:** El instructor presenta letras o palabras y observa si el estudiante comprende o no.

**Ayudas:** Utilice posicionamiento, verbal, señalamiento y ayudas físicas con las manos. Gradualmente disminuya las ayudas.

**Criterio de Entrada:** El estudiante puede emparejar objetos con objetos, imágenes con imágenes, e imágenes con objetos. Comúnmente él habrá completado la Denominación Receptiva. Sin embargo algunos estudiantes que se traban con asociaciones auditivas pueden aprender a hacer asociaciones visuales, (por ejemplo, emparejando una palabra con un objeto)

**Criterio de Dominio :** El estudiante desarrolla una respuesta correcta 8 de 10 veces sin ayuda.

**Fase 1:** **Emparejando letras y números.**

**Fase 2:** **Emparejando palabras con palabras.**

**Fase 3:** **Emparejando letras individuales a palabras en orden de izquierda a derecha.**

**Fase 4:** **Recitar el alfabeto.**

Leyendo

**Fase 5:** **Identificación receptiva de letras mayúsculas.**

**Fase 6:**          **Identificación receptiva de letras minúsculas.**

**Fase 7:**          **Nombrar expresivamente las letras mayúsculas.**

**Fase 8:**          **Nombrar expresivamente letras minúsculas.**

**Fase 9:**          **Colocar las tarjetas del alfabeto en orden.**

**Fase 10:**        **Pronunciar las letras.** El instructor muestra una tarjeta con una letra y dice: "Pronúnciala".

**Fase 11:**        **Armonizando Sonidos de Letras.** Ponga dos o más letras en tarjetas. Por ejemplo: G – A – T – O, dígale al estudiante que lea y que señale cada letra, una a la vez. El estudiante debe pronunciarlas una a una de acuerdo como usted la señale a medida que usted mueve el dedo. A medida que usted mueve los dedos más rápidamente a través de las letras, él debe armonizar los sonidos en tal forma que crea una palabra.

**Fase 12:**        **Emparejamiento de palabras con objetos o imágenes.** Usted puede hacer de esto un juego, mediante la impresión de palabras en tarjetas con objetos que se encuentren en el ambiente. Haga que el estudiante lea las tarjetas y las coloque en el objeto apropiado.

**Fase 13:**        **Identificación receptiva de palabras.**

**Fase 14:**        **Pronunciar la ortografía de las palabras correctamente.**

**Fase 15:**        **Leer frases.**

**Fase 16:**        **Emparejar frases a imágenes.**

**Fase 17:**        **Comprensión.** Haga que el estudiante responda preguntas acerca de lo que lee.

                       ¿Quién [realizó la acción]?
                       ¿Qué hizo [la persona]?
                       ¿Dónde?
                       ¿Cómo, Por qué?

**Fase 18:**        **Seguir instrucciones escritas**: Hacer tarjetas de índice con simples instrucciones escritas para tareas y actividades que él comúnmente realice en su casa

           a) Instrucciones de una palabra
           b) Instrucciones de dos palabras
           c) Instrucciones de tres palabras
           d) Frases completas

# Escribiendo

**Objetivos:**

1. Suministrar medios de comunicación

2. Desarrollar las habilidades académicas

3. Mejorar las habilidades grafo-motoras

**Procedimiento:** Suministrar estímulos para que el estudiante pueda desarrollar respuestas sobre papel.

**Ayudas:** Utilice Guía Física, Demostración Verbal, Señalamiento y Posicionamiento de ayudas. Gradualmente disminuya las ayudas hasta que el estudiante pueda desempeñarse independientemente.

**Criterio de Entrada:** Dibujar, Leer.

**Criterio de Dominio:** El estudiante desarrolla una respuesta correcta 9 de 10 veces sin ayuda. Esto debe repetirse por lo menos con un instructor adicional.

**Fase 1:** **Dibujar letras y números.** Utilice papel rayado.

**Fase 2:** **Dibujar, copiar y escribir nombres.** Comience cuando el estudiante pueda desarrollar satisfactoriamente la Fase 1.

**Fase 3:** **Copiando letras y números.**

**Fase 4:** **Escribiendo letras y números.** Comience cuando el estudiante pueda desarrollar satisfactoriamente la Fase 3 y el estudiante pueda identificar letras y números. El instructor dice al estudiante, "Haga [letra]".

**Fase 5:** **Emparejando letras sencillas a una palabra en orden de izquierda a derecha.**

**Fase 6:** **Copiando de un tablero en frente del salón.**

**Fase 7:**          **Tomando dictado de palabras.**

**Fase 8:**          **Escribiendo frases en respuesta a preguntas.**

**Cruce de
Referencia:**        Pintando
                     Leyendo

# Habilidades de Auto - Ayuda

**Objetivos:**

1. Incrementar la independencia en las habilidades del diario vivir

2. Desarrollar funciones apropiadas para la edad

3. Facilitar la integración social

**Procedimiento:**   Primero, es muy importante hacer un análisis de una tarea. Todas las habilidades deben ser divididas en partes que se puedan enseñar. Esto simplificará la habilidad y por consiguiente reduce la frustración del estudiante. También asegura que él entienda cada paso individualmente. Más importante, le ayudará a promocionar consistencia. Es CRITICO que todos los instructores utilicen los mismos pasos en el mismo orden según los lineamientos en el análisis de tareas.

Una técnica sistemática y graduada de aproximación también es necesaria para que el estudiante aprenda de verdad y retenga las habilidades. Enseñar habilidades complejas todas de una vez, no es un método efectivo de enseñanza.

Tercero, es importante seguir los conceptos para dominarlos. Esto es, al estudiante se le debe enseñar paso a paso. El siguiente paso no debe ser enseñado hasta que el anterior haya sido perfeccionado. Un paso es considerado dominado cuando ha sido ejecutado de manera independiente (Por ejemplo, sin ayudas de ninguna clase) durante tres sesiones consecutivas.

Cuarto, cuando se enseña, utilice las ayudas necesarias menos intrusivas posibles. La jerarquía de la ayuda normalmente utilizada es la siguiente:

Ayuda de Gestos
Ayuda Verbal Indirecta. (Por ejemplo, "continúe por ahí")
Ayuda Verbal Directa. (Por ejemplo, "coge una toalla")
Modelando
Guía Física

Eventualmente la ayuda debe ser disminuida, de tal forma que el estudiante desarrolle la tarea de forma independiente. Utilice diferentes refuerzos, dando mayores refuerzos en los pasos que son ejecutados con asistencia reducida.

Una consideración final es el tiempo del proceso de enseñanza. Es importante que la enseñanza sea conducida bajo las condiciones óptimas posibles. Esto significa enseñar cuando el estudiante y el instructor estén más dispuestos a ser receptivos y efectivos en sus acciones. Es importante enseñar en momentos en que él no exhibe problemas y está interesado y motivado para aprender. Cuando sea posible, estas deben ser oportunidades de ocurrencia natural, pero no a costa de la calidad de la enseñanza. Por ejemplo, prepararse para el colegio es un momento natural, que ocurre cuando se está brindando enseñanza, pero muchas veces NO ES EL TIEMPO ADECUADO porque hay una presión sobre el tiempo. Justo antes de salir a jugar es un momento óptimo porque usted puede tomar todo el tiempo que necesite y hay un refuerzo natural y una razón natural para practicar ese comportamiento.

## Comiendo

1. Bebe de un vaso con las dos manos, sin asistencia (B: 1-3)
2. Utiliza cuchara para "sacar" la comida (B: 1-3)
3. Lleva la cuchara del plato a la boca y derrama un poco (B 1-6)
4. Chupa de un pitillo (B: 1-6)
5. Bebe del vaso con una sola mano, sin asistencia (B: 1-6)
6. Utiliza tenedor (B: 2-0)
7. Utiliza cuchara, sin derramar (B: 2-0)
8. Utiliza el lado del tenedor para cortar sus comidas (B: 3-0)
9. Sostiene el tenedor en el dedo (B: 4-0)
10. Utiliza el cuchillo para esparcir (B: 4-0)
11. Utiliza el cuchillo para cortar (B: 6-0)
12. Verter líquidos

## Desvestirse

1. Se quita las medias (B: 1-6)
2. Se quita los zapatos (B: 1-6)
3. Se quita el abrigo (B: 2-0)
4. Se quita la camisa (B: 2-0)
5. Se quita los pantalones (B: 2-0)
6. Se desviste, excepto por dificultades de ropa de "abotonar" (B: 3-0)
7. Se quita el saco (B: 4-0)

## Vestirse

1. Se pone la chaqueta (B: 2-6)
2. Se pone los zapatos (B: 2-6)
3. Se pone los pantalones (B: 2-6)
4. Se pone las medias (B: 3-0)
5. Se pone el saco (B: 3-0)
6. Se viste con poca supervisión (B: 3-0)
7. Se viste sin supervisión pero necesita ayuda con la correa y agarraderas (B: 4-0)
8. Se viste de forma independiente (B: 5-0)

## Desamarrándose

1. Desabotona los botones del frente (B: 2-0)
2. Se desamarra el moño (B: 2-0)
3. Quita los enganches delanteros (B: 3-0)
4. Abre la cremallera (B: 3-0)

## Amarrándose

1. Se abotona los botones grandes del frente (B: 3-0)
2. Amarra los enganches delanteros (B: 3-0)
3. Cierra la cremallera del frente (B: 3-0)
4. Intenta amarrar los lazos de los zapatos (B: 3-0)
5. Abotona los botones pequeños delanteros (B: 3-0)
6. Amarra los lazos de los zapatos (B: 4-0)
7. Intenta amarrar los zapatos (B: 4-0)
8. Aprieta  los zapatos (B: 5-0)

## Bañándose

1. Se seca las manos, puede necesitar asistencia (B: 2-0)
2. Se lava las manos, puede necesitar asistencia (B: 2-0)
3. Se seca las manos, sin asistencia (B: 2-6)
4. Se seca la cara, puede necesitar asistencia (B: 2-6)
5. Se lava las manos, sin asistencia (B: 3-0)
6. Se lava la cara, con asistencia (B: 3-0)
7. Abre y cierra la llave del baño (B: 3-0)
8. Ajusta la temperatura del agua, con asistencia (B: 3-0)
9. Se seca la cara, sin asistencia (B: 3-0)
10. Se lava la cara, sin asistencia (B: 4-0)
11. Se baña, con asistencia (B: 4-0)
12. Se seca después del baño, sin asistencia (B: 4-0)
13. Se baña, sin asistencia (B: 6-0)

### Aseo personal

1. Intenta cepillarse los dientes, con mucha asistencia (B: 2-0)
2. Se cepilla los dientes, con asistencia (B: 3-0)
3. Se cepilla los dientes, sin asistencia (B: 4-0)
4. Se cepilla el pelo, con asistencia (B: 4-0)
5. Se cepilla el pelo, sin asistencia (B: 5-0)

### Viviendo en la casa

1. Guarda las cosas en su lugar
2. Preparación de comida simple (microondas, tostadora, mezclando, untando, etc.)
3. Colabora con las tareas caseras (poner la mesa, lleva los platos al lavaplatos, saca la basura, hace/cambia la cama, lava la ropa, etc.)
4. Limpia la mesa, ventana, pared
5. Pone los platos en el lavaplatos, pone la mesa
6. Cuida los animales (mascotas)

### Comunidad

1. Seguridad peatonal
2. Haciendo compras
3. Transporte
4. Correspondencia
5. Seguridad/extraños/manejando emergencias

### Habilidades de dinero

1. Empareja las monedas
2. Denominación Receptiva
3. Denominación Expresiva
4. Realizando compras

### Utilizando el Teléfono

### Dando Mensajes

### Obtener un artículo solicitado y enviarlo a una persona

### Haciendo compras en un supermercado

# Control del Baño

**Criterio de Entrada:** El estudiante está en capacidad de sentarse por períodos prolongados de tiempo.

**Procedimientos:** Antes del entrenamiento del estudiante, retírele los líquidos y reforzadores para que estos incrementen su valor cuando se utilicen durante el entrenamiento del baño.

## Independencia en el Sanitario (B: 2-6)

**Fase 1:**

1. Coloque al estudiante en el sanitario sin ropa y refuerce con elogios y fluidos cada dos a tres minutos "Por mantenerse bien sentado". Usted puede traer una variedad de refuerzos al baño para mantener al niño ocupado. Sin embargo, él no se debe ocupar en tal forma que se distraiga y no pueda atender a las señales que le da su cuerpo.

2. Una vez el niño evacue, se le deberá elogiar profusamente, dándole el refuerzo más preferido para él y puede bajarse del sanitario dedicándose a su actividad favorita por aproximadamente 10 minutos. Sin embargo, deberá permanecer en el baño durante este período de tiempo.

3. Un corto tiempo después (Por ejemplo, 10 minutos), debe regresar al sanitario para repetir el proceso.

4. Si pasa un tiempo largo sin evacuar y empieza a sentirse incómodo, permítale que se levante por unos minutos, pero manténgalo en el baño. Después de un corto tiempo, siéntelo otra vez en el sanitario. Es MUY IMPORTANTE que el tiempo fuera del sanitario sea CORTO y que se le mantenga un monitoreo muy CERCANO durante ese tiempo. Usted no quiere que ocurra un "accidente" durante ese período de tiempo.

**Criterio de
Progresión:**

Cuando el estudiante parece entender la relación entre usar el sanitario y el reforzamiento, continúe a la próxima fase.

**Fase 2:**

1. Colóquelo en una silla al lado del sanitario sin interiores o sin pantalones.

2. Refuércelo con elogios y líquidos cada 2 o 3 minutos por mantenerse bien sentado.

3. Espere para que él mismo se levante y se siente en el sanitario. (NO PRESTE AYUDA AUNQUE EL/ELLA MUESTREN UNA TREMENDA NECESIDAD DE EVACUAR). De otra manera El/Ella probablemente se le convertirán en dependientes de ayuda.

4. Cuando él evacue en el sanitario deberá ocurrir lo siguiente:

   a. Se le celebrará profusamente (por ejemplo, como si un circo hubiera llegado al pueblo).
   b. Puede levantarse del sanitario por un período corto (por ejemplo, 10 minutos) y envolverse en una actividad favorita.
   c. La silla se deberá mover gradualmente más lejos del sanitario.
   d. Un artículo de ropa se le puede agregar (por ejemplo, la primera vez interiores, la próxima pantalones, etc.).

5. Si hay un "accidente", deberá ocurrir lo siguiente:

   a. Si usted ve que un accidente empieza a ocurrir, resista la tentación de correr a llevarlo al sanitario, de lo contrario él se va a volver dependiente.
   b. El deberá limpiarse las partes de su cuerpo y el área dónde ocurrió el "accidente" con un trapo húmedo.
   c. El deberá repasar el uso correcto del sanitario, aproximadamente 5 veces.
   d. La silla debe moverse al lugar anterior (cerca del sanitario).

**Criterio de
Progreso :**

Cuando el estudiante esté completamente vestido y por fuera del baño siga a la próxima fase.

**Fase 3:**

1. Revise al estudiante cada 30 minutos, para ver si tiene los pantalones secos o mojados. Refuércelo profusamente por tener los pantalones secos y limpios.

2. Si ocurre un "accidente", use el procedimiento descrito arriba en la fase 2.

3. Cuando evacúe en el sanitario, refuércelo fuertemente (vea arriba).

4. El tiempo entre chequeos de "pantalones secos" debe extenderse (por ejemplo 60 minutos, 2 horas, 4 horas, 6 horas, etc.).

## Entrenamiento del Hábito.

1. Identifique el horario para el uso del baño del estudiante.

2. Llévelo 15 minutos antes del tiempo normal de su horario típico.

3. Coloque al estudiante en el sanitario sin ropa y refuércelo con elogios y líquidos cada dos a tres minutos por estar bien sentado.

4. Una vez que evacúe debe elogiarse profusamente y dejarlo que se baje del sanitario y se dedique a su actividad favorita.

5. Si él no ha evacuado a los 30 minutos, entonces debe regresar a la actividad previa.

6. Regrese al estudiante al sanitario cada hora hasta que ocurra la evacuación.

7. Si un "accidente" ocurre fuera de la sección de entrenamientos para el baño, debe ocurrir lo siguiente:

   a. El debe limpiarse las partes del cuerpo y el área donde ocurrió el "accidente" con una toalla húmeda.
   b. Debe revisar el uso correcto del sanitario aproximadamente 5 veces.

## Modelando la Independencia para el uso del baño
## (para niños que han sido entrenados en el hábito).

1. Esta fase debe ser usada si los refuerzos previos para el entrenamiento del uso del baño han traído como consecuencia la dependencia de ayudas o un horario para que él use el sanitario. Sin embargo él debe poder mantenerse seco entre las visitas al baño y evacuar inmediatamente cuando es colocado en el sanitario.

2. El entrenamiento puede comenzar 30 o 60 minutos después de la última evacuación (esto decrece la demora entre el comienzo de la sesión y la primera ocasión de usar el sanitario). Será de ayuda si se le han dado líquidos extra anteriormente. Principie por traerlo al baño y colocarlo en una silla cerca del sanitario. Refuércelo con elogios y líquidos cada dos o tres minutos por comportamiento apropiado. Mientras que él está sentado en la silla, usted puede jugar, cantar, mirar libros, mirar videos, etc. Sin embargo permita pausas en la actividad de tal forma que no inhiba una iniciación.

3. Espere hasta que él se levante para usar el baño y se siente en el sanitario. Es muy tentador ayudarlo para que se siente en el sanitario; pero el objetivo aquí es eliminar la dependencia de la ayuda, por lo tanto, la mejor política es NO AYUDE. Si aparentemente es imposible evitar la ayuda, haga una ayuda no verbal, tal como un gesto y desvanézcalo, en la forma más rápida como sea posible.

4. Cuando el estudiante evacua en el sanitario, debe elogiarlo profusamente (un circo llego al pueblo). El puede salir del área por un tiempo (por ejemplo 10 a 30 minutos).

5. Con cada éxito, la silla debe gradualmente moverse más lejos del sanitario, antes que el estudiante regrese al baño.

6. Si ocurre un accidente durante el entrenamiento o fuera de la sección debe ocurrir lo siguiente:

   a. El debe limpiarse las partes de su cuerpo y el área donde ocurrió el "accidente" con una toalla mojada.

   b. Se debe repasar el uso correcto del sanitario, aproximadamente 5 veces (por ejemplo, practique levantándose de la silla y sentándose por tiempos cortos en el sanitario).

   c. La silla debe moverse al lugar previo.

## Entrenamiento nocturno para el baño.

1. Con la ayuda de una colchoneta con censores para la humedad y alarma (Manufacturado por Mattell Toy Co.).

2. Determine si la campana lo va a despertar, de lo contrario será necesario conectar la colchoneta a un timbre más fuerte.

3. Cuando se active, la campana asegúrese de que está completamente despierto y asístalo para la evacuación tal como sea necesario.

4. Haga que él ayude en la limpieza de la colchoneta antes de volverse a dormir.

## Dificultades para el movimiento del estomago.

## Retención.

1. Reduzca la posibilidad de enfrentamiento (por ejemplo rabia, demandas, etc.).

2. Identifique los reforzadores que él estudiante se va a ganar cuando él "decide evacuar".

3. Identifique grandes reforzadores que él va a ganar cuando sea entrenado y cuando actúe independientemente.

4. Coloque reforzadores en lugares prominentes para que el estudiante pueda verlos.

5. Pregúntele una vez al día cómo puede él ganarse los reforzadores.

6. Si ocurre un accidente, debe ocurrir lo siguiente:

   a. Debe limpiar las partes del cuerpo y el área del "accidente" con una toalla húmeda.

   b. Debe repasar el uso correcto del sanitario aproximadamente 5 veces.

## Rituales del Pañal.

1. Provea al estudiante con pañales para el uso en el baño.

2. Una vez que esta evacuando en el sanitario (todavía con el pañal puesto), principie por hacer que se siente en el sanitario todavía con el pañal puesto hasta que tenga movimiento intestinal.

3. Después que ha evacuado en el pañal haga que coloque el contenido en el sanitario.

4. Haga una abertura en el pañal hasta que él deje de usar los pañales.

# Escuela

## Hoja de Calificación

Asuntos que deben ser calificados en un reporte diario:

____ Sigue las reglas del salón

____ Mantiene las manos quietas

____ Mantiene los ojos en el instructor en los momentos apropiados

____ Sigue instrucciones individuales

____ Sigue instrucciones de grupo e instrucciones condicionales

____ Sigue rutinas sin dirección o modelo (por ejemplo, guarda las cosas en su morral)

____ Se mantiene alrededor de otros niños; no se aísla

____ Responde a la conversación de otros niños

____ Inicia el juego

____ Inicia la interacción verbal

____ No va muy rápido con la actividad

____ Mantiene la paciencia cuando debe esperar

____ Se queda en el lugar asignado para trabajar; se queda en la fila

____ Es claro en el lenguaje

____ Se da cuenta de lo que hacen los otros niños y toma ejemplo, juega apropiadamente con juguetes

____ Se queda realizando las tareas de trabajo

____ Se queda realizando una actividad asignada o escogida por él

____ Se refrena de comportamientos estereotipo (auto-estimulación)

## NOTAS DE TRABAJO

# Apéndices

# EVALUACION DEL CURRICULUM

Nombre: _____

---

**OBSERVACION 1**   Fecha: _____   Evaluador _____

Comentarios: _____

_____

---

**OBSERVACION 2**   Fecha: _____   Evaluador _____

Comentarios: _____

_____

---

**OBSERVACION 3**   Fecha: _____   Evaluador _____

Comentarios: _____

_____

---

**OBSERVACION 4**   Fecha: _____   Evaluador _____

Comentarios: _____

_____

## CODIGO DE HABILIDADES:

D: Nivel de Dominio
   D1: No ha Aprendido
   D2: Aprendiendo
   D3: Dominado
    G: Generalizado

N: Número de objetos dominados.

H: Nivel más alto de logros.

L: Listado de los objetos dominados.

C: Complejidad (P. Ej., número de bloques en un diseño.

## CODIGO DE COMPORTAMIENTOS:

%: Porcentaje de frecuencia

S: Severidad
   S1: Severo
   S2: Moderado
   S3: Ligero

F: Frecuencia
   F1: Por hora
   F2: Por día
   F3: Por semana
   F4: Por mes

P: Promedio de Duración

**Apéndice A**

| COMPORTAMIENTO | | OBS 1 | OBS 2 | OBS 3 | OBS 4 |
|---|---|---|---|---|---|
| Pataletas | F | | | | |
| | S | | | | |
| Auto-Agresividad | F | | | | |
| | S | | | | |
| Agresividad | F | | | | |
| | S | | | | |
| Auto-Estimulación | F | | | | |
| | S | | | | |
| Otros Comportamientos Alterados (especifique) | F | | | | |
| | S | | | | |
| Otros Comportamientos Alterados (especifique) | F | | | | |
| | S | | | | |
| Abandonar el Área de Trabajo/silla | F | | | | |
| | S | | | | |
| Movimiento Acelerado de Manos y Pies | F | | | | |
| | S | | | | |
| Tiempo de Atención (Average de Duración) | P | | | | |
| Contacto de Ojos-a-Cara:<br>    Mirando a solicitud | % | | | | |
| Mirando cuando se llama por el nombre | % | | | | |
| Mirando cuando se le esta hablando o escuchando | % | | | | |
| Mirando a los Materiales de Tarea | % | | | | |
| Obedeciendo Directivas Simples con Gestos | % | | | | |
| Obediencia:<br>    Venga aquí desde un metro y medio de distancia | % | | | | |
| Venga a través del cuarto | % | | | | |
| Venga de otras partes de la casa | % | | | | |
| Venga cuando está por fuera, a distancia corta en un área especificada | % | | | | |
| Vaya afuera con distancias largas | % | | | | |
| Siéntate | % | | | | |
| Párate | % | | | | |
| Baja las manos | % | | | | |

**Apéndice A**

## COMPORTAMIENTO (cont.)

| | | OBS 1 | OBS 2 | OBS 3 | OBS 4 |
|---|---|---|---|---|---|
| Coger Objetos (Tal vez con gestos; Sin distractor)<br>De la mesa | D | | | | |
| Del suelo a la mesa | D | | | | |
| De un metro y medio de distancia | D | | | | |
| A través del cuarto | D | | | | |
| Esperando:<br>Oír la instrucción | D | | | | |
| Mientras que la terapeuta da refuerzos | D | | | | |
| Mientras que el adulto completa la actividad necesaria | D | | | | |
| Coger un turno en una actividad altamente preferida | D | | | | |
| Mantenerse en una Tarea por Trabajo Independiente<br>(Especifique la tarea y duración)<br>tarea 1 | P | | | | |
| tarea 2 | P | | | | |
| tarea 3 | P | | | | |
| Realizar habilidades en diferentes situaciones:<br>Varios lenguajes y materiales | D | | | | |
| Diferentes personas | D | | | | |
| Diferentes lugares | D | | | | |
| Incrementar la distancia entre el terapista y el niño | D | | | | |
| Obediencia General y Comportamiento Apropiado (p. ej.<br>En el supermercado, en el parque, en casa de amigos y<br>familiares). | D | | | | |

## SEGUIMIENTO DE LA ATENCION

| | | OBS 1 | OBS 2 | OBS 3 | OBS 4 |
|---|---|---|---|---|---|
| Juego de Escondido (la terapeuta esconde un objeto debajo<br>de un pocillo y el niño debe encontrarlo):<br>1) usando un distractor 2) dos distractores 3) tres o más<br>distractores. | H | | | | |

**Apéndice A**

| | | OBS 1 | OBS 2 | OBS 3 | OBS 4 |
|---|---|---|---|---|---|
| **IMITACION  NO VERBAL** | D | | | | |
| Manipulación de Objetos | N | | | | |
| Movimientos Motores Grandes | N | | | | |
| Fuera de la Silla | N | | | | |
| Movimientos Motores Delicados | N | | | | |
| Cadenas Continuas | D | | | | |
| Discriminaciones Delicadas | N | | | | |
| Cadenas de dos Pasos | D | | | | |
| Cruzamiento | N | | | | |
| Dos Respuestas al Mismo Tiempo | N | | | | |
| Cadenas de tres Pasos | D | | | | |
| Imitación de acción en video: ___Acción sencilla discreta ___2 pasos (simultáneos); ___ 3 pasos; ___ Cadena continua ___2 pasos con espacios; ___ 3 pasos con espacios. | | | | | |
| Congelar imagen de video | N | | | | |
| Acción en foto | N | | | | |
| Imita a otra persona | N | | | | |

| | | OBS 1 | OBS 2 | OBS 3 | OBS 4 |
|---|---|---|---|---|---|
| **IMITACION  DE BLOQUES** | D | | | | |
| Construyendo una Torre | C | | | | |
| Discriminación de Formas de Colores | D | | | | |
| Pasos Secuenciales | C | | | | |
| Estructura Prefabricada | C | | | | |
| Cubos de 1 pulgada | C | | | | |
| Bloques uniformes | C | | | | |
| Copiando Diseños en 2 dimensiones | C | | | | |
| Creando Estructuras Específicas | N | | | | |
| | C | | | | |
| Diseño de Memoria | C | | | | |

| MOTRICIDAD GRUESA (tarea específica) | | OBS 1 | OBS 2 | OBS 3 | OBS 4 |
|---|---|---|---|---|---|
| Tarea 1: | D | | | | |
| Tarea 2: | D | | | | |
| Tarea 3: | D | | | | |
| Tarea 4: | D | | | | |
| Tarea 5: | D | | | | |

| MOTRICIDAD FINA (tarea específica) | | OBS 1 | OBS 2 | OBS 3 | OBS 4 |
|---|---|---|---|---|---|
| Tarea 1: | D | | | | |
| Tarea 2: | D | | | | |
| Tarea 3: | D | | | | |
| Tarea 4: | D | | | | |
| Tarea 5: | D | | | | |

| | | OBS 1 | OBS 2 | OBS 3 | OBS 4 |
|---|---|---|---|---|---|
| **EMPAREJANDO** | D | | | | |
| Objeto a Objeto | N | | | | |
| Imagen a Imagen (objetos idénticos) | N | | | | |
| Imagen a Imagen (acciones idénticas) | N | | | | |
| Color | D | | | | |
| Formas (círculos, cuadrado, triángulo) | D | | | | |
| Tamaño (grande Vs. pequeño) | D | | | | |
| Objeto a Imagen (idénticas) | N | | | | |
| Imagen a Objeto (idénticas) | N | | | | |
| Hallar el mismo (apuntando) | D | | | | |
| Dimensiones múltiples (color idéntico/forma/tamaño combinaciones) | D | | | | |
| Escogiendo: Empiece siempre por un grupo de objetos | C | | | | |
| No empezando con un grupo de objetos | C | | | | |
| Objetos no idénticos (tres dimensiones) | N | | | | |
| Imágenes no idénticas (dos dimensiones) | N | | | | |
| Objetos no idénticos a imagen e imagen a objeto | N | | | | |
| Acciones no idénticas | N | | | | |
| Cantidad | N | | | | |
| Asociaciones | N | | | | |
| Emociones | N | | | | |
| Proposiciones | N | | | | |
| Letras, Números y Palabras | D | | | | |

**Apéndice A**

| | | OBS 1 | OBS 2 | OBS 3 | OBS 4 |
|---|---|---|---|---|---|
| **DIBUJANDO** | D | | | | |
| Control del Lápiz | D | | | | |
| Círculos continuos Vs. Líneas de arriba abajo. | D | | | | |
| Llenado dentro de un área determinada. | C | | | | |
| Pintando | C | | | | |
| Dibujando Líneas y Círculos. | D | | | | |
| Conexión de Puntos | D | | | | |
| Copiar Líneas y Círculos | D | | | | |
| Uso de la Regla | D | | | | |
| Copiar Dibujos de Objetos Familiares | N | | | | |
| Dibujar Formas a Mano Alzada | N | | | | |
| Dibujos Objetos Familiares a Mano Alzada | N | | | | |

| | | OBS 1 | OBS 2 | OBS 3 | OBS 4 |
|---|---|---|---|---|---|
| **JUEGOS** | | | | | |
| Interacción de juegos (jugando a las escondidas) | D | | | | |
| Juguetes de Causa y Efecto (Caja de sorpresas) | D | | | | |
| Juguetes de Desarrollo (pila de argollas) | D | | | | |
| Rompecabezas | C | | | | |
| Camiones/Carros/Trenes | L | | | | |
| Juguetes de Construcción (bloques, legos, etc.) | L | | | | |
| Set de Juego (p. ej. una finca) | L | | | | |
| Juegos de Movimiento (La Lleva, Soldado Libertado) | L | | | | |
| Juegos de Tomar Turnos | L | | | | |
| Canciones, baile (el trencito) | L | | | | |
| Juego de Bola: 1) Rodarla 2) Tirarla 3) Agarrarla 4) Patearla | L | | | | |
| Libros | D | | | | |
| Juegos de Mesa | L | | | | |
| Juegos Imaginarios (Doctor, Power Rangers) | L | | | | |

|  |  | OBS 1 | OBS 2 | OBS 3 | OBS 4 |
|---|---|---|---|---|---|
| **INSTRUCCIONES RECEPTIVAS** | D |  |  |  |  |
| Instrucción con Pistas Contextuales | N |  |  |  |  |
| Seguir Direcciones Dictoriales:___ Paso 1;___ Paso 2; ___ Paso 3; ___Secuencia Extendida. | N |  |  |  |  |
| Manipulación de Objetos | N |  |  |  |  |
| En Silla | N |  |  |  |  |
| Acciones Pretendidas | N |  |  |  |  |
| Fuera de la Silla, en la Misma Habitación | N |  |  |  |  |
| Ir a otra Habitación y Regresar. | N |  |  |  |  |
| Ir a otra Habitación, Realizar Acción y Regresar. | N |  |  |  |  |
| Decir Vs. Hacer | D |  |  |  |  |
| Instrucciones de Dos Pasos | D |  |  |  |  |
| Instrucciones de Tres Pasos | D |  |  |  |  |
| Direcciones Condicionales | N |  |  |  |  |

|  |  | OBS 1 | OBS 2 | OBS 3 | OBS 4 |
|---|---|---|---|---|---|
| **DENOMINACION RECEPTIVA** | D |  |  |  |  |
| Peticiones | D |  |  |  |  |
| Partes del Cuerpo | N |  |  |  |  |
| Objetos | N |  |  |  |  |
| Imágenes de Objetos | N |  |  |  |  |
| Imagen de Acción | N |  |  |  |  |
| Imagen de Personas | N |  |  |  |  |
| Personas (tres dimensiones) | N |  |  |  |  |
| Recuperar 2 ítems | N |  |  |  |  |
| Color | D |  |  |  |  |
| Forma | N |  |  |  |  |
| Tamaño | N |  |  |  |  |
| Combinar Color/Objetos discriminados | D |  |  |  |  |
| Combinar 2 Atributos | D |  |  |  |  |
| Combinar3 Atributos | D |  |  |  |  |
| Imagen de Lugares (Casa y Comunidad) | N |  |  |  |  |
| Emociones (Vea la Sección de Emociones) | D |  |  |  |  |

| | | OBS 1 | OBS 2 | OBS 3 | OBS 4 |
|---|---|---|---|---|---|
| **INICIANDO INTERACCION/COMUNICACION** | D | | | | |
| Elección/Comunicación Funcional:<br>Presentación de Objetos para escoger (coger objeto) | D | | | | |
| Apuntar al Objeto deseado de lo que se ha ofrecido | D | | | | |
| Selección de una Imagen Representativa y Dársela a un Adulto. (planeado) | D | | | | |
| Selección de una Imagen Representativa y Dársela a un Adulto (incidental) | D | | | | |
| Discriminar entre dos objetos | C | | | | |
| Establecer Deseos – Sobre el Objeto Presente | D | | | | |
| Establecer Selección – Sobre Objetos No Presentes | D | | | | |
| Tentaciones de Comunicación:<br>Planeado | N | | | | |
| Incidental | D | | | | |
| Haciendo Preguntas:<br>¿Qué es esto? | N | | | | |
| ¿Quién es? | N | | | | |
| ¿Dónde esta? | N | | | | |
| ¿Qué estas haciendo? | N | | | | |
| ¿Qué esta ahí adentro? | N | | | | |
| ¿Dónde vas tú? | N | | | | |
| ¿Quién lo Tiene? | N | | | | |

| | | OBS 1 | OBS 2 | OBS 3 | OBS 4 |
|---|---|---|---|---|---|
| **IMITACION VERBAL** | D | | | | |
| Balbuceo Espontáneo | D | | | | |
| Imitación Oral Motora | N | | | | |
| Manipulación de Objetos con Sonido | N | | | | |
| Discriminación Temporal | D | | | | |
| Sonidos Similares | N | | | | |
| Mezclados | N | | | | |
| Sonidos sin Pistas Visuales | D | | | | |
| Imitar la Modulación:<br>Volumen | D | | | | |
| Duración | D | | | | |
| Tono | D | | | | |
| Inflexiones | D | | | | |
| Cadenas | C | | | | |
| Palabras con Sonidos Difíciles | N | | | | |
| Imitación de Frases con Dos Palabras | N | | | | |
| Imitación de Oraciones con 3 – 5 Palabras. | D | | | | |

**Apéndice A**

| | | OBS 1 | OBS 2 | OBS 3 | OBS 4 |
|---|---|---|---|---|---|
| **DENOMINACION EXPRESIVA** | D | | | | |
| Peticiones | N | | | | |
| Partes del Cuerpo | N | | | | |
| Objetos | N | | | | |
| Imágenes de Objetos | N | | | | |
| Imágenes de Acción | N | | | | |
| Acción en Vivo | N | | | | |
| Imágenes de Personas | N | | | | |
| Personas (3 dimensiones) | N | | | | |
| Color | N | | | | |
| Forma | N | | | | |
| Tamaño | N | | | | |
| Imágenes de sitios alrededor de la casa | N | | | | |
| Imágenes ubicadas alrededor de la comunidad | N | | | | |
| Emociones (ver las Sección de Emociones) | D | | | | |

| | | OBS 1 | OBS 2 | OBS 3 | OBS 4 |
|---|---|---|---|---|---|
| **HABILIDADES DE CONVERSACION BASICA** | D | | | | |
| Responder a Saludos: 1) Mirando  2) Diciendo Hola  3) Diciendo Hola más el nombre | H | | | | |
| Oraciones que contengan:  Yo Quiero...... | N | | | | |
| Es un ........ | D | | | | |
| Aquel es un ....... | D | | | | |
| Yo veo....... | D | | | | |
| Yo tengo ........ | D | | | | |
| Comentando (mira esto, yo hice esto, etc.) | N | | | | |
| Expresión de reconocimiento (¿Qué?, oh, etc.) | N | | | | |

| | | OBS 1 | OBS 2 | OBS 3 | OBS 4 |
|---|---|---|---|---|---|
| **AUTO – AFIRMACION** | D | | | | |
| Deseos (ver Tentaciones de la Comunicación) | D | | | | |
| Expresar disgustos | D | | | | |
| Actuar para evitar acciones no deseadas de otros | D | | | | |
| Convicción: 1) Objetos; 2) Acciones; 3) Atributos | L | | | | |
| Identificar y Corregir Errores del Terapeuta | D | | | | |
| Resistir Sugerencias Inapropiadas | N | | | | |

| | | OBS 1 | OBS 2 | OBS 3 | OBS 4 |
|---|---|---|---|---|---|
| **SI/NO** | D | | | | |
| Deseos ("¿Quieres una galleta?") | D | | | | |
| Negación: No haga esto | D | | | | |
| No haga (acción) | D | | | | |
| Decir Vs. No Decir | D | | | | |
| No (no toque la manzana) | D | | | | |
| Objetos ("¿Es éste un camión?") | D | | | | |
| Personas ("¿Es éste Papá?") | D | | | | |
| Acciones ("¿Está mi Mamá Parada?") | D | | | | |
| Atributos ("¿Es esto el Rojo?") | D | | | | |
| Conceptos ("¿Es ésta la Esquina?") | D | | | | |
| Conteste si es falsa o verdadera (si o no) Preguntas acerca de cosas que no son visibles. | D | | | | |
| Contestar preguntas que son parcialmente verdad | D | | | | |

| | | OBS 1 | OBS 2 | OBS 3 | OBS 4 |
|---|---|---|---|---|---|
| **ATENCION CONJUNTA** | D | | | | |

**Apéndice A**

| | | OBS 1 | OBS 2 | OBS 3 | OBS 4 |
|---|---|---|---|---|---|
| **EMOCIONES** | D | | | | |
| Emparejamiento no Idéntico | N | | | | |
| Reconocer la Emoción Interpretada en la Imagen | N | | | | |
| Denominación de Emociones en Fotografías | N | | | | |
| Demostrar la Emoción Específica | N | | | | |
| Denominar Emociones Demostradas por Otros | N | | | | |
| Expresando Como se Siente | N | | | | |
| Identificar Causas de la Emoción | D | | | | |
| Hacer Algo para Crear Emoción en Otra Persona | D | | | | |
| Denominar emociones y Causas en Uno Mismo y en Otros en Situaciones Incidentales | D | | | | |
| Identifica la respuesta apropiada a una situación emocional | N | | | | |

| | | OBS 1 | OBS 2 | OBS 3 | OBS 4 |
|---|---|---|---|---|---|
| **GESTOS PRAGMATICOS** | D | | | | |

| | | OBS 1 | OBS 2 | OBS 3 | OBS 4 |
|---|---|---|---|---|---|
| **ATRIBUTOS** | D | | | | |
| Propiedades Físicas | L | | | | |
| Género | D | | | | |
| Fuente/Suave | D | | | | |
| Conceptos Especiales | L | | | | |
| Conceptos Cuantitativos | L | | | | |
| Otros Opuestos | L | | | | |
| Conectores Lógicos (y, o) | D | | | | |

**Apéndice A**

| | | OBS 1 | OBS 2 | OBS 3 | OBS 4 |
|---|---|---|---|---|---|
| **FUNCIONES** | D | | | | |
| Enseñar al Estudiante Acciones con Objetos de 3 dimensiones | N | | | | |
| ¿Qué hace usted, (acción) con esto? Muestre el Objeto | N | | | | |
| ¿Qué hace usted con el (objeto)? (Objeto Visible/Respuesta Verbal) | N | | | | |
| ¿Qué hace usted (acción) con esto? (Muestre Objeto) | N | | | | |
| ¿Para qué es esto? Muestre el Objeto (Objeto no Visible/ Respuesta Verbal? | N | | | | |
| ¿Qué hace usted (función del cuerpo) con esto? | N | | | | |
| ¿Qué hace usted con su (parte del cuerpo)? | N | | | | |
| ¿Qué hace usted (en el cuarto)? | N | | | | |
| ¿Dónde hace usted (acción)? | N | | | | |

| | | OBS 1 | OBS 2 | OBS 3 | OBS 4 |
|---|---|---|---|---|---|
| **CATEGORIAS** | D | | | | |
| Emparejando/Clasificando | N | | | | |
| Receptivo (Señale al Animal) | N | | | | |
| Expresivo (¿A qué grupo pertenece el perro?) | N | | | | |
| Nombré al que es... (Categoría) | N | | | | |

| | | OBS 1 | OBS 2 | OBS 3 | OBS 4 |
|---|---|---|---|---|---|
| **CONOCIMIENTO GENERAL Y RACIONAMIENTO I** | D | | | | |
| Asociaciones – Emparejando Dos Objetos Relacionados (3-D) | N | | | | |
| Asociaciones – Emparejando Dos Objetos Relacionados (2-D) | N | | | | |
| Discriminación Auditiva – Emparejando Objetos a Sonidos grabados: Escogencia de Objetos | N | | | | |
| Escogencia de Fotos | N | | | | |
| Ofrece una Respuestas sin Visualizar | N | | | | |
| Acción Asociada con Personas – Animal – Personajes: ¿Qué dice el animal? | N | | | | |
| ¿Qué come ese Personaje? | N | | | | |
| ¿Qué hace ese personaje? | N | | | | |
| ¿Qué/Quién dice? (Sonido) | N | | | | |
| ¿Quién comió? (el objeto) | N | | | | |
| ¿Quién? (hace la acción) | N | | | | |

| CONOCIMIENTO Y RACIONAMIENTO GENERAL I (cont) | | OBS 1 | OBS 2 | OBS 3 | OBS 4 |
|---|---|---|---|---|---|
| Localizaciones:<br>Identificación receptiva de las habitaciones (La propia casa) 2-D | N | | | | |
| Denominación expresiva para las habitaciones en su propia Casa 2-D | N | | | | |
| Puede nombrar las habitaciones donde está | N | | | | |
| Ir a la habitación nombrada | N | | | | |
| Identificación receptiva de los cuartos genéricos (2-D y 3-D) | N | | | | |
| Denominación expresiva de los cuartos genéricos (2-D y 3-D) | N | | | | |
| Identificación receptiva de lugares en la comunidad (2-D y 3-D) | N | | | | |
| Denominación expresiva de lugares en la comunidad (2-D y 3-D) | N | | | | |
| Ayudantes Comunitarios:<br>Identificación receptiva de personas | N | | | | |
| Denominación expresiva de personas | N | | | | |
| ¿Qué hace una persona (La persona)? | N | | | | |
| ¿Quién (hace el papel)? _____ Indique a la foto<br>_____ Respuesta Verbal | N | | | | |
| ¿Dónde la verá? (Persona) ___ Señale a la foto<br>___ Respuesta Verbal | N | | | | |
| ¿Qué usa? (Una Persona) _____ Muestre a la foto<br>_____ Respuesta Verbal | N | | | | |
| Opuestos (S. D. Verbal. Solamente, No Visual): Poner juntos (2-D) | | | | | |
| ¿Qué es lo opuesto a...? Indicar a un opuesto | N | | | | |
| ¿Qué es lo opuesto de...? Nombre (No visual) | N | | | | |
| Composición:<br>Escoge objeto hecho del mismo material. | N | | | | |
| ¿De qué está hecho éste...? (Material): Indique | N | | | | |
| ¿De qué esta hecho...? (Objeto) | N | | | | |
| Nombre algo hecho de... (Material) | N | | | | |
| Descripción de Personas (La persona debe estar presente) | C | | | | |
| | N | | | | |
| Identificación de persona que tiene ciertas características | C | | | | |
| | N | | | | |
| Describir animal/objeto (Objeto visible) | C | | | | |
| | N | | | | |
| Identificar animal/objeto que tiene ciertas características | C | | | | |
| | N | | | | |

| | | OBS 1 | OBS 2 | OBS 3 | OBS 4 |
|---|---|---|---|---|---|
| **CONOCIMIENTO GENERAL Y RACIONAMIENTO II** | D | | | | |
| Describir personal u objetos (el ítem no está a la vista) | N | | | | |
| Identificar persona u objeto que tiene características (objeto a la vista) | N | | | | |
| Asociaciones: Pregunta verbal –Respuesta verbal (que va con zapatos) | N | | | | |
| Explique porqué dos objetos van juntos | N | | | | |
| ¿Por qué/cuándo nosotros tenemos acción? | N | | | | |
| ¿Qué hará usted cuándo.....? | N | | | | |
| ¿Para dónde vamos.....? | N | | | | |
| Tarea imposible | N | | | | |
| Absurdos: Identificando | D | | | | |
| Explicando | D | | | | |
| Corrigiendo | D | | | | |
| Identificar objetos que no aparecen en la foto | N | | | | |
| Adivinanza | D | | | | |
| Analogía | D | | | | |
| Siguiendo el patrón – Agregar el próximo elemento de la serie: 1) ABAB; 2) AABB; 3) ABBABB; 4) AABAAB; 5) ABCABC | L | | | | |
| Codificar | C | | | | |

| | | OBS 1 | OBS 2 | OBS 3 | OBS 4 |
|---|---|---|---|---|---|
| **IGUAL/DIFERENTE** | D | | | | |
| Dame lo mismo Vs. Deme diferente | D | | | | |
| Encuentra lo mismo o diferente Vs. Comparación de objetos | D | | | | |
| Dígale sí dos objetos son iguales o diferentes | D | | | | |
| Responda por qué son iguales o diferentes | D | | | | |
| Responda por qué son iguales o diferentes, o por qué son ambos lo mismo o diferentes | D | | | | |

**Apéndice A**

| | | OBS 1 | OBS 2 | OBS 3 | OBS 4 |
|---|---|---|---|---|---|
| **PREPOSICIONES** | D | | | | |
| Receptivo: | D | | | | |
| Encima 1) Objetos 2) Propios 3) Fotografías | D | | | | |
| Debajo: 1) Objetos 2) Propios 3) Fotografías | D | | | | |
| Al lado/cerca de 1) Objetos 2) Sí mismo 3) Imágenes | D | | | | |
| Dentro: 1) Objetos 2) Propios 3) Fotografías | D | | | | |
| En medio: 1) Objetos 2) Propio 3) Fotografías | D | | | | |
| Detrás: 1) Objetos 2) Propios 3) Fotografías | D | | | | |
| En frente: 1) Objetos 2) Propios 3) Fotografías | D | | | | |
| Expresivo<br>Encima: 1) Objetos 2) Propios 3) Fotografías | D | | | | |
| Debajo: 1) Objetos 2) Propios 3) Fotografías | D | | | | |
| Dentro: 1) Objetos 2) Propios 3) Fotografías | D | | | | |
| Al lado: 1) Objetos 2) Propios 3) Fotografías | D | | | | |
| En medio: 1) Objetos 2) Propios 3) Fotografías | D | | | | |
| Detrás: 1) Objetos 2) Propios 3) Fotografías | D | | | | |
| En frente: 1) Objetos 2) Propios 3) Fotografías | D | | | | |

| | | OBS 1 | OBS 2 | OBS 3 | OBS 4 |
|---|---|---|---|---|---|
| **PRONOMBRE** | D | | | | |
| Receptivo: | D | | | | |
| Mío Vs. Suyo | D | | | | |
| De él/De ella: 1) Personas 2) Fotos | D | | | | |
| De ellos/Nuestros/Suyos | D | | | | |
| Mío/Suyo (Señáleme a mí/a usted) | D | | | | |
| El/Ella (Dele (objeto) a él/ella);señale a él o a ella | D | | | | |
| Expresivo<br>Mío Vs. suyo | D | | | | |
| De él/De ella | D | | | | |
| De ellos/Nuestros | D | | | | |
| Yo/Usted | D | | | | |
| El/Ella | D | | | | |
| Ellos/Nosotros | D | | | | |
| Nominativas/ Combinaciones posesivas ("Usted está Tocando mi nariz") | D | | | | |

| | | OBS 1 | OBS 2 | OBS 3 | OBS 4 |
|---|---|---|---|---|---|
| **EXPANDIENDO EL LENGUAJE** | D | | | | |
| Este es (objeto) | D | | | | |
| Yo tengo (objeto) | D | | | | |
| Yo veo (objeto) | D | | | | |
| Yo veo (objeto y objeto) | D | | | | |
| Yo veo (objetos múltiples alrededor del cuarto) | D | | | | |
| Yo veo (objetos múltiples en una foto compleja) | D | | | | |
| Combinaciones verbo/objeto | N | | | | |
| Combinaciones sustantivo/verbo | N | | | | |
| Pronombre/verbo | N | | | | |
| Adjetivo/objeto | N | | | | |
| Objeto/Adjetivo/Adjetivo | N | | | | |
| Nombre/Objeto/Verbo | N | | | | |
| Pronombre/Objeto/Verbo | N | | | | |
| Este es (Objeto/Adjetivo) | D | | | | |
| Yo veo (Objeto/Adjetivo) | D | | | | |
| Yo Tengo (Objeto/Adjetivo) | D | | | | |
| Este es (Objeto/Adjetivo/Adjetivo) | D | | | | |
| Yo veo (Objeto/Adjetivo/Adjetivo/) | D | | | | |
| Yo Tengo (Objeto/Adjetivo/Adjetivo) | D | | | | |
| Objeto/Adjetivo/Preposición/Adjetivo | D | | | | |
| Sujeto/Objeto/Verbo/Descriptor | D | | | | |
| Tiempo de Verbos:<br>    Presente | D | | | | |
|     Pasado | D | | | | |
|     Futuro | D | | | | |
| Plurales:<br>    Sustantivos Receptivos | D | | | | |
|     Sustantivos Expresivos | D | | | | |
|     Verbos Expresivos | D | | | | |
|     Uso de Sustantivo singular y plural de verbos en frases | D | | | | |

| | | OBS 1 | OBS 2 | OBS 3 | OBS 4 |
|---|---|---|---|---|---|
| **"YO NO SE"** | D | | | | |
| Responder: Yo No sé, a Preguntas Desconocidas:<br>    ¿Qué es? | D | | | | |
|     ¿Quién es? | D | | | | |
|     ¿Dónde está? | D | | | | |
| Buscando información a preguntas:<br>    ¿Qué es esto? | D | | | | |
|     ¿Quién es? | D | | | | |
|     ¿Dónde está? | D | | | | |
| Responder: Yo no sé, a Preguntas Incidentales: | D | | | | |
|     Yo no Entiendo | D | | | | |

| | | OBS 1 | OBS 2 | OBS 3 | OBS 4 |
|---|---|---|---|---|---|
| **HABILIDADES CONVERSACIONALES INTERMEDIARIAS** | D | | | | |
| Respuestas a preguntas mecanizadas (¿Cuál es tú nombre?) | N | | | | |
| Respuestas a preguntas subjetivas (¿Cuál es tú... favorita?) | N | | | | |
| Respuestas a preguntas Si/No (¿Es usted un muchacho?) | N | | | | |
| Respuestas a preguntas Simple de Conversación (¿Qué hizo usted a noche?) | N | | | | |
| Respuestas a preguntas de Múltiple Escogencia | N | | | | |
| Solicitar preguntas recíprocas | N | | | | |
| Enunciado/Enunciado | N | | | | |
| Enunciado/Pregunta | N | | | | |
| Enunciado/Enunciado Negativo | N | | | | |
| Enunciado/Enunciado/Pregunta | N | | | | |

| | | OBS 1 | OBS 2 | OBS 3 | OBS 4 |
|---|---|---|---|---|---|
| **HACIENDO PREGUNTAS** | D | | | | |
| ¿Qué es esto? | D | | | | |
| ¿Quién es éste? | D | | | | |
| ¿Dónde está éste? | D | | | | |
| ¿Qué está haciendo? | D | | | | |
| ¿Qué hay allí? | D | | | | |
| ¿Para dónde va? | D | | | | |
| ¿Quién lo tiene? | D | | | | |

**Apéndice A**

| | | OBS 1 | OBS 2 | OBS 3 | OBS 4 |
|---|---|---|---|---|---|
| **SECUENCIAS** | D | | | | |
| Secuencia de tres tarjetas | N | | | | |
| Organizar tres tarjetas con el alfabeto | D | | | | |
| Organizar tres tarjetas con números | D | | | | |
| Secuencia de cuatro tarjetas | N | | | | |
| ¿Qué pasa después? | D | | | | |
| Secuencia de 5 y 6 tarjetas con fotos | D | | | | |
| Ordenar 4 a 6 tarjetas del alfabeto | D | | | | |
| Ordenar 4 a 6 tarjetas de números | D | | | | |

| | | OBS 1 | OBS 2 | OBS 3 | OBS 4 |
|---|---|---|---|---|---|
| **CONCEPTOS TEMPORALES** | D | | | | |
| Primero/Ultimo:<br>    Secuencia pictorial, de números o alfabeto desde el Principio hasta el final | D | | | | |
| Empezando al principio y al final de líneas de Caracteres/personas | D | | | | |
| ¿Qué tocó usted de primero/último? | D | | | | |
| ¿Qué hizo primero/último? | D | | | | |
| Principio y final de secuencias de número o alfabeto | D | | | | |
| Antes/Después<br>¿Qué viene primero? Vs. Número después | D | | | | |
| ¿Qué viene primero? Vs. Letras después | D | | | | |
| ¿Qué viene primero? Vs. El día después | D | | | | |
| ¿Qué viene primero? Vs. Después de la secuencia de fotografía | D | | | | |
| ¿Qué viene primero? Vs. Después de la mitad de la escena | D | | | | |
| Ejecuta Instrucción con Antes Vs. Después | D | | | | |

**Apéndice A**

| | | OBS 1 | OBS 2 | OBS 3 | OBS 4 |
|---|---|---|---|---|---|
| **IMAGINACION & DICIENDO HISTORIAS** | D | | | | |
| Hace sonidos de animales | N | | | | |
| Actuando como un animal | N | | | | |
| El niño pretende hacer algo | N | | | | |
| El niño identifica la acción que el terapeuta realiza | N | | | | |
| Actuando roles: bibliotecólogo, tendero, conductor, etc. | L | | | | |
| ¿Qué podría ser esto? (Uso creativo de objetos ordinarios) | N | | | | |
| Haciendo dibujos | L | | | | |
| Haciendo estructuras y objetos con bloques lego | L | | | | |
| Narración secuencial – "Dígame la historia" 1) Una escena 2) Dos escenas 3) tres escenas 4) Cuatro – Seis escenas | H | | | | |
| Diga una historia con imágenes como ayudas | L | | | | |
| Completa una historia/Secuencia – ¿Qué va a pasar? | D | | | | |
| Tomando turno para adicionar a la historia | D | | | | |
| Crear una historia | D | | | | |

| | | OBS 1 | OBS 2 | OBS 3 | OBS 4 |
|---|---|---|---|---|---|
| **CAUSA & EFECTO** | D | | | | |
| Responde preguntas por qué con demostraciones en vivo | N | | | | |
| Secuencia pérdida | D | | | | |
| ¿Qué pasó antes de la secuencia? | D | | | | |
| ¿Qué pasaría después? | D | | | | |
| Interferencia acerca de lo actuado en imágenes | D | | | | |
| Responda preguntas de por qué desde conocimiento general e información (intraverbal). | D | | | | |

| | | OBS 1 | OBS 2 | OBS 3 | OBS 4 |
|---|---|---|---|---|---|
| **COMPRENSION** | D | | | | |
| Observando:<br>¿Qué? (3-D y 2-D) | D | | | | |
| ¿Qué color? (3-D y 2-D) | D | | | | |
| ¿Qué? Vs. ¿Qué color? | D | | | | |
| ¿Quién? (3-D y 2-D) | D | | | | |
| ¿Quién? Vs. ¿Qué? | D | | | | |
| ¿Haciendo Qué? (3-D y 2-D) | D | | | | |
| ¿Quién? Vs. ¿Qué? Vs. ¿Haciendo Qué? | D | | | | |
| ¿Dónde? (3-D y 2-D) | D | | | | |
| ¿Quién? Vs. ¿Qué? Vs. ¿Haciendo Qué? Vs. ¿Dónde? Vs. ¿Cuál? | D | | | | |
| ¿Cómo? (3-D y 2-D) | D | | | | |
| ¿Quién? Vs. ¿Qué? Vs. ¿Haciendo Qué? Vs. ¿Qué Color? | D | | | | |
| Escuchando y Leyendo:<br>¿Quién? Vs. ¿Haciendo Qué? | D | | | | |
| ¿Quién? Vs. ¿Haciendo Qué? Vs. ¿Qué? Vs. ¿Qué Color? | D | | | | |
| ¿Dónde? (3-D y 2-D) | D | | | | |
| ¿Quién? Vs. ¿Haciendo Qué? Vs. ¿Qué? Vs. ¿Qué Color? Vs. ¿Dónde | D | | | | |
| ¿Quién? Vs. ¿Haciendo Qué? Vs. ¿Qué? Vs. ¿Qué Color? Vs. ¿Dónde? Vs. Cuándo? | D | | | | |
| ¿Quién? Vs. ¿Haciendo Qué? Vs. ¿Qué? Vs. ¿Qué Color? Vs. ¿Dónde? Vs. ¿Cuándo? Vs. ¿Cuál? | D | | | | |
| ¿Quién? Vs. ¿Haciendo Qué? Vs. ¿Qué? Vs. ¿Qué Color? Vs. ¿Dónde? Vs. ¿Cuándo? Vs. ¿Cuál? Vs. ¿Por qué? | D | | | | |
| ¿Quién? Vs. ¿Haciendo Qué? Vs. ¿Qué? Vs. ¿Qué Color? Vs. ¿Dónde? Vs. ¿Cuándo? Vs. ¿Cuál? Vs. ¿Por qué? Vs. ¿Cómo? | D | | | | |

| | | OBS 1 | OBS 2 | OBS 3 | OBS 4 |
|---|---|---|---|---|---|
| **AVANCES EN LA HABILIDAD CONVERSACIONAL** | D | | | | |
| Decir Vs. Preguntar | D | | | | |
| Comportamiento conversacional No – Verbal | D | | | | |
| Maneras Verbales | D | | | | |
| Liste ítems por temas | D | | | | |
| Respondiendo a preguntas simples | D | | | | |
| Enunciados recíprocos | D | | | | |
| Hace preguntas | D | | | | |
| Interpone información | D | | | | |
| Identifica Intereses | D | | | | |
| Inicia Conversación | D | | | | |
| Cuando los compañeritos están desinteresados | D | | | | |

| | | OBS 1 | OBS 2 | OBS 3 | OBS 4 |
|---|---|---|---|---|---|
| **CONCIENCIA SOCIAL** | D | | | | |
| Aprendiendo por ayuda modelada: Verbal | D | | | | |
| Visual | D | | | | |
| Saludos: Respuestas | D | | | | |
| Iniciales | D | | | | |
| Compartir y Cooperar Tomando turnos | D | | | | |
| Perdiendo graciosamente | D | | | | |
| Identificando cual persona en el grupo: Sostiene un objeto particular | D | | | | |
| Tiene ciertos atributos (color del pelo, blusa azul, etc.) | D | | | | |
| Esta ejecutando una acción particular | D | | | | |
| Dice una frase particular | D | | | | |
| Otra información (Por ejemplo, le gusta, no le gusta) | D | | | | |
| Atiende información verbal en un grupo: Se mantiene en un lugar designado durante una actividad de grupo | A | | | | |
| Ejecuta acciones al unísono con el grupo | % | | | | |
| Canta canciones al unísono con el grupo | % | | | | |
| Mira hacia el locutor | % | | | | |
| Responde a preguntas de grupo | % | | | | |
| Sigue las instrucciones del grupo | % | | | | |
| Da información para juegos de grupo en círculo | D | | | | |
| Busca información haciendo preguntas | D | | | | |

| | | OBS 1 | OBS 2 | OBS 3 | OBS 4 |
|---|---|---|---|---|---|
| **APRENDIZAJE OBSERVACIONAL** | D | | | | |
| Modelación como ayuda | D | | | | |
| Tener conciencia de:<br>    Identifica una persona sosteniendo un objeto | D | | | | |
| Identifica una persona con características físicas | D | | | | |
| Identifica persona desarrollando acción | D | | | | |
| Identifica persona que hace un enunciado | D | | | | |
| Escucha tareas dadas a otra persona (Puede responder preguntas acerca de que ha pasado): Que hizo la [persona] | D | | | | |
| ¿Quién [hace la acción]? | D | | | | |
| ¿Qué le gusta hacer a la [persona]? | D | | | | |
| Escucha información incidental | D | | | | |
| Observa eventos en el ambiente (puede responder información acerca de que ha pasado). | D | | | | |
| Detecta información incorrecta | D | | | | |
| ¿Quién vio a la persona? | D | | | | |
| Instrucciones de grupo:<br>    Todos | D | | | | |
| Condicional | D | | | | |
| Yo si/Yo no | D | | | | |
| Adquisición de información verbal | D | | | | |
| Haciendo inferencias verbales | D | | | | |
| Adquisición de información visual | D | | | | |
| Haciendo inferencias visuales | D | | | | |
| Describe intereses de los amiguitos | D | | | | |

| | | OBS 1 | OBS 2 | OBS 3 | OBS 4 |
|---|---|---|---|---|---|
| **HABILIDAD DE SOCIALIZACION** | D | | | | |

| | | OBS 1 | OBS 2 | OBS 3 | OBS 4 |
|---|---|---|---|---|---|
| **MEMORIA** | D | | | | |
| Memoria Visual (Emparejamiento demorado) | D | | | | |
| Dando Múltiples objetos (Denominadores receptivos) | D | | | | |
| ¿Qué hace falta? | D | | | | |
| Recuerde 3 objetos después de 10 segundos de exposición | D | | | | |
| Recordar | D | | | | |
| Recuerda palabras de una canción | D | | | | |
| Cuenta una historia conocida | D | | | | |

**Apéndice A**

| CONCEPTOS CUANTITATIVOS | | OBS 1 | OBS 2 | OBS 3 | OBS 4 |
|---|---|---|---|---|---|
| Colocando anillos y encajando vasos | D | | | | |
| Organizar hasta cinco objetos por tamaño | D | | | | |
| Contar 1-10 (Izquierda a derecha, uno a uno) | H | | | | |
| Rotar conteo a: _____ | H | | | | |
| Hágalo igual con objetos tridimensionales | D | | | | |
| Emparejar cantidades: De idéntica configuración | H | | | | |
| No idéntica configuración | H | | | | |
| Cantidades Receptivas: Objetos 3 – D | H | | | | |
| Objetos 2 – D | H | | | | |
| Cantidades Expresivas: Objetos 3 – D | H | | | | |
| Objetos 2 – D | H | | | | |
| Símbolos Numerales: Identificación receptiva | H | | | | |
| Denominación Expresiva | H | | | | |
| Emparejando Símbolos a cantidades | H | | | | |
| Emparejando la palabra del número, el guarismo y la Cantidad | H | | | | |
| Hágalo [Cantidad]/Deme [Cantidad] | H | | | | |
| Más Vs. Menos: Discriminación receptiva | D | | | | |
| Hágalo más/menos | D | | | | |
| El más/El menos | H | | | | |
| Secuencias: Números consecutivos | D | | | | |
| Números no consecutivos | D | | | | |
| Qué viene antes/después [Número] | D | | | | |
| Cantar por: ___ 10; ___ 2; ___ 5 | L | | | | |
| Sumas | H | | | | |
| Sustracciones | H | | | | |
| Sumar Vs. Sustraer | D | | | | |
| Par/Impar | D | | | | |
| Números ordinales | D | | | | |
| Problemas aritméticos | D | | | | |

**Apéndice A**

| | | OBS 1 | OBS 2 | OBS 3 | OBS 4 |
|---|---|---|---|---|---|
| **CONCEPTOS DE TIEMPO** | D | | | | |
| Calendario:<br>    Días de la semana | D | | | | |
|     Meses | D | | | | |
|     Año | D | | | | |
|     Hoy/mañana/ayer | D | | | | |
|     Fin de semana/entre semana | D | | | | |
|     Próxima semana/Semana pasada | D | | | | |
| ¿Cuándo usted _____?: Mañana; tarde; noche | D | | | | |
|     Estaciones del año | D | | | | |
|     Festivos | D | | | | |
| Diciendo la hora: 1) Cada hora; 2) Cada media hora<br>            3) Tres cuartos de hora; 4) Cada 5 minutos | H | | | | |

| LECTURA | | OBS 1 | OBS 2 | OBS 3 | OBS 4 |
|---|---|---|---|---|---|
| Emparejando:<br>Letras | D | | | | |
| Palabra a Palabra | D | | | | |
| Letras Individuales a Palabras en Orden de izquierda a Derecha | D | | | | |
| Recitar el Alfabeto | D | | | | |
| Identificación Receptiva:<br>Letras Mayúsculas | N | | | | |
| Letras Minúsculas | N | | | | |
| Nominación expresiva:<br>Mayúsculas | N | | | | |
| Minúsculas | N | | | | |
| Poner tarjetas de letras con el alfabeto en orden | C | | | | |
| Pronunciando las letras | N | | | | |
| Mezclando Sonidos | D | | | | |
| Emparejando Palabras a Objetos/Fotos | D | | | | |
| Identificación receptiva de Palabras | N | | | | |
| Deletreando Palabras oralmente | N | | | | |
| Leyendo Frases | D | | | | |
| Emparejando Frases con Fotos | D | | | | |
| Comprensión:<br>¿Quién [hizo la acción]? | D | | | | |
| ¿Qué [hizo la persona]? | D | | | | |
| ¿Dónde? | D | | | | |
| ¿Cómo?/¿Por qué? | D | | | | |
| Seguir instrucciones escritas:<br>Comando de una Palabra | N | | | | |
| Comando de dos Palabras | N | | | | |
| Comando de tres Palabras | N | | | | |

| ESCRITURA | | OBS 1 | OBS 2 | OBS 3 | OBS 4 |
|---|---|---|---|---|---|
| Delinear letras y números en papel de líneas | D | | | | |
| Trazar, copiar y escribir nombres | D | | | | |
| Copiando Letras y Números | D | | | | |
| Escribiendo Letras y Números | D | | | | |
| Emparejando Letras sencillas a palabras en orden de izquierda a derecha | D | | | | |
| Copiando del tablero que está en frente del cuarto | D | | | | |
| Tomar dictado de palabras | D | | | | |
| Escribir frases, como respuestas a preguntas | D | | | | |

**Apéndice A**

| HABILIDADES DE AUTO-AYUDA | | OBS 1 | OBS 2 | OBS 3 | OBS 4 |
|---|---|---|---|---|---|
| Comiendo:<br>Cuchara/Tenedor | D | | | | |
| Bebiendo de un vaso | D | | | | |
| Vertiendo en un vaso | D | | | | |
| Beber con pitillo | D | | | | |
| Untar/Cortar con Cuchillo | D | | | | |
| Vestirse:<br>Quitarse la ropa | D | | | | |
| Ponerse la ropa | D | | | | |
| Soltarse el cinturón (botón, cremallera, broche, etc.) | D | | | | |
| Ajustarse | D | | | | |
| Quitarse los zapatos | D | | | | |
| Ponerse los zapatos | D | | | | |
| Amarrarse los Zapatos | D | | | | |
| Baño:<br>Hábito entrenado | D | | | | |
| Iniciación al baño | D | | | | |
| Seco por la noche | D | | | | |
| Higiene:<br>Bañándose la cara/manos | D | | | | |
| Cepillándose los dientes | D | | | | |
| Peinándose | D | | | | |
| Bañándose | D | | | | |
| Vida en casa:<br>Poniendo las cosas en su puesto | L | | | | |
| Preparar comidas sencillas (Horno Microondas, Tostadora, untando, revolviendo) | L | | | | |
| Tareas (arreglar la mesa, llevar los platos al lavaplatos, sacar la basura, hacer la cama, lavar la ropa, etc.) | L | | | | |
| Limpieza de mesa, ventana, pared | L | | | | |
| Poner los platos en el lavaplatos, organizar la mesa. | L | | | | |
| Cuidar los animales | D | | | | |
| Comunidad:<br>Seguridad peatonal | D | | | | |
| Haciendo compras | D | | | | |
| Transportándose | D | | | | |
| Correspondencia | D | | | | |
| Seguridad/extraños/manejando emergencias | D | | | | |

| HABILIDADES DE AUTO-AYUDA (cont.) | | OBS 1 | OBS 2 | OBS 3 | OBS 4 |
|---|---|---|---|---|---|
| Habilidades Monetarias: Emparejamiento de monedas | D | | | | |
| Denominación receptiva ($100 - $200 - $500 - $1000) | N | | | | |
| Denominación expresiva | N | | | | |
| Haciendo compra | D | | | | |
| Usando el teléfono | D | | | | |
| Dando mensajes | D | | | | |
| Tomar un objeto requerido y entregárselo a una persona | D | | | | |
| Compra en Supermercado | D | | | | |

# SUMARIO DE RECORD DIARIO

PROGRAMA: _____

FASE: _____

**Apéndice B**

# RECORD TAREA DISCRIMINATORIA

PROGRAMA: _____

FASE: _____

| (+) CORRECTO | (-) INCORRECTO | (A) AYUDA | (NR) NO RESPONDE | (FT) FUERA DE TAREA |
|---|---|---|---|---|
| | | | | |

**Apéndice C**

# REVISION GENERAL DEL PROGRAMA

| Fecha: | | | | | | | | | | |
|---|---|---|---|---|---|---|---|---|---|---|
| | | | | | | | | | | |
| | | | | | | | | | | |
| | | | | | | | | | | |
| | | | | | | | | | | |
| | | | | | | | | | | |
| | | | | | | | | | | |
| | | | | | | | | | | |
| | | | | | | | | | | |
| | | | | | | | | | | |
| | | | | | | | | | | |
| | | | | | | | | | | |
| | | | | | | | | | | |
| | | | | | | | | | | |
| | | | | | | | | | | |
| | | | | | | | | | | |
| | | | | | | | | | | |
| | | | | | | | | | | |
| | | | | | | | | | | |
| | | | | | | | | | | |
| | | | | | | | | | | |
| | | | | | | | | | | |
| | | | | | | | | | | |
| | | | | | | | | | | |
| | | | | | | | | | | |
| | | | | | | | | | | |
| | | | | | | | | | | |
| | | | | | | | | | | |
| | | | | | | | | | | |
| | | | | | | | | | | |
| | | | | | | | | | | |
| | | | | | | | | | | |
| | | | | | | | | | | |

**Apéndice D**

# EVALUACION DE TRABAJO

Instructor : _____     Fecha: ____ / ____ / ____

Evaluador: _____     Niño: _____

Razón de la Evaluación: _____

1 = Raramente ocurrió/      2 = Cumplió parcialmente      3 = Usualmente ocurrió
   Preocupación definida        Necesita mejorar              Adecuado/Aceptable

(Los items marcados con un asterisco ( * ) generalmente no pueden ser calificados
de una observación sencilla y directa)

| MOLDEANDO EL COMPORTAMIENTO | 1 | 2 | 3 |
|---|---|---|---|
| 1.  Provee reforzamiento positivo a tiempo para fortalecer y mantener el comportamiento apropiado en la tarea. | | | |
| 2.  No utiliza amenazas o chantaje. | | | |
| *3. Usa enseñanza proactiva para promover comportamientos alternativos apropiados | | | |
| 4.  Corrige los comportamientos alterados tal como es necesario | | | |

| SITUACION | 1 | 2 | 3 |
|---|---|---|---|
| 1.  Los materiales para enseñanza estaban listos y organizados | | | |
| 2.  La organización física del ambiente y el nivel de distracción fueron apropiados para el estudiante. | | | |
| 3.  El lugar de la enseñanza fué variada y natural, áreas de trabajo fueron organizadas (tanto como eran apropiadas para el estudiante). | | | |

| TAREAS | 1 | 2 | 3 |
|---|---|---|---|
| 1.  Las tareas fueron apropiadas para el nivel de funcionamiento del estudiante. | | | |
| 2.  Las tareas fueron divididas en sus partes componentes. | | | |
| *3. El profesor entiende el propósito del programa. | | | |

**Apéndice E**

| INSTRUCCIONES (SD) | 1 | 2 | 3 |
|---|---|---|---|
| 1. Las instrucciones fueron apropiadas para el funcionamiento del niño. (p. ej. nivel de complejidad, claridad, etc.) | | | |
| 2. Fué usado un tono de voz natural . | | | |
| 3. Las palabras usadas correspondieron a la respuesta deseada. | | | |
| 4. Variación-consistencia-en la instrucción correspondió al nivel del funcionamiento del niño. | | | |
| 5. Fué dado el tiempo apropiado para responder (p. ej. de 3 a 5 segundos) | | | |

| RETROALIMENTACION/CONSECUENCIA | 1 | 2 | 3 |
|---|---|---|---|
| 1. La retroalimentación fué tan inmediata como el estudiante la necesitaba. | | | |
| 2. Las consecuencias fueron efectivas. | | | |
| 3. Las respuestas del estudiante fueron evaluados correctamente. | | | |
| 4. La frecuencia de los reforzamientos fue óptima (y regularmente suficiente para ser efectiva, pero fué desvanecida tan pronto como fue posible) | | | |
| 5. Las consecuencias diferenciales fueron utilizada, (por la calidad de respuesta, atención, rebaja de ayuda, etc.) | | | |
| 6. Informar Retroalimentación que fué usada | | | |
| 7. Si reforzadores tangibles, fueron usados estos fueron acompañados con reforzadores sociales con el fin de desarrollar reforzadores sociales de valor. | | | |
| 8. Contingencias fueron consistentemente implementadas. | | | |
| 9. Usó variados reforzadores. | | | |

| INTERVALOS ENTRE TAREAS | 1 | 2 | 3 |
|---|---|---|---|
| 1. Cada tarea fué separada. | | | |
| 2. El intervalo entre tareas fué óptimo (buen ritmo; el estudiante tomo suficiente tiempo para ser reforzado). | | | |

**Apéndice E**

| AYUDA | 1 | 2 | 3 |
|---|---|---|---|
| 1. El manejo de la ayuda fué optimo. (Normalmente esto quiere decir acompañada o inmediatamente seguido después de la instrucción). | | | |
| 2. La asistencia fue justamente suficiente para asegurarse que tuviera éxito, pero no fué más de la necesaria. | | | |
| 3. Si la primera ayuda no funcionó, más ayuda intrusiva fue hecha | | | |
| 4. La ayuda fue suministrada para evitar falla prolongada por lo tanto se dio asistencia necesaria. | | | |
| 5. Tareas ayudadas fueron seguidas por tareas no ayudadas o se redujo las tareas ayudadas. | | | |
| 6. El tipo apropiado de ayuda fue usado (p. ej. Demostración, modelo verbal, guía física, estímulos, etc.) | | | |
| 7. Cuando el estudiante cometió un error por razones de inatención o por comportamiento fuera de tarea, se dieron ayudas solamente cuando el comportamiento no se pudo corregir con consecuencia. | | | |
| 8. Hubo intentos sistemáticos para desvanecer ayudas. | | | |
| 9. Fué sensitivo a ayudas inadvertidas p. ej. Obsesionado, miradas, gesticulando respuestas. | | | |

| ESTABLECIENDO ATENCION | 1 | 2 | 3 |
|---|---|---|---|
| 1. Reforzó la buena atención cuando ésta ocurrió. | | | |
| 2. Cronometró las tareas en forma óptima para darle forma a una mejor atención. | | | |
| 3. Siguió el plan para promover independencia en la dirección de atención. | | | |

# MAXIMIZANDO EL PROGRESO

| HAGA EL APRENDIZAJE NATURAL Y ALEGRE | 1 | 2 | 3 |
|---|---|---|---|
| 1.  La duración de la sección fué apropiada; tiempo y duración del descanso fue apropiado. | | | |
| 2.  Organice la tarea en orden tal que las tareas difíciles ocurran en medio de dos fáciles. | | | |
| 3.  Termine la sección en un formato de éxito. | | | |
| 4.  Crear comportamientos exitosos. | | | |
| 5.  Incorporar un buen balance de juego dentro del programa general. | | | |
| 6.  La terapia debe ser tan natural como sea posible (p. ej. Modelo del Lenguaje Natural). | | | |
| 7.  Tratar de facilitar generalización tan rápido como sea posible. | | | |
| 8.  Ajuste el entrenamiento basado en el comportamiento y el trabajo del estudiante. | | | |
| 9.  El  acercamiento fué entusiasta. | | | |
| 10. Use materiales interesantes y preferidos para el alumno. | | | |
| 11. No aburra al estudiante continuando un programa que él ya ha dominado. | | | |
| 12. Premie al estudiante por buena atención y trabajo terminando los ejercicios más Tempranos | | | |
| 13. Mezcle las tareas como sea apropiado | | | |

## COMENTARIOS ADICIONALES (si es necesario)

_____

_____

_____

_____

_____

Como sea apropiado, comente sobre sus hábitos generales de trabajo de acuerdo con lo demostrado a través de la realización de los mismos.

| CRECIMIENTO PROFESIONAL | 1 | 2 | 3 |
|---|---|---|---|
| 1. Es una persona ansiosa y activa en aprender | | | |
| 2. Hace contribuciones de valor en las clínicas | | | |
| 3. Busca Progresar | | | |

| RELACIONES | 1 | 2 | 3 |
|---|---|---|---|
| 1. Trabaja bien como miembro del grupo de la clínica | | | |
| 2. Responde a la retroalimentación | | | |
| 3. La relación con los padres de los niños están de acuerdo a los límites apropiados | | | |

| COMPORTAMIENTO Y RESPONSABILIDAD PROFESIONAL | 1 | 2 | 3 |
|---|---|---|---|
| 1. Es puntual | | | |
| 2. Su asistencia diaria es buena | | | |
| 3. Notifica a la familia en forma apropiada cuando hay cancelación | | | |
| 4. La forma de usar su tiempo es productiva | | | |
| 5. Se viste profesionalmente | | | |

**Apéndice E**

**COMENTARIOS ADICIONALES (sí son necesarios)**

_____

_____

_____

_____

_____

_____

_____

_____

_____

_____

_____

_____

_____

_____

_____

_____

_____

_____

_____

_____

_____

Evaluación del Grupo: _____        Fecha: ____ / ____ / ____

**Apéndice E**

# DESCRIPCION DEL PROGRAMA

PROGRAMA: _____ INICIADO: _____ DOMINADO: _____

Procedimiento General: _____
_____
_____
_____
_____
_____
_____

| Comienzo | Instructor dice/hace | Estudiante dice/hace |
|---|---|---|
| | Sd 1) | R 1) |
| | Sd 2) | R 2) |
| | Sd 3) | R 3) |
| | Sd 4) | R 4) |
| | Sd 5) | R 5) |

Ayudas: _____
_____
_____
_____

Comentarios:_____
_____
_____
_____

**Apéndice F**

# FORMATO DE SEGUIMIENTO

PROGRAMA: _____

FASE: _____

| Item | Respuesta | Empezado | Dominado | Comentarios |
|------|-----------|----------|----------|-------------|
| 1 | | | | |
| 2 | | | | |
| 3 | | | | |
| 4 | | | | |
| 5 | | | | |
| 6 | | | | |
| 7 | | | | |
| 8 | | | | |
| 9 | | | | |
| 10 | | | | |
| 11 | | | | |
| 12 | | | | |
| 13 | | | | |
| 14 | | | | |
| 15 | | | | |
| 16 | | | | |
| 17 | | | | |
| 18 | | | | |
| 19 | | | | |
| 20 | | | | |

**Apéndice G**